大唐变局

李治登基与武则天封后

高成 ◎ 著

中国友谊出版公司

图书在版编目（CIP）数据

大唐变局：李治登基与武则天封后 / 高成著 . -- 北京：中国友谊出版公司，2022.10

ISBN 978-7-5057-5492-8

Ⅰ.①大… Ⅱ.①高… Ⅲ.①唐高宗（628-683）–人物研究②武则天（624-705）–人物研究 Ⅳ.① K827=421

中国版本图书馆 CIP 数据核字 (2022) 第 089722 号

书名	大唐变局：李治登基与武则天封后
作者	高　成
出版	中国友谊出版公司
发行	中国友谊出版公司
经销	新华书店
印刷	河北鹏润印刷有限公司
规格	880×1230 毫米　32 开 8 印张　181 千字
版次	2022 年 10 月第 1 版
印次	2022 年 10 月第 1 次印刷
书号	ISBN 978-7-5057-5492-8
定价	59.00 元
地址	北京市朝阳区西坝河南里 17 号楼
邮编	100028
电话	（010）64678009

前　言

在漫长的历史长河中，曾有一些"夹心饼干"式的皇帝，他们的前任、后任都光芒万丈、如雷贯耳，自己虽然优秀，却暗淡无光、少有问津。每当提起清朝，人们津津乐道的往往是康熙皇帝平定三藩、收复台湾、三征噶尔丹，乾隆皇帝会让人想到"四库全书""六下江南""十全武功"，却忽视了"工作狂魔"雍正在中间的默默付出。每当提起唐朝，人们会为唐太宗的贞观之治着迷，会被武则天的传奇经历吸引，夹在"流量"大神中间的唐高宗却处境尴尬。在各类书籍、影视作品中，他常常以配角、丑角的形象出现在读者、观众面前，衬托男主李世民和女主武则天的高大形象。

"昏庸""懦弱""无能"，是千百年来人们对他形成的基本评价。他好比太阳下的荧光，显得微不足道。可当我们仔细研读历史，拨开岁月留下的层层迷雾，会发现一个截然不同的李治。他多才多艺，留下了许多书法、音律、文章作品，绝非无能之辈；他登上皇位时，大唐刚刚经历武德、贞观两朝三十年的治理，经济逐渐从隋朝末年的战乱中恢复，李治深知才能不及父亲，对内勤于政务，体恤百姓，积极纳谏，发展科举，开创了"永徽之治"，对外选拔将领，开疆拓土，相继消灭西突厥、高句丽等宿敌，使版图不断扩大，一度成为大唐二百八十九年的巅峰。可以说，李治在位的三十四年，起到了承上启下的作用，为日后的开元之治奠定了坚实基础。

民间还有说法，李治只是一个傀儡皇帝，他政治生涯的前期受制于长孙无忌，后期更是被皇后武则天玩弄于股掌之间，李治驾崩后没几年，武则天就废掉了旦、显二帝，改国号为周，差点将李唐皇室屠戮殆尽。这其实是一种误解。从贞观后期开始，唐太宗就已经将军政大权逐渐移交给李治，当与托孤大臣产生矛盾后，李治虽然与政敌产生过较为激烈的论战，可自从他下定决心后，长孙无忌一派毫无还手之力，几乎是任人宰割，因为实权始终掌握在皇帝手中。

让武则天参政，主要是李治的身体原因，并非懦弱所致。李治久患心脑血管疾病，自显庆以后日趋严重，已经无法像原来一样处理全部政务，他必须让渡一部分权力给他人，帮助皇帝治国理政。在他看来，相比太子、皇子、大臣、宦官等男性成员，武皇后最为保险，她是个女人，在唐朝以前，没有女性篡位的先例，而且皇后的确具备相应水平，能够做好相关工作。在当时的社会背景下，舆论对女性参政的接受度不像明清时期那么严苛，开皇年间甚至贞观年间，独孤皇后和长孙皇后也曾参与过部分政务。

但是让李治没有想到的是，武则天最后选择了称帝，在男权社会下，女性皇帝主导的政权势必无法长久，随着武则天日渐老去，她无法解决接班人问题，也无法挽回政权一世而亡的命运。自此以后，女主天下成为中原绝响。武周革命的发生使宋代文人难以接受，对唐高宗的评价也因此跌入谷底，后代王朝没有一个愿意太后篡位、燕啄皇孙的教训在自己身上重演。

本书追随历史的脚步，重新回到一千三百多年前，细数大唐变局的关键人物——唐高宗的成长经历、家庭背景、政治生涯、历史功绩，以及他与武则天之间的恩恩怨怨，力求还原一个相对真实的李治和他那个时代的大唐宫廷及社会状况。

目 录

第一章　李治的艰难上位
乾陵之约 / 003
母亲：长孙皇后 / 005
大唐皇子们的教育及娱乐生活 / 015
储位之争 / 019

第二章　准皇帝的学习生涯
唐太宗亲自培训 / 033
几段实习经历 / 034
清洗魏王党 / 041

第三章　李治登基
新皇上任三把火 / 048
李治真的没有实权吗？/ 050
房遗爱谋反案 / 053
李恪：大唐王朝最悲情的皇子？/ 058

第四章　武则天出世、入宫及封后

"宫人斜"与少女入宫 / 068

武则天与长孙无忌：从舅舅到敌人 / 081

围绕武则天封后的权力较量 / 086

武则天是否掐死了自己的女儿？/ 089

最后的正面交锋 / 092

褚遂良的神奇谋反 / 097

赶尽与杀绝 / 099

第五章　李治封禅与军事武功

泰山封禅 / 104

举世瞩目的封禅大典 / 108

荡平高句丽与拿下百济 / 111

占领平壤 / 115

李勣：高宗朝第一名将 / 119

薛仁贵其人 / 128

大非川之败与李治的吐蕃政策 / 135

第六章　李治与武则天"专权"

武则天是否大权独揽？/ 143

兵权始终掌握在李治手中 / 147

外戚有没有得到重用 / 148

道士郭行真 / 150

上官仪到底因何而死 / 151

政治清洗与垂帘听政 / 154

第七章　李治与许敬宗

许敬宗上位：真本事＋跟对人 / 158

寻找与皇帝的共同利益 / 160

国舅历史被篡改：许敬宗的"大手笔" / 165

许敬宗真的是第一奸臣吗？ / 172

第八章　李治与大唐名人的恩恩怨怨

李治与玄奘 / 180

李治与亲妹妹新城公主 / 188

李治与程咬金 / 195

李治与李义府 / 203

李治与贺兰敏之 / 211

第九章　李治的最后时光

李弘之死 / 218

废黜李贤 / 220

曲终人散 / 229

死后余音 / 234

参考文献 / 241

第一章　李治的艰难上位

南方的才子北方的将，陕西的黄土埋皇上。

每次坐城际列车，从咸阳机场赶往西安市区，人们都会看见窗外那一座座巨大的封土。这是汉惠帝的安陵，那是汉高祖的长陵，更远的地方，还有汉景帝的阳陵、汉武帝的茂陵、汉昭帝的平陵，刘盈、刘邦、吕雉等叱咤风云的人物，就长眠在高岗之下，距离现在已有两千多年了。和汉代帝陵相比，唐朝皇帝的陵寝主要分布在西安附近的山峦之上，比如，唐太宗的昭陵在礼泉县九嵕山，唐中宗的定陵在富平县凤凰山，唐玄宗的泰陵在蒲城县金粟山。经历了一千多年的风风雨雨，诸陵地面建筑早已毁灭殆尽，目前保护、开发较好的是唐太宗的昭陵，以及最西侧的乾陵。

一年四季，会有大量旅客从西安出发，前往关中小城乾县游览，他们的目的只有一个，参观位于梁山的乾陵。身为唐代十八座帝陵中唯一一座没有被盗的独苗，乾陵墓主人是谁呢？很多游客会说是武则天，中国唯一的女皇帝。她有传奇般的人生，与众不同的经历，还有毁誉参半的评价。其实乾陵的墓主人并非只有武则天，还有她的丈夫唐高宗李治，从地位上来说，李治比武则天要高，因为下葬时，武则天的身份已经不是皇帝了，她留给后代子孙的遗嘱是"去帝号，祔庙，归陵"，"去帝号"就是去除皇帝的尊号，以皇后礼仪安葬，"祔庙"就是把自己的牌位放在李唐皇室的祖庙,"归陵"就是把棺椁安葬在丈夫的乾陵。从大唐皇后到大周皇帝,最后恢复李家儿媳的身份,皇后与皇帝,谁的地位更高,无须多言。可是千载以后,"武则天"三个字家喻户晓,唐高宗李治更多以配角的形象出现,就像是打酱油的。书籍、电视剧因为要介绍武则天,顺便让李治也露个脸,衬托一下女主,这种反客为主的现象,不禁引人深思,背后究竟发生了什么。

梁山很高,上山时,台阶特别"隐秘",刚走完一组,以为到尽头了,没想到又出现了好几组,好像希望中伴随着绝望。向下俯视,关中平原尽收眼底,曾几何时,我们的先人,就是在这片土地上繁衍、生息、死去,人类源于自然,又回归自然,一座座荒冢,好像在对后人倾诉着什么。漫步于笔直的神道上,残存的石像生立于两旁,有的无头,有的缺胳膊断腿,岁月在它们身上刻下一道道痕迹。有道是"日久见人心",千年以来,唯有它们不离不弃,始终守护在主人身边。再向前走,两块高大的石碑映入眼帘。西侧是述圣纪碑,也叫"七节碑","猛将如云,谋臣如雨",碑文曾经记载过唐高宗的丰功伟绩,只是历经沧桑,大部分字迹已难以识别;东侧是著名的无字碑,上面有很多字,都是后人刻上去的。当初为什么无字?古往今来,众说纷纭。穿过城门,就是六十一蕃臣像,奇怪的是,它们都没有头。有人说是被外国人砍掉的,还有人说是被嘉靖年间那场罕见的地震破坏的。正前方,梁山主峰高大巍峨,彰显着墓主人的身份与地位。李治是皇帝,他的皇后武则天也当过皇帝,这对夫妻档在中国历史上极为罕见。一切的一切,是那么传奇、不同寻常。

乾陵之约

主陵脚下,分布有十七座陪葬墓,墓主人既有李谨行、高侃、刘仁轨、薛元超这样的名臣,也有章怀太子李贤、懿德太子李重润、永泰公主李仙蕙这样的皇室成员,如果李治、武则天在地下与他们相逢,恐怕也是一言难尽。梁山西侧还有一道黄巢沟,深四十多米,唐朝末年,黄巢率领几十万大军想要发掘乾陵,最终无功而返,留下深深的沟壑。五代军阀温韬、民国时期的孙连仲也想要盗陵,最后都没能得逞。乾陵墓道隐藏了上千年,却在二十世纪五十年代被炸山采石的农民意外发现,鉴于明神宗定陵的教训,政府没有同意考古发掘,并妥善保护起来。斯人已逝,故事却远远没有完结。

在潼关脚下,张养浩曾说:"伤心秦汉经行处,宫阙万间都做了土。"秦汉如此,大唐又何尝不是如此。蓦然回首,唐高宗留给世人的东西不多了,我们可以从史料典籍中寻找他,认识他,了解他。翻开两唐书,看看《高宗本纪》对李治的评论,发现他几乎成为昏君的典型。《旧唐书》为王皇后、长孙无忌等人打抱不平,说李治听信奸佞之言,与其父比相差甚远:"古所谓一国为一人兴,前贤为后愚废,信矣哉!"《新唐书》把武则天比作褒姒,把李治喻为周幽王,哀叹李世民"废立之际,不能自决,卒用昏童",以致"流毒天下,贻祸邦家",一口咬定李治就是个糊涂蛋。

唐高宗"昏懦"之说流行了好几百年。如果读者之前看过与唐高宗或者武则天有关的书籍,会发现有一些也是这么说的。这样的观念早已根深蒂固,可是当我们抛开旧史家的陈说,仔细研读史书中罗列的史实,会发现一个不一样的李治。

就是这个"昏童"在位的三十四年里,唐朝灭西突厥、百济、高句丽、平葱岭、铁勒九姓;白江口一役,刘仁轨率领一万唐军大败倭军四万,给予日本人沉重一击。在李治的统治下,大唐疆域一度达到一千二百万平方公里,是整个李唐王朝的巅峰。他任内编成的《唐律疏议》对后世影响深远,是中华法系的代表性法典。科举制度不断完善,历史上第一次殿试就由唐高宗主持,时间是显庆四年,九百多人应试,只有郭待封、张九龄等五人列为上等。他统治的三十多年里,国内总体稳定,经济持续发展,声威远播四方,为日后的开元盛世奠定了坚实基础。

除了文治武功,高宗的个人能力也是了得。总章二年,三朝元老李勣病故,为表达怀念之情,唐高宗御制、御书《大唐故司空太子太师上柱国赠太尉扬州大都督英贞武公李公碑》,历经一千三百多年,原物仍藏于昭陵博物馆,拓片是书法精品,成为爱好者争相临摹的对象;文章方面,《全唐文》《全唐诗》都收录了高宗皇帝的作品,像《孝敬皇帝睿德记》《述圣记》《玉华宫山铭》等,文笔流畅,值得一读。高宗还通晓音律,咸亨四年曾自制乐章,包括《上元》《二仪》《三才》《四时》等。

唐高宗的政绩、才华是那么出色,为什么正史中的评价却如此之低?他并非嫡长子,为什么李世民会立他为太子?父皇留下的托孤大臣长孙无忌,李治为什么要将其除去?一代女皇武则天是如何一步步崛起的?李治真的只是她手中的傀儡吗?要回答这样的问题,我们需要从头说起。

贞观二年六月庚寅,长安东宫丽正殿,一个婴儿呱呱坠地。他就是李治,唐太宗的第九子,小名雉奴。关于出生地点,可能会让人产生一个小小的疑问:唐太宗既然已经登基,为什么李治却出生在东宫?

那不是太子住的地方吗？之所以会这样，是因为皇宫被太上皇李渊占着呢。他老人家退位后，还没有给新皇帝挪窝。

李治就这样降生了，他嗷嗷待哺，似乎和其他同龄人没有什么区别。真是这样吗？当然不是啦！差距已经产生了，而且非常非常大。人的一生，有两样东西无法选择：一个是所处的时代，还有一个是父母和家庭。毫无疑问，这两者对一个人的成长太重要了。我们来看看李治的家长——父亲李世民，职业是皇帝，大唐最有权势的男人；母亲长孙氏，职业是皇后，李世民的良佐，大唐地位最高的女人。两个"最"字说明了什么？说明无论和谁比家庭背景，李治都足以碾压对方。唐朝是个拼爹的时代，家庭出身的不同，已经造成事实上的不平等。

对于李治的两位家长，李世民大家应该比较熟悉，我们就先认识认识长孙皇后，虽然她与李治相处的时间很短，可影响相当之大，如果他的母亲不是长孙皇后，李治想要当上皇帝，恐怕比登天还难。

母亲：长孙皇后

2014 年 2 月，为配合当地基础设施建设，考古队员在西安市长安区高望堆村西清理了两座唐代墓葬。据调查，两座墓葬盗扰严重，内部尸骨无存，葬式不明。所幸有墓志铭出土，可以了解墓主人的生平事迹。M1 号墓墓主是长孙无傲，字义庄，河南洛阳人，父长孙敞，卒于唐高宗咸亨二年（671），距今已有一千三百多年。M2 号墓墓主则是长孙无傲的妻子窦胡娘，此人卒于贞观十一年（637），只活了二十一岁。但有一个现象比较特殊，窦胡娘墓的天井数量比丈夫多一个,这是为什么呢?因为胡娘的父亲是窦诞,太穆皇后族人;母亲是李渊的女儿襄阳公主,既然是公主之女,地位当然要高一些。

从年龄上推算,窦胡娘嫁给长孙无傲的时间应该是贞观元年,能够娶到公主的女儿,可以说明长孙家族在当时的权势。其实,别说是公主的女儿,直接娶公主的长孙族人就有好几位:长孙孝政娶了高密公主,长孙冲娶了长乐公主,长孙曦娶了新兴公主,长孙诠娶了新城公主。其中长乐公主、新城公主是李世民的嫡出女儿,她们死后,墓葬距离父皇的玄宫非常近,地位崇高。在当时,长孙家族的代表人物是一对兄妹,兄长是长孙无忌,李世民的发小,唐高宗永徽年间的首席宰相,百官一把手。妹妹是长孙皇后,小字观音婢,唐太宗的贤内助,后宫的一把手。兄妹二人分别当上了宰相、皇后,身居高位,一人之下,万人之上,古今少有。他们为什么可以做到呢?这要从他们的出身说起。

长孙皇后的祖先本是鲜卑人,姓"拔拔",与北魏皇族有着共同的先人。因为是游牧民族,逐水草而居,迁徙是家常便饭。后来随着北魏政权的崛起,立有大功的族人不断南迁,来到了中原汉地。公元五世纪末,孝文帝迁都洛阳,"拔拔"开始改姓"长孙",太和十九年,北魏孝文帝下诏:"迁洛之民,死葬河南,不得还北。于是代人南迁者,悉为河南洛阳人。"此后,长孙家族的墓志铭上,籍贯一栏填写"河南洛阳人也",正是此理,但实际上,他们不是土生土长的中原人氏。正如《长孙祥墓志》记述:"若夫灵源派日,分□□于榆溪;神岳干霄,峙崇基于柳塞。金翘始茂,初移自北之阴;玉羽将抟,俄矫图南之讯。"

从北魏到隋唐,数百年的时间里,长孙家族人才辈出,封爵的、当高官的，有数十人之多。时间比较远的有长孙嵩、长孙道，前者在道武帝时封南部大人，赐爵钜鹿公、南平公，任司徒，太武帝时晋爵北平王、迁太尉，加柱国大将军；后者封上党王，死后追赠太尉，生荣死哀。近的有长孙览、长孙晟等，长孙览深受北周武帝信任，他一开始叫长孙善，皇帝让他改名为长孙览，理由是"朕以万机，委卿先览"，国家大事请爱卿先过目。北周宣帝时，进位上柱国、大司徒。长孙晟就是长孙无忌的父亲，性机敏，射术惊人，"一箭双雕"这个成语说的就是他。长孙晟年轻时没有名气，大家都不了解，唯独杨坚对他高看一眼，认为其前途无量："长孙郎武艺逸群，适与其言，又多奇略。后之名将，非此子邪？"后来长孙晟果然屡败突厥，封右骁卫将军。

南北乱世，战火纷飞，政权更迭，在这样的时代里，一个家族能够辉煌二百多年，其中必有过人之处。相比于贫苦人家，在注重门第的年代里，出生于长孙家，相当于赢在了起跑线上：优越的生活条件、良好的人脉资源、更多的学习机会、更高的起点，都是平民子弟求之而不得的。如果摆正态度，认真学习，自然比寒门子弟拥有更多出人头地的机会。长孙无忌就是这样，从小就不是纨绔子弟，励志成为学霸，后来博览古今，很有谋略。长孙皇后也是自幼好学，做什么事情都要符合礼仪规范。小时候的刻苦是将来成功的必备条件。若只靠门第、关系，就算有朝一日登上高位，最终也会因为知识、能力的匮乏而无法胜任。

可是生活并非一帆风顺，九岁那年，父亲长孙晟去世了，异母兄长孙安业就把兄妹二人赶出家门，无奈之下，长孙无忌只好带着妹妹投奔舅舅高士廉。据《隋书》记载，长孙无忌不止有一位异母兄弟，应该有三位,大哥叫长孙无乃,字行布,多谋略,有乃父风范,大业元年,汉王杨谅叛乱于并州,长孙无乃不幸遇害。二哥字恒安,名尚且不清楚,有记载说叫长孙无傲,但根据墓志铭显示,长孙无傲应该是长孙无忌的堂兄。至于三哥,就是长孙安业了,后来混得不错,当到了监门将军,可惜最终走上了谋反之路,李世民准备杀了他,长孙皇后求情说:"安业之罪,万死无赦。然不慈于妾,天下知之,今置以极刑,人必谓妾恃宠以复其兄,无乃为圣朝累乎!"意思是:请陛下不要杀他,我跟长孙安业的矛盾,全国人民都知道了,如果您对他处以极刑,老百姓肯定会说是我想打击报复。见皇后求情,李世民高抬贵手,刀下留人。在这件事情上,长孙皇后的做法其实是不可取的,犯了罪,该怎么判就怎么判,怎么能因为皇后的名誉问题就免死呢?如此一来,法律的公信力自然降低。

舅舅高士廉也非等闲之辈,据许敬宗撰写的《申文献公茔兆记》披露,他的爷爷高岳是北齐清河王、尚书令、太尉,父亲高劢是北齐乐安王、尚书右仆射,隋楚、光、洮三州刺史,高士廉本人"少有器局,颇涉文史",好友都是远近闻名的大才子,"起居舍人崔祖浚,学富杨班,中书侍郎薛道衡,文衡张左,莫不闻风扼腕,申以忘年之交"。眼看外甥被狠心三哥踢出家门,高士廉决心收留,予以善待。四年后,他发现唐国公次子李世民很有前途,就把外甥女嫁过去,可谓慧眼识金。俗话说:"男怕入错行,女怕嫁错郎。"跟对了人,为日后登上人生巅峰奠定了基础。除了看人识人,时势也非常重要,隋朝末年,天下大乱,群雄并起,杨家的江山摇摇欲坠,一个变革的时代,给了李氏家族君临天下的机会,如果隋朝一直天下太平,长孙氏成为皇后的概率也是微乎其微。

嫁到李家这件事，正史还有说法。在很久以前，长孙晟的兄弟长孙炽非常欣赏李世民的母亲，他对长孙晟说："此明睿人，必有奇子，不可以不图婚。"意思是：这位窦姑娘冰雪聪明，儿子肯定也是位奇人，你应该把女儿嫁到他们家。长孙晟听后十分认同。还有一个故事，说长孙氏到高家后，高士廉的小妾曾看见两丈高的大马，站在长孙氏的住所外，算命后，推测长孙氏日后必为妃。两个故事都比较离奇，不知道可信度有多少，会不会是唐朝皇室编出来的。

在夺取江山的过程中，长孙氏一介女流，又是秦王妃，当然不能上战场了，但她依然发挥了作用。太子李建成、齐王李元吉联合后妃，在李渊面前说秦王坏话，嫔妃们见高祖年老，人家李建成又是太子，国之储君，为了后半生的幸福，也愿意出力帮忙。从晚年生育的子女数量看，李渊是个好色的老皇帝，现在后妃天天吹枕头风，久而久之，对李世民的印象肯定不好，怎么办呢？长孙氏的作用体现出来了，她是秦王的正妻，皇帝的儿媳，作为晚辈，孝顺公公婆婆属分内之事，于是长孙氏"孝事高祖，恭顺嫔妃，尽力弥缝，以存内助"。她竭尽所能，与父皇及其嫔妃们搞好关系，外庭是个战场，后宫又何尝不是呢。玄武门之变当天，秦王妃亲自慰问政变将士，左右为之感动。试想如果政变失败了，她将失去所有。

幸运的是，李世民成功了。随着李渊退位，李世民即位，长孙氏登上皇后宝座，她是大唐建立以来第一位活着的皇后，婆婆窦氏没有成为皇后就去世了，后来被追封为皇后，生前并没有母仪天下。长孙皇后有许多美德，比如俭约，"凡所御服，取给而已"，如果十件衣服够穿的话，就不要做一百件，说明她在衣服的数量上没有提很高的要求，但这并不意味着她在质量上不讲究，更不会穿打补丁的衣服，好歹贵族出身，大国皇后，穿得太寒碜说不过去。再比如仁慈，长孙皇后执掌后宫，不会构陷嫔妃、与她们争宠。做到赏罚有度，不冤枉一个好人，其中自然有皇后品行高尚的因素，与此同时，也要认清一个事实：长孙皇后没有必要去争风吃醋，因为她就是后宫最得宠的那个女人，实在是没有人可以威胁她。既然如此，何苦去害人，做有损名誉的事情呢？

哪些史实可以看出皇后的受宠？首先，她的子女情况，长孙皇后育有三子四女，如果皇后不受宠，生一两个还有可能，生七个就不大可能。而且李世民对嫡子嫡女十分偏爱，长乐公主因为是皇后所生，皇帝钟爱，嫁妆比长公主多一倍，引发魏征劝谏。皇后去世得早，晋阳公主、晋王李治可怜兮兮，由李世民亲自抚养。太子李承乾谋反，证据确凿，唐太宗不忍杀害，只是流放黔州。

长孙皇后驾鹤西去，李世民的所作所为也可以体现出爱妻在自己心目中的地位。因为思念，他在宫中搭建了观台，专门眺望埋葬在昭陵的亡妻。魏征得知后很不满意，质问李世民：我以为陛下像望昭陵一样望献陵呢。言下之意：怎么心里只有老婆，没有父亲？太宗晚年时，太子李治怀念母后，想修建一座慈恩寺为长孙皇后祈福，太宗应允，把慈恩寺修得规模庞大，壮丽无比，李世民李治父子专门为此写过文章，如果现在去大雁塔旅游，就会看到两位皇帝的作品。贞观二十三年，李世民驾崩，入葬昭陵，夫妻同穴而眠。除了皇后，唐太宗还为哪位后妃做过类似的事情呢？令狐德棻写的《韦贵妃墓志》上有"宠冠后庭，誉高同列"，许敬宗写的《燕妃碑》上也有"是以誉芳兰室，宠冠□□"，竟然个个宠冠后宫，但是和长孙皇后相比，那些都是为了吹捧墓主的溢美之词，看看可以，不用当真……

贞观元年，长孙家族炙手可热，皇后与皇帝是患难夫妻，皇后深受宠爱，其兄长孙无忌被任命为左武侯大将军、右仆射、吏部尚书，获准出入皇帝寝宫。兄妹两人一个在内，一个在外，位极人臣，让其他嫔妃、官员望尘莫及。长孙皇后自幼饱读诗书，熟悉历史教训，有着清醒的政治头脑。汉代的吕后、霍光，亦曾烜赫一时，可家族的结局呢？糟糕透顶。本来皇后是不参与政事的，她把女人干政比喻为母鸡打鸣："牝鸡之晨，惟家之索。妾以妇人，岂敢豫闻政事？"但为了家族的未来，她还是出手了。丈夫要对哥哥委以重任，长孙皇后坚决反对，遭到拒绝后，又秘密派人给长孙无忌带话，要求他主动辞职。长孙无忌照做了，苦苦请求皇帝解除自己的职务。李世民招架不住，最终同意。宰相人选，绝对是朝廷大事，长孙皇后为了家族利益进行干预。可见她也不是完全不插手朝政，如果事情对自己不利，她还是会有所行动的。

无论是政治地位，还是丈夫对自己的感情，长孙皇后都是佼佼者，她应该是当时大唐最成功的女人了。但世界上没有完美无缺的人生，长孙皇后再厉害，也有三大遗憾。

第一个遗憾是寿命不长，三十六岁便驾鹤西去。当医生确定，皇后已病入膏肓、无药可救时，太子李承乾劝母后释放囚犯，剃度僧人，为自己祈福。孰料被皇后果断拒绝："岂以吾一妇人而乱天下法？"太宗及侍臣听后皆唏嘘不已。临终前，她还要求李世民召回房玄龄，说房玄龄是老臣，小心谨慎，勤勤恳恳，没有大的问题，不要弃之不用。此外，长孙皇后之前还保过魏征，有一次退朝，李世民怒气冲冲地说："会需杀此田舍翁。"皇后问完原因，机智地穿上朝服，巧妙规劝丈夫。

第二个遗憾是子女命运不佳。晋阳公主十二岁早亡，长乐公主二十三岁过世，新城公主、城阳公主都有过丧夫改嫁的经历，寿命也不长。三个儿子，前两个陷入储位之争，终生不得回京；李治虽登上皇位，却饱受心脑血管疾病的折磨。按理来说，能够生在皇家，那是多少人梦寐以求的事情。可事实是，地位越高，烦恼越大，处在政治旋涡里，往往危机四伏，暗藏杀身之祸。

第三个遗憾是长孙家族的没落。尽管皇后一直强调，不要给外戚太大的权力，不要让他们担任要职，临终前还念念不忘："又妾之本宗，幸缘姻戚，既非德举，易履危机，其保全永久，慎勿处之权要，但以外戚奉朝请，则为幸矣。"可惜的是：生前外戚抑制得不错，死后就无能为力了。十三年后，长孙无忌非但复出，还当上了托孤大臣，可以说，李世民最后的安排，完全背离了皇后的遗言。当初拿下长孙无忌，李世民就不是很情愿。现在皇后死了，提拔起来便无所顾忌，且长孙无忌看起来的确很合适：门第高，才能卓著，皇帝的发小，还有外戚的身份，不用他用谁呢？

又过了十年，随着权力斗争日渐激烈，朝廷已经决定，将长孙一党赶尽杀绝。于是以谋反为名，将长孙无忌流放黔州，逼令自杀；长子长孙冲流放岭南；新城公主丈夫长孙诠，流死巂州；刑部尚书长孙祥，因与长孙无忌互通书信，也要除掉。出土的《长孙祥墓志》中，这一段写得比较隐晦："失在一朝，差以千里，以显庆四年□□□日因事卒于雍州界，春秋六十一。""因事"而死，到底什么事？太敏感，不敢说出来。尽管十几年后的上元年间，李治给长孙无忌平反了，可长孙家的辉煌如过眼烟云，再也无法找回，前辈们可以位列三公，显庆四年后，长孙家族的晚辈只能当当播州县令、福昌县令这样的中低级官员，进不了核心圈层。

第二、第三个遗憾，我们在后文会更加详细地叙述。长孙皇后去世于贞观十年，作为幼子，李治不过是个九岁的孩童而已。无论哪个时代，丧母之痛对一个小孩来说，实在是过于残酷了，更何况李治五岁就读完《孝经》，深知孝道，当时李世民问他："此书中何言为要？"李治回答："夫孝，始于事亲，中于事君，终于立身。君子之事上，进思尽忠，退思补过，将顺其美，匡救其恶。"李世民听后特别高兴，认为其小小年纪，想着侍奉长辈、君王，有如此见识，已经很不错了，表扬道："行此，足以事父兄，为臣子矣。"根本就没有让李治当皇帝的意思，因为大哥李承乾已经封为太子了，以后李承乾就是皇帝，李治身为弟弟，当然是做个好王爷、好臣子了。

母亲的早逝让李治恸哭不已，他不停地哭，"哀慕感动左右"，看着晋王李治和晋阳公主孤零零的，甚是可怜，中年丧妻的李世民决定亲自抚养他们，这是其他三十多个皇子公主无法享受的待遇。因为整天和妹妹生活在一起，李治与晋阳公主的感情非常深厚，每次哥哥外出，妹妹都要送到虔化门流泪告别。后来李治长大了，要和群臣一起上朝，不能和以前一样陪伴妹妹了，晋阳公主哭着说："兄今与朝臣同列，不得在内乎？"时光飞逝，人总要长大，开始自己的事业，望着渐行渐远的妹妹，李治有太多的不舍与无奈，李世民听到晋阳公主的话，泪水也夺眶而出。

据记载，晋阳公主每次来到长孙皇后游览过的地方，都会哀不自胜。事实证明，她的生命历程与母亲一样，特别短暂，上天赐予她福分，却没有附带长久的寿命。十二岁那年，公主去世，唐太宗痛失爱女，寝食难安，一天要哀叹几十次，从外表看，整个人都消瘦了许多。见状,群臣纷纷给皇帝打气加油,要节哀!要坚强!李世民说:"我知道人死不能复生,悲伤是没有用的,可我就是控制不住自己。"

母后与妹妹的过早离去,对李治来说是巨大的遗憾,小小年纪,便体会到了什么叫世事无常,什么叫人间冷暖。后来他当上太子,曾撰写过一篇《为文德圣皇后荐福令》,表达对母后深深的思念之情:"寡人不造,咎谴所钟;年在未识,慈颜弃背;终身之忧,贯心滋甚;风树之切,刻骨冥深;每以龙忌之辰,岁时兴感;空怀陟屺之望,益疚寒泉之心;既而笙歌遂远,瞻奉无逮;徒思昊天之报,罔寄乌鸟之情。"幼年丧母是一辈子的痛,小时候不懂事,等长大了,想要报恩,却再也没有机会。每逢忌日,除了默默忧伤,什么都做不了。子欲养而亲不待,是人世间最痛苦的经历之一。

其实,这只是个开始,往后的日子里,他还会经历更多人的离去,其中不少还是至亲。由于种种原因,许多人不过是生命中的过客而已,真正能走到最后的总是寥寥,特别是在唐朝的第一家庭。一千多年前,医疗水平有限,人均寿命不长,杜甫《赠卫八处士》云:"访旧半为鬼,惊呼热中肠。"四十八岁的他,故旧亲友已死去一半,在当时,活个四五十岁不算早逝,活到七十那真是古稀。生于皇家,不可避免地卷入政治斗争,为了最高权力,父子相杀,手足相残,比比皆是,李治的父亲李世民,就在玄武门之变中杀了李建成、李元吉,再加上他们的十几个儿子。"最是无情帝王家",给帝王当儿子,荣华富贵虽唾手可得,但也必须承担其中的风险。

时间一分一秒地过去,十几岁的李治在皇宫平静地生活着。然而,初唐时期的皇子到底会面临怎样的人生?

大唐皇子们的教育及娱乐生活

据统计，唐高祖、太宗、高宗的皇子中，除去四位皇帝（李世民、李治、李显、李旦），在剩下的四十位皇子里，共有七位夭折，占总量的百分之十七点五，受制于当时的医疗条件，未成年而死的情况时有发生，真是有幸生于皇家，却无福享受荣华。夭折的七人中，有一个叫李元方的，李渊第九子，大约只活了十岁。

到了一定年龄，要上学了，身为皇子，应该去哪里上学呢？杜佑《通典》记载："大唐武德元年，诏皇族子孙及功臣子弟，于秘书外省别立小学。"为了教育李家二代、高干子弟，李渊在秘书省设立了小学，作为教育场所，为什么选择在这里呢？因为秘书省是皇家藏书的地方，皇子们学习之余，可以就近找书，排疑解惑。至于老师嘛，史书记载的不多，既然是贵族教育，师资力量铁定强，任教者必为饱学之士。除了小学，皇子们还要去弘文馆学习，李世民即位伊始，便在宏文殿隔壁设立弘文馆，其中的文学之士包括欧阳询、虞世南、褚亮等，主要课程有《周易》《毛诗》《尚书》等。由于这些二代不用参加科举就能进入仕途，不学无术者很多，都在坐享"拼爹"的好处。

除了上学，李世民还非常看重老师的作用。贞观十一年，李世民对房玄龄说：古代的皇子，自幼在深宫长大，等他们成人，无不骄奢淫逸，一个接一个地败亡，很少有良心发现的。"我今严教子弟，欲皆得安全"，朕现在教育他们，好比救人，不使他们误入歧途。因此，李世民给侍臣们布置了一个任务："朕今为太子、诸王精选师傅，令其式瞻礼度，有所裨益。公等可访正直忠信者，各举三两者。"意思是：把正直忠诚的人才推荐给我，由他们教育皇子皇孙。

比如，太子李承乾的老师李纲，此人从事皇家教育多年，曾经当过隋文帝太子杨勇、唐高祖太子李建成的老师，李世民听说李老师教得好，特聘为嫡长子师傅。到贞观三年，李老师年纪大了，八十有二，脚有病，不能下地行走，为了表达尊师重教之情，李世民特地送了李老师一顶轿子，平时就让宫廷侍卫抬着进东宫，并要求皇太子搀扶李老师上殿，行拜见礼，不准有丝毫怠慢。据记载，李老师主要给太子讲"君臣父子之道，问寝视膳之方"，太子听得非常认真，甚至忘记了疲倦。魏王李泰的老师是礼部尚书王珪，李世民告诫李泰，"每对王珪，如见我面"，即见到王老师就像见到我一样！

受胡风影响，李建成和李世民都很喜欢打猎，乐此不疲；没有精湛的箭术，李世民也不可能在玄武门之变中亲手射杀大哥。除了这两人，初唐的皇子中还有很多爱好打猎的，比如，李渊第十子李元礼，"少恭谨，善骑射"，太宗第五子李祐"尤好弋猎"，第六子李愔"在州数游猎，不避禾稼，深为百姓所怨"。李世民最赞赏的还是弟弟李元轨。有一次，李元轨跟皇兄一起打猎，突然，一群野兽跑了出来，李世民就让李元轨射，结果百发百中。眼见皇弟表现神勇，李世民甚感欣慰，一边抚摸着他的背，一边说："汝武艺过人，怅今无所施。当天下未定，我得汝岂不美乎！"箭术好是好，就是英雄无用武之地，要是你早生几年，能跟我打天下，那就好啦。

除了打猎，斗鸡也是一项有特色的活动，唐高宗乾封三年，社会风靡斗鸡，诸王暗中较劲，互有胜负。在皇子中，沛王李贤与英王李显就是一对"鸡友"。有一次，鸡王争霸赛即将开始，沛王府修撰王勃特意写了篇《檄英王鸡》，为本次大赛造势，细读其文，发现多处用典："处宗窗下，乐兴纵谈；祖逖床前，时为起舞。""秦关早唱，庆公子之安全；齐境长鸣，知群黎之生聚。"檄文发布后，鸡有没有反应，是不是很生气，我们不知道；但我们可以确定的是，唐高宗看了很生气，没过多久，王勃因为涉嫌离间皇子，被李治赶出了沛王府。

李世民继位前，有秦府十八学士；李泰爱好文学，太宗特令置文学馆，李泰与著作郎萧德言、秘书郎顾胤、功曹参军谢偃等，编撰《括地志》，章怀太子李贤召集当时学者张大安、许叔牙等人，为《后汉书》做注，李治看后非常高兴，"赐物三万段"，把书送往秘阁珍藏。喜欢结交文士的还有高祖十七子李元裕，他与"初唐四杰"之一的卢照邻结为布衣之交。

那么，大唐王朝的"皇二代"到了谈婚论嫁的年龄，又该做何打算呢？唐代盛行门第婚，讲究门当户对。皇子的正妻，一般来源于高门大户、功臣显贵或者当朝重臣，没背景、没势力的，人家看不上。李世民曾经问魏征："朕子弟孰贤？"魏征说吴王李元轨不错，李世民也这么认为，就让李元轨娶了魏征的女儿。当时比较抢手的是五姓女，五个世家大族的女孩子，要是娶了她们，比娶了皇家的公主还要荣耀。当然，这种政治婚姻幸福与否就很难保证了，要是对正妻不满意，还可以纳妾。

如果是庶子，长大后，就会获得封户与官职，离开长安，成为某地的刺史或者都督。比如，李渊第十子李元礼，武德四年，封郑王；贞观六年，赐实封七百户，授郑州刺史，徙封徐王，迁徐州都督；贞观十七年，转绛州刺史，因为造福地方，李世民特下玺书慰劳，并赏赐锦彩；贞观二十三年，加实封千户；永徽四年，加授司徒，兼潞州刺史；咸亨三年去世，赠太尉、冀州大都督，陪葬昭陵。

实封七百户是经济待遇，就是说这七百户把赋税交给你，供你享用,那是不是所有赋税都给你呢?在开元以前并不是,只是部分,"诸王及公主以下所食封邑,皆以课户充。州、县与国官、邑官共执文帐,准其户数,收其租调,均为三分,其一入官,其二入国"。作为王爷,你只能拿三分之二,剩下的三分之一是给国家的。初唐时期,刚经历隋末战乱,人口锐减,能有个一千户已经很不错了。等到唐中宗复位时,立有功劳的太平公主获封一万户。

那么刺史、都督又是什么呢?据《唐六典》记载,刺史、都督负责考核当地官吏,宣布德化,安抚百姓,劝课农桑,务知百姓之疾苦等,是一个地方的父母官。看了李元礼的履历,你会发现,他虽然一直担任刺史或者都督,级别没怎么变,但主政的地方一直换,先是郑州,后到徐州,然后是绛州、潞州,朝廷生怕你在一个地方待太久,形成自己的势力,以致威胁中央,所以每隔一段时间就换一次。

读到这里,你也许会认为:在唐朝初年当个皇子还是蛮好的嘛!仔细研究他们的结局后,会发现并不是这样。高祖、太宗、高宗的四十四位皇子中,有四十位没有当过皇帝,他们的人生结局如下:

夭折:七人(百分之十七点五)。

因政治斗争而非正常死亡:十九人(百分之四十七点五)。

正常死亡但遭受过重大政治打击:四人(百分之十)。

结局较好:十人(百分之二十五)。

由此可见,百分之七十五的皇子没有好下场。

李治是李世民的嫡子,但排老三,按理说,前面有两个哥哥,太子怎么样也轮不到他。可是在贞观十七年,他突然就当上了太子,这是怎么回事呢?这一年到底发生了什么事情?让我们走进关键的贞观十七年。

储位之争

贞观十七年正月,重臣魏征病故,唐太宗思念不已,对侍臣说:"魏征去世,我失去了一面镜子。"魏征劝谏唐太宗的经典事例常被后人称道,如此哀悼魏征也没什么奇怪的,可是仅仅三个月后,李世民和李唐王朝又遭遇更大的变故。四月,因为齐王造反,太子李承乾的手下纥干承基受到牵连,即将处以极刑。为了得到宽大处理,纥干承基将太子谋反之事和盘托出。唐太宗闻讯后,命长孙无忌、房玄龄等人查案,调查结果是:"反形已具。"对此,朝野哗然,唐太宗别无选择,只能将太子党连根铲除。宣布废李承乾为庶人,同党侯君集、杜荷等人正法。

大唐的太子,未来的皇帝。按理说,天下迟早是李承乾的,他为什么要造反?岂非多此一举?其中原因,待我们细细说来。武德二年,李承乾来到人世,因为出生在承乾殿,李世民就给他取了名字:承乾。小时候,承乾这孩子可聪明了,李世民很喜欢他,处理起政务来,亦"颇识大体",唐太宗很满意,认为李家后继有人,大唐未来不可限量。可惜好景不长,随着年龄增长,李承乾变成了一位问题少年。他"好声色、漫游无度",喜欢听歌、女色、出游,自制力极差,根本管不住自己。他心里也清楚,自己天天这样,父皇和东宫的大臣肯定会干涉。为了不让他们发现,每次上朝,李承乾必说"忠孝之道";有大臣劝谏,他立即表现出很自责的样子:我知道错啦,我一定会改,下不为例!结果呢,屡教不改。渐渐地,戏演得太多,大家都不信了。

对于太子的所作所为,李世民恨铁不成钢,这样的人要是当了皇帝,那还得了!我辛辛苦苦打下的江山,说不定哪天就败在他手上了！面对父皇的不满，李承乾无动于衷，继续过着自己的生活。有位太常乐工号"称心"，颜值高，能歌善舞，李承乾一见倾心，竟然搞起了同性恋。太宗知道后当然不答应，你可是太子啊！传出去，丢的不光是你的脸！太宗大怒，下令将称心诛杀，牵连好几个人。李承乾痛失爱侣，悲不自胜，在东宫为称心立像、安葬，朝夕祭奠。他还命数百人专门学习伎乐，模仿胡人的打扮，"昼夜不绝""日闻于外"，甚至还放话说：以后要是当上皇帝，就率领数万人到边塞，做个突厥人。

如果注意到李承乾的年龄，他的所作所为也并非完全不合理。一个十几岁的小伙子，正值躁动的青春期，叛逆、贪玩、标新立异，喜欢追求个性；加之地位高，父皇又看重，没吃过苦，没有社会阅历，一人之下，万人之上，难免飘飘然忘乎所以。李世民说："太子生长深宫，百姓艰难，耳目所未涉，能无骄逸乎？"

父皇的教导，李承乾不听，至于大臣的谏言，那更是当成耳旁风了。左庶子于志宁撰写《谏苑》二十卷送给太子，太子置若罔闻；右庶子孔颖达多次口头规劝，作用为零。后来太子嫌于志宁太烦，这老头怎么又喋喋不休，吵都吵死了！居然派刺客去谋杀。夜黑风高的一个夜晚，刺客们光顾于老师家，四处看了看，突然决定不动手了，唉！于老师好歹是个官，家里却穷得只剩四堵墙，这样的好人，我们还杀他，对得起良心吗？走吧！走吧！

失望之余，李世民"移情别恋"，对魏王李泰越来越好。李泰是长孙皇后的二儿子，李承乾的同母弟弟。贞观十年，有人对李世民说：三品以上的官员大多轻视魏王。听罢，李世民大怒，在朝堂上咆哮，宰相房玄龄等人吓得汗流浃背。李泰是个大胖子，走起路来很不方便，李世民特批：以后上朝，魏王可以坐小车来。李泰还喜欢文学，李世民允许他开文学馆，想招谁就招谁，这对李泰来说是个扩充实力的好机会，李承乾失宠，趁机想拉其下马的话，需要谋士出谋划策。上哪里找谋士呢？文学馆编书就是个好机会，以编书为名，招收人才，掩人耳目。贞观十二年，李泰编撰《括地志》，借机招到了著作郎萧德言、秘书郎顾胤、功曹参军谢偃等人。两年后，书籍编成，李世民重赏李泰，并将《括地志》交付秘阁收藏。贞观十四年，李世民亲临延康坊李泰住宅，免该坊百姓一年租赋，并赏赐魏王府官僚布帛。细心的官员发现：朝廷每月供应魏王的物品，有些已经超过了太子。李世民一度还想让李泰住在皇宫，只是被魏征谏止："陛下爱魏王，常欲使安全，宜每抑其骄奢，不处嫌疑之地。"

太子失宠，魏王得宠，早已是公开的秘密。在朝堂，在民间，许多人对此议论纷纷。李世民当然知道舆情了，但他并不打算废太子。面对人们的种种猜测，李世民决定任命直言敢谏的魏征担任太子太傅，由他来教导太子，稳住储位。魏征身体有病，不愿担此重任，就跑去交辞职信，李世民坚决不同意，一定要他带病辅佐："周幽、晋献，废嫡立庶，危国亡家。汉高祖几废太子，赖四皓然后安。我今赖公，即其义也。知公疾病，可卧护之。"告诉魏征，你就是当今太子的商山四皓。四皓何方神圣？他们是汉朝初年的四位贤人。刘邦求贤若渴，曾多次派人邀请，他们都不愿为朝廷效力。当时吕后之子刘盈与戚夫人之子刘如意争夺储位，张良就劝吕后把商山四皓请出来辅佐太子，刘邦见太子有贤人护佑，肯定就不会想着废立了。如今李承乾位子不稳，让魏征辅佐他，好比商山四皓辅佐刘盈一样。

贞观十七年正月，李世民再度重申不废太子："太子虽病足，不废步履，且《礼》：'嫡子死，立嫡孙。'太子男已五岁，朕终不以孽代宗，启窥觎之心也。"你们不要再妄议了！就算太子哪天呜呼哀哉，朕也立孙子！

尽管父皇一再表态，李承乾并没有放心，反倒越来越紧张。因为李世民对魏王的偏爱没有丝毫减少，在很多人看来，如果真想断绝其他皇子觊觎储位的念头，就该把李泰赶出长安，甚至囚禁才对。为了把大哥整倒，李泰积极运作，"招兵买马"。为博取名声，他礼贤下士，善待那些地位不高的人；为争取大臣支持，他让工部尚书杜楚客拿着重金贿赂权贵，希望他们可以在父皇面前多多美言。一段时间后，朝廷内部出现了魏王党，除了杜楚客，其他成员还有韦挺、柴令武、岑文本、刘洎、房遗爱等二十余人，其中柴令武是驸马，皇亲国戚；房遗爱不仅是驸马，还是当朝宰相房玄龄的儿子，房大人为相多年，始终谨慎，按理说不会允许儿子随便与政治势力往来，万一出事，容易被牵连，可现在房遗爱投奔魏王，成其心腹，多多少少已经表明房玄龄的态度了。他们就像一群赌徒，把宝押在了李泰头上，日后魏王要是当上太子，登基为帝，必然知恩图报，给韦挺等人加官晋爵。

魏王拉帮结派，搞小团伙，谋求最高权力。李承乾身为太子，怎么可能没有太子党呢？其核心党羽有驸马都尉杜荷、洋州刺史赵节、汉王李元昌、左屯卫中郎将李安俨、吏部尚书侯君集。我们一一介绍：杜荷是前宰相杜如晦的儿子，娶城阳公主，既是官二代，也是驸马爷。赵节，长广公主的儿子，身份也不一般。汉王李元昌，李世民的弟弟，曾干过很多违法乱纪的事情，遭到太宗谴责，他和太子经常玩带兵打仗的小游戏，每次穿好铠甲，拿好武器，各领一队人马互相厮杀，以此取乐。李安俨原本是李建成的人，玄武门之变时，李建成遇害，李安俨为李建成拼命厮杀，特别卖命，因此，李世民认为他很忠心，就让其护卫自己。可谁承想，李安俨哪里是什么忠臣，李承乾的钱一送来，马上心动了，愿意利用职务之便监视皇帝，帮忙打探消息。侯君集是李世民的得力战将，三年前曾率兵西进，灭亡高昌。但他对时局不满，恰好侯君集的女婿贺兰楚石在东宫当官。通过他，太子了解了侯君集的心声。于是，两位失意者联起手来，想要搞事情。

太子问侯君集怎样自保，侯君集果断劝太子谋反，他举起手说："这双好手，当为殿下效力。"又说："魏王被皇上宠爱，殿下恐怕会与隋文帝的废太子杨勇一样，下场凄惨。所以你要暗地里做好准备啊！"汉王李元昌也劝太子谋反，他看中了皇帝身边一位弹琵琶的美女，希望事成之后得到她。一伙人歃血为盟，誓同生死，决定学一学李世民，发动宫廷政变，武装夺取政权。可李世民不是普通皇帝啊，想夺他的权，谈何容易。杜荷向李承乾献计："如今天象有变，得抓紧时间行动。殿下您就说自己得了重病，皇帝知道后，必然亲自探望，等他进入东宫，我们来个瓮中捉鳖。"就在谋反有计划地进行时，齐王李祐作乱于齐州，听到这条消息，李承乾对豢养的刺客纥干承基说："东宫的西墙，离大内才二十步，我们要是谋反，比齐王容易多了。"

计划还没实施呢，太子就有些得意过头了，竟然嘲笑李祐谋反远没有他容易。万万没想到，李承乾的失败，就是从齐王谋反开始的。不久，纥干承基不知怎么的，牵连进了齐王谋反案，被判了死刑。眼看生命即将走到尽头，纥干承基无可奈何，为了求生，把太子谋反的事情抖了出来。接到报告，李世民知道非同小可，不敢怠慢，命长孙无忌、房玄龄、萧瑀、李勣和大理寺、中书省、门下省一起审案，结果是"反形已具"，叛乱阴谋完全属实。如此一来，太子不可能再让李承乾当了，太子党作为谋反集团，难逃被赶尽杀绝的命运。李安俨、杜荷、赵节被处死，左庶子张玄素、右庶子赵弘智、令狐德棻虽然没有参与谋逆，但他们身为东宫官员，未能尽好辅助太子的责任，通通免为庶人。纥干承基本应处死，因有重大立功表现，封祐川府折冲都尉、平棘县公。

侯君集早年追随秦王征战，现在要人头落地了，唐太宗念及旧情，爱惜其才，想功过相抵，只是群臣不同意。因此，太宗只能对侯君集说："与君长诀矣。"回想侯将军的一生，他立过很多功劳，但也被好几个人看出有不臣之心。

有一次，李世民让名将李靖教侯君集兵法，没过多久，侯君集对皇帝说："李靖将要谋反。"李世民一听就纳闷了，这李靖为什么要谋反啊？侯君集说："他只把粗略的东西教给我，没有精益求精，以后要是谋反，没人可以打败他。"李世民又问李靖，李靖断言："侯君集必反，现在天下已经平定，我教给他的东西足以应对周边蛮夷，可侯君集仍不满足，这不是想谋反是什么！"

江夏王李道宗也认为侯君集要反，他说："君集志大而智小，自负微功，耻在房玄龄、李靖之下，虽为吏部尚书，未满其志，以臣观之，必将为乱。"侯君集这个人野心极大，谁都看不起，日后肯定造反。张亮也曾秘密举报，说侯君集可能有谋反夺权的心思，因为侯君集曾愤愤不平地对张亮说："郁郁不可活，公能反乎？当与公反耳。"

侯君集的人生算是交待了，即将定格在贞观十七年，那么李承乾呢？他的命运又将如何？这是一道非常棘手的难题，老父亲、老皇帝李世民不得不面对它。为君之难，在这种场合体现得淋漓尽致。

一般来说，大臣谋反比较好处理，杀了便是。可太子怎么办呢？按照法律，谋逆死路一条，但他是嫡长子呀，李世民以前那么喜欢他，二十多年的父子情，真能说断就断？长孙皇后若是泉下有知，会怎么想？所以李世民问大臣："你们看怎么处置承乾呀？"没一个人敢回答。如果主张杀，以后李世民想念儿子了，迁怒于你，吃不了兜着走；说不杀，公然违背法律、制度，削弱朝廷的执政基础，鼓励更多皇子造反。所以此时此刻，群臣最好的选择是闭嘴，无声胜有声，他们宦海沉浮多年，也是这么做的。沉默良久，终于有人打破僵局，通事舍人来济说："陛下不失为慈父，太子得尽天年，则善矣！"法外开恩，不要杀为好，李世民求之不得，批准了。随后下发《废皇太子承乾为庶人诏》，原文如下：

肇有皇王，司牧黎庶，咸立上嗣，以守宗祧，固本忘其私爱，继世存乎公道。故立季历而树姬发，隆周享七百之期；黜临江而罪庆园，炎汉定两京之业。是知储副之寄，社稷系以安危；废立之规，鼎命由其轻重。详观历代，安可非其人哉！皇太子承乾，地惟长嫡，位居明两，训以《诗》《书》，教以《礼》《乐》。庶宏日新之德，以永无疆之祚。而邪僻是蹈，仁义蔑闻，疏远正人。亲昵群小，善无微而不背，恶无大而不及，酒色极于沈荒，土木备于奢侈。倡优之技，昼夜不息；狗马之娱，盘游无度。金帛散于奸愿，捶楚遍于仆妾，前后愆过，日月滋甚。朕永鉴前载，无忘正嫡，恕其瑕衅，倍加训诱。选名德以为师保，择端士以任宫僚。犹冀中人之性，可以上下；蟠木之质，可以为容。愚心不悛，凶德弥著。自以久婴沈痼，心忧废黜，纳邪说而违朕命，怀异端而疑诸弟。恩宠虽厚，猜惧愈深，引奸回以为腹心，聚台隶而同游宴。郑声淫乐，好之不离左右；兵凶战危，习之以为戏乐。既怀残忍，遂行杀害。然其所爱小人，往者已从显戮，谓能因兹改悔，翻乃更有悲伤。行哭承华，制服博望。立遗形于高殿，日有祭祀；营窀穸于禁苑，将议加崇。赠官以表愚情，勒碑以纪凶迹，既伤败于典礼，亦惊骇于视听。桀跖不足比其恶行，竹帛不能载其罪名。岂可守器纂统，承七庙之重；入监出抚，当四海之寄。承乾宜废为庶人。朕受命上帝，为人父母，凡在苍生，皆存抚育，况乎冢嗣，宁不钟心。一旦至此，深增惭叹。

唐太宗历数太子种种罪行，比作夏桀、盗跖，可最重要的一项只字不提，那就是谋反。为什么呢？因为太子没谋反？不对！因为把谋反说出来，太子必须砍头，他连庶人都做不了了。被废后，二十多岁的李承乾流放黔州，不久死去，消息传来，唐太宗为之废朝，以国公之礼安葬。又过了将近百年，李承乾之孙李适之把祖父的灵柩迁回，安葬于太宗昭陵。那么李承乾死于何时？《旧唐书》说死在贞观十九年，但1972年年底出土的《大唐故恒山愍王荆州诸军事荆州大都督墓志铭》记载：李承乾去世于贞观十七年十月一日，距离被废不足半年时间。

随着李承乾的倒台，一个问题摆在了李世民面前：下任太子花落谁家？表面上看，魏王的可能性最大，按照制度，李泰是嫡次子，最有资格接班，本人又深受李世民喜爱，大臣中也不乏支持者。太子获罪以来，他每天入宫侍奉父皇，李世民当面许诺太子之位。魏王党的刘洎、岑文本也劝皇帝立魏王。一切似乎都已尘埃落定，李泰辛苦多年，付出的努力即将开花结果了。除李泰外，李世民还喜欢晋王李治，他也有可能被立为太子。为了表达对兄弟的友爱，进一步讨好父皇，坚定其立储决心，李泰又对李世民说："臣有一子，臣死之日，当为陛下杀之，传位晋王。"意思是：如果我当了皇帝，哪天死了，就把自己的儿子杀掉，传位给弟弟。听了这番话，李世民深受感动：果然是朕的好儿子。

光自己感动还不够，李世民把李泰的话跟大臣们说了，想感动感动他们："人谁不爱其子，朕见其如此，甚怜之。"世间谁不喜爱自己的儿子呢？我看到李泰这个样子，特别怜惜他。听罢，谏议大夫褚遂良说："陛下，您可得好好想想这句话呀，魏王连爱子都舍得杀，还能放过弟弟？是儿子亲还是弟弟亲啊？李承乾之所以走到这步，与您溺爱魏王是分不开的。如果想立魏王，臣请先安置好晋王，免遭杀身之祸。"听说自己最重要的两个儿子可能会手足相残，李世民心如刀割，难以接受，哭着说："我不能尔。"

回宫后，李世民又发现李治忧心忡忡，好像有什么心事，就"屡问缘由"，可能李治一开始还不愿说，李世民问了很多次才道出实情。原来魏王担心父皇立李治，就去恐吓弟弟："听说你和汉王元昌的关系很铁呀，现在他谋反被杀，你一点都不忧虑吗？"言下之意是：你老实点，不要和我抢位子，小心我把你和李元昌关系好的事情抖出来，落个杀身之祸。李世民知道后，看透了李泰，心里十分懊悔。李承乾也拉李泰下水，他曾对父皇说："臣贵为太子，如果不是李泰逼急了，哪里会造反，父皇现在立他，正中其下怀。"

权衡之后，李世民想立晋王为太子。第一，李治是长孙皇后的儿子，和庶子们比，具备优先继承皇位的权利。第二，李泰虚伪狡诈、用心险恶，若立为皇太子，李承乾、李治都会成为刀下之鬼；而晋王是太宗从小带大的，对其知根知底，是个仁孝之人，如果他接班，嫡子们都能善终。第三，李治有长孙无忌和褚遂良的支持，前者是长孙皇后的哥哥，太宗的发小，既是功臣，又为外戚，才能出众，深得太宗皇帝信任，他说出的话是有一定分量的。既然魏王、晋王都是他的外甥，长孙无忌为什么力挺晋王呢？因为李泰已经有魏王党了，他以后登基，肯定用自己人，不会重用长孙无忌；李治更像是白纸，没有班底，没有势力，把他扶上太子之位，就是拥立之功，李治上了台，肯定知恩图报，大力提拔。褚遂良也一样。第四，李世民当年谋夺皇位，发动玄武门之变，酿成手足相残的悲剧，带了一个很不好的头。他不希望同样的事情发生在自己儿子身上，如果立李泰，就是向皇子表明，太子之位是可以争来的，长此以往，后代子孙必然手足相残，难以禁止，俗话说祸起萧墙，堡垒总是从内部攻破的。

好了，太子人选即将浮出水面，但出现了两个问题：李治在嫡子中排老三，立他相当于越过了李泰，不符合嫡长子继承制，外人会不会有看法？还有，朝廷内部有魏王党呀，立晋王，他们不服怎么办？思前想后，李世民决定演一出戏，看看大臣们的反应，同时也敲打敲打魏王党。

地点：两仪殿。

演员：李世民、李治、长孙无忌。

观众：房玄龄、李勣、褚遂良。

李世民说:"我的兄弟、儿子有人造反,背叛朕,朕活着还有什么意思呢。"他拿出刀假装自杀,长孙无忌赶紧把刀夺下,交给李治,并问皇帝心目中的太子人选。李世民说:"我想立晋王。"长孙无忌回答:"谨奉诏,有异议者,臣请斩之。"这句狠话是说给房玄龄听的,因为在场的只有他一个人支持魏王,目的就是要震慑他。长孙无忌刚表态完,李世民就对李治说:"你舅舅同意你当太子了,还不拜谢。"李治连忙感谢。李世民又问:"各位都已经同意了,不知道百官怎么看。"长孙无忌又说:"晋王仁孝,天下臣民都认可他,陛下不信的话可以出去问,有反对的,算我输。"随后太宗驾临太极殿,召集六品以上文武官员,说:"承乾悖逆,泰亦凶险,皆不可立。朕欲选诸子为嗣,谁可者?卿辈明言之。"百官一想,李承乾、李泰都不能立,嫡子不就剩李治了嘛,不立他还能立谁?况且晋王就跟在皇帝身边,已经很明显了,简直是秃子头上的虱子——明摆的事。于是众人欢呼:"晋王仁孝,当为嗣。"大事已定,朝廷接连发出两道诏书,一个是《立晋王为皇太子诏》:

昔者哲王受图,上圣垂范,建储贰以奉宗庙,总监抚以宁邦国。既义在于至公,变事兼于权道。故以贤而立,则王季兴周;以贵而升,则明帝定汉。详诸方册,岂不然乎?并州都督右武侯大将军晋王治,地居茂亲,才惟明哲,至性仁孝,淑质惠和。凤著梦日之祥,早流乐善之誉。好礼无倦,强学不怠。今承华虚位,率土系心,畴咨文武,咸所推戴。古人云:"知子莫若父,知臣莫若君。"朕谓此子,实允众望。可以则天作贰,可以守器承祧,永固百世,以贞万国。宜立治为皇太子,可令所司,备礼册命。

还有一个是《黜魏王泰诏》：

朕闻生育品物，莫大乎天地；爱敬周极，莫重乎君亲。是故为臣贵于尽忠，亏之者有罚；为子在于行孝，违之者必诛。大则肆诸市朝，小则终贻黜辱。雍州牧相州都督左武侯大将军魏王泰，朕之爱子，实所钟心。幼而聪令，颇好文学，恩遇极于隆重，爵位穷于宠章。不思圣哲之戒，自构骄僭之咎，惑谗谀之言，信离间之说。以承乾虽居长嫡，久缠疴恙，潜有代立之望，靡遵义方之则。承乾惧其凌夺，泰亦日增猜沮。争结朝士，竞引凶人，遂使文武之官，各有托附；亲戚之内，分为朋党。朕志存公道，义在无偏，彰厥巨衅，两从废黜。非惟作则四海，亦乃贻范百代。可解泰雍州牧相州都督左武侯大将军，并削爵土，降为东莱郡王。

作为失败者，李泰先被幽禁于北苑，后又降为东莱郡王，解除雍州牧、相州都督、左武侯大将军等职务。年底，朝廷把李泰迁往均州。李世民曾向群臣展示李泰的奏章，说："李泰确实是个人才，朕很想念他，你们也是知道的。但为了江山社稷，不得不父子分离，这也是在保护他呀。"是啊，李泰的身份过于尴尬了，当今太子曾经的政敌，万一哪天李世民驾崩，长孙无忌、褚遂良、李治真的不会痛下杀手？这点不能完全保证。魏王在长安，魏王党会误以为还有希望，继续挣扎。迁往均州，远离长安是非之地，更为稳妥。

斗争结束后，长安城又恢复了往日的平静。李承乾和李泰这对难兄难弟，失魂落魄地离开国都，开始他们短暂的后半生。登上太子宝座的李治，年仅十六岁，还是个菜鸟级的选手。李世民往后余生最重要的工作之一,就是帮助他积累丰富的治国经验,成为"最强王者",有朝一日君临天下,把大唐的事业发扬光大。在储君阶段,唐太宗是如何培养李治的呢?

第二章　准皇帝的学习生涯

世界上的事情就是这么神奇，为了当太子，李泰殚精竭虑，费尽心机，最后竹篮打水一场空。李治无为而治，从未动手，反倒当上了太子。

太子是国之储君，皇帝的接班人。皇帝这个职业比较特殊，人人都想当，但又不是人人都能驾驭，需要一定的专业素养、专业知识，李治十六岁即被立为太子，这个年龄放到现在，大概高中一年级，是年轻了点。但对他来说，别无选择。此时的李治就好比上了个大学，"专业"已经确定，职业生涯已经规划完成，需要做的只是不断学习，等到"毕业"，就可以直接分配到皇帝这个岗位，保一辈子荣华富贵。于是在李世民的亲自干预下，李治在太子位置上摸爬滚打干了六年，李世民还能活几年，李治的"学制"就是几年。我们可以为李治同学做个"学籍"：

姓名：李治

性别：男

年龄：十六

专业：政治学（皇帝方向）

入学年份：贞观十七年（643）

主要课程：纳谏、去谗、戒盈、崇俭、赏罚等

学制：六年

"专业"确定好了,得有老师呀!李治的老师个个非同一般,阵容相当豪华,且让我们下面细细道来。

唐太宗亲自培训

李世民是一个非常成功的皇帝,年轻时东征西讨,平定刘武周、窦建德、王世充等割据势力,军事经验丰富。玄武门之变后坐镇长安,又有十几年的理政经验,绝对是优秀导师,皇帝一行的佼佼者。论教育太子,李世民绝对够格。平时处理政务,李治经常坐在父皇旁边,学习治国方法,有时候发表意见,也常常能够获得李世民的肯定。有一次,唐太宗被苑西守监穆裕惹毛了,下令在朝堂腰斩此人;李治直言进谏,请父皇刀下留人。太宗因此对长孙无忌说:"人啊,相处久了,自然相互影响。自朕登基以来,虚心纳谏,先有魏征直言不讳,后有马周、岑文本延续传统。"又说:"皇太子幼在朕膝前,每见朕心悦谏,昔者因染以成性,固有今日之谏耳。"李治因为在父皇身边多了,耳濡目染,潜移默化,也养成了进谏纳谏的好习惯。李治敢在父皇暴怒的条件下进谏,说明他并不是一个懦弱的人,否则就该闭嘴,父皇说什么就做什么,唯唯诺诺才对。

除了春风化雨似的教导,李世民还有直接教育。史书记载,唐太宗曾对侍臣说:"朕自立太子,遇物则诲之。"看到什么教什么,见李治吃饭,提醒他要牢记种田的辛苦。见李治骑马,就说不要把马累坏了,如果马不行了,以后我们还有马骑吗?看到船,说出了那句流传千古的名言:"水所以载舟,亦所以覆舟,民犹水也,君犹舟也。"君舟民水,要时刻体恤民情,慎用民力,谨记隋朝灭亡的教训。还有一次,父子二人相约狩猎,李世民看到怀孕的獐鹿,不忍射杀,遂取消了明日狩猎计划。他告诉李治，要有仁爱之心，对待动物是这样，对待天下苍生也是这样。

正面教导以外，李世民有时候还会从反面阐述道理。唐军灭亡西域国家焉耆后，郭孝恪将军押着焉耆王突骑支拜见唐太宗。唐太宗对李治说："焉耆王不求贤辅，不用忠谋，自取灭亡，系颈束手，漂摇万里；人以此思惧，则惧可知矣。"你以后要是不用忠臣，不用贤臣，下场就跟他一样，好自为之吧。看到惨兮兮的焉耆王，不知道李治幼小的心灵会产生怎样的波澜。

步入晚年，唐太宗感觉身体越来越差，时日已经不多。哪天自己驾崩，该怎么教育太子呢？经过一番努力，李世民将自己的治国经验编成参考书，取名《帝范》。该书总有十二篇文章，涉及赏罚、务农等诸多方面："修身治国，备在其中。一旦不讳，更无所言矣。"做人治国的道理全在里面了，叮嘱李治同学好好学习，天天向上。

李世民是一位优秀的导师，贞观年间的许多大臣也是流芳千古的能人，他们也成为太子李治的师傅。黄门侍郎刘洎曾经给李世民提意见，说太子久居宫廷，闭门不出，动不动就十天半个月的，属官都很难见上一面，实在是不应该，不符合礼制。"伏愿少抑下流之爱，弘远大之规，则海内幸甚。"不要过于溺爱小孩了，应该让太子多开阔视野，多与有名望的大臣交流学习。李世民颇以为然，安排刘洎、岑文本、马周、褚遂良按时前往东宫，跟太子好好谈论学问，交换观点。太子有名臣相助，而名臣的教导自然也有利于太子能力的提升。

几段实习经历

光有理论知识还不够，皇帝这个职业，实践性很强的，绝非纸上谈兵就可以胜任。李治年纪轻轻、乳臭未干，自幼生长在宫廷，社会阅历严重不足，更没有没什么理政经验。贞观十八年，唐太宗准备御驾亲征高句丽，下诏太子于定州监国。获悉消息，大臣们纷纷反对，尉迟敬德说："陛下亲征辽东，太子在定州，长安洛阳心腹空虚，恐有玄感之变。"褚遂良上表有言："今太子新立，年尚幼稚，自余屏，陛下所知。"说白了，就是害怕李世民远赴辽东后，太子镇不住后方，重蹈杨玄感的覆辙。可李世民恰恰不这样想，他拒绝群臣提议，一定要李治在定州监国。

太宗临行前，李治哭得稀里哗啦，好几天都是如此。一来为父皇的安危担忧，战火纷飞，刀剑无情，父皇会不会有什么闪失？二来是舍不得父皇，李治是父皇从小带到大的，十几年来，从未离开父皇这么久，现在要独立生活了，一时之间难以接受。第三个原因，担心自己过于稚嫩，经验匮乏，治理不好大唐江山，担不起父亲兼领导交代的重任。见宝贝儿子哭成这样，李世民语重心长地说："今留汝镇守，辅以俊贤，欲使天下识汝之风采。"为父这么干，不光想练练你。还想让天下百姓看看你的风采，为你争取民心，有这么好的锻炼机会，你哭什么呢？李世民走后，李治当然不是一个人在战斗，还有高士廉、马周、刘洎、张行成、高季辅等人辅佐太子。

监国时，李治真诚地对待老臣，尤其是高士廉，他可是舅舅的舅舅，为了表达内心的敬重，李治专门发布命令，为其设榻：

为摄太傅高俭设榻令

摄太傅申国公士廉，朝望国华，仪刑攸属。寡人忝膺监守，实资训导。比听德政，常屈同榻，庶因谘白，少祛蒙滞。但据案奉对，情所未安，已约束不许更进。太傅诲谕深至，使遵常式，辞不获免，辄复敬从，所司亦宜别以一案供太傅。

要想把国家治理好，人才更是必不可缺的资源，虽然已经有父皇留给自己的监国班底，但李治仍然感觉不够。他在李世民的许可下，效仿当年的曹操发布求贤令，从全国各州郡推荐人才，只要有德行、有才华、有文采、有学术的，都在网罗之列，地方官要仔细查访，最好能够做到野无遗贤。

监国求贤令

仰惟圣训，奉以周旋，虚想异人，共康神化，式遵曩轨。分鸾翘车，企觌英灵，钦闻政道。宜颁下州郡，妙简贤良。其有理识清通，执心贞固；才高位下，德重任轻；或孝弟力田，素行高于州里；或鸿笔丽藻，美誉陈于天庭；或学术该通，博闻千载；或政事明允，才为时新。如斯之伦，并堪经务，而韬光勿用，仕进无阶，委身蓬荜，深为可叹。所在官僚，精加访采，庶使垂纶必察，操筑无遗，一善弓旌。咸宜举送。

征战期间，李世民心里清楚，远在后方的太子担心自己，与此同时，他也放心不下这个儿子。两人书信往来，父子情深。比如《两度帖》，原文如下：

两度得大内书，不见奴表，耶耶忌欲恒死，少时间忽得奴手书，报娘子患，忧惶一时顿解，欲似死而更生，今日已后，但头风发，信便即报耶耶。若少有疾患，即一一具报。今得辽东消息，录状送，忆奴欲死，不知何计使还具，耶耶，救。

父皇没看到你的消息，连死的心都有了，等见到了，就像死而复生了一般。"忆奴欲死"，爸爸想你想得都快死啦！除了温情的话语，我们还可以从《两度帖》得知重要细节：李治小小年纪，就已患上心脑血管疾病，"但头风发"，偶尔会发作的那种，令父皇很是挂念。这个病对李治的影响太大了，特别是在三十三岁以后。

开战数月，即将入冬，前线草枯冰冻，粮草将尽，马匹损失十之七八。无奈之下，李世民下令班师。撤军途中，遭遇暴风雪，士卒多有死者。听说父皇回来了，李治从定州出发迎接，二人在路上相遇。李世民指了指身上的褐袍，对李治说："等见到你，我才换新衣。"这件褐袍是唐太宗出发时穿的，为了履行对儿子的承诺，也为了和战士们同甘共苦，他一直舍不得更换。穿了好几个月，已经破破烂烂的，李治牢记此事，特意准备好新衣呈给父皇。

回到长安后，李世民长途跋涉，身体不好，想专心保养，"诏军国机务并委皇太子处决"，国家大事，全部交给皇太子处理。后来又有一次要巡幸灵州，按例，太子也应同往，这时少詹事张行成上疏，认为："皇太子从幸灵州，不若使之监国，接对百寮，明习庶政。"与其让太子跟你去灵州，还不如让他实习呢，唐太宗认为有道理，称赞老张是个忠臣，给他升了官，以资鼓励。灵州归来后，李世民着了凉，疲惫不堪，又下诏除祭祀、兵马等大事，其他的都交给太子处理。

通过几次实习，李治锻炼了理政能力，认识了更多大臣，也让天下百姓更加了解大唐未来的天子。不管怎么说,有实习经历总比没有好,哪天真当上了皇帝,不至于手足无措。

那么李治地位是不是万无一失呢?恐怕也不是这样。有一次,李世民打算给李治选良家女子充实东宫,儿子长大了,身边得有女人侍奉,以后生下孩子,好为皇家开枝散叶、传宗接代。碰上这等美事,一般人往往求之不得,美女,谁不想要?可李治偏偏派于志宁推辞了。对此,李世民没有强人所难:"我只是不想让出身低微的女人为李家生孩子罢了,现在既然推辞,那还是听太子的吧。"这件事情引发了唐太宗的疑虑,堂堂大国太子,连几个女人都不敢接受?这也太懦弱了吧!召来长孙无忌,说:"你劝我立雉奴,雉奴懦弱,恐怕不能守住社稷";"吴王恪英果类我,我欲立之,何如?"改立李恪怎么样?长孙无忌坚决反对,李世民问:"因为李恪不是你的外甥吗?"答:"太子仁厚,是守成之君,再说储位至关重要,怎么能频繁更换呢?"李世民因此打消了这个念头。

改立吴王不过是李世民一时兴起,如果立李恪,违背嫡长子继承制不说,李承乾、李泰也难以善终,而且真要换太子,不会只和长孙无忌商量,应该让群臣讨论,不会只跟长孙无忌说。其实立李恪这事和另一件事情比较像,那就是立杨氏为皇后,齐王李元吉被杀后,李世民看上了他的妃子杨氏,两人眉来眼去打得火热,生了一个儿子:曹王李明。长孙皇后病逝后,李世民一度想立杨氏为皇后。

众所周知,皇后是皇帝的正妻,母仪天下,非同小可。听说唐太宗竟有此意,直言敢谏的魏征反对道:"陛下不可以辰嬴自累。"辰嬴是秦穆公的女儿,先嫁晋怀公,后嫁晋文公,名声不好;在晋文公的妻妾中排名不高,地位低下。赵盾曾言:"辰嬴贱,班在九人,其子何震之有？且为二君嬖，淫也。"魏征的意思是，杨氏为罪人之妻，又嫁过人，你何必立她呢？

　　魏征的一席话，李世民无言以对，他没有坚持立杨氏为皇后，甚至都没有替情人辩解，哪怕是一句。而且这番话似乎点醒了李世民，是呀，这样的女人，真的值得把皇后的凤冠双手奉上吗？在《新唐书》中，如是记载李世民的儿子："文德皇后生承乾……阴妃生祐……韦妃生慎……杨氏生明。"人家都是皇后啊、妃啊，轮到李明的母亲，变成了"杨氏"，说明什么？说明巢王妃始终就是巢王妃，李元吉的妻子，没有获得后宫的封号，在外界看来，杨氏只是李世民的地下情人，一个转正失败的临时工。同样，在太子的问题上，点醒李世民的是长孙无忌，二人交流完，再也没有李恪什么事了。

　　第二年四月，李世民来到两仪殿，太子、群臣一旁侍候。"太子的性行，外界听说过吗？"李世民问。长孙无忌说："太子虽然没有走出宫门，但天下百姓没有人不仰慕他的圣德。"李世民又说："谚语云：'生子如狼，犹恐如羊'，太子从小宽厚，朕希望他逐渐成长，有所改变。"说白了，唐太宗觉得李治宽容，不够果断、狠辣，和自己画风迥异。那么李治有没有如父皇所言，做出了改变呢？当然有了！比如，和父皇的才人武则天眉来眼去，互相爱慕；再比如，对兄弟、舅舅痛下杀手……这些我们以后都会说到。李治的宽厚，一开始可能是真的，因为年龄小，啥都不懂，自然流露。再往后看，都是在演戏，表面仁慈，有情有义；内心阴险，毫不留情。他是最高统治者，竞争压力大，不狠点，坐不稳一把手的交椅。

　　想要顺利登基，巩固自己的地位，李治必须和李世民搞好关系。为此，他精心照顾李世民，塑造一个孝子的形象。唐太宗征讨高句丽回来，到达并州，背部生痈化脓，李治二话不说，亲自用嘴为爸爸吸脓，毫无怨言。遥想八百多年前，同样身为太子的刘启给汉文帝吸脓时，心不甘情不愿，还是在邓通的建议下才勉强完成的。一对比，李治能够如此自觉，着实不错，李世民看在眼里，记在心里。

监国期间，李治每天都在东宫听政，处理完朝政，就去服侍李世民喝药，几乎寸步不离。李世民怕太子累坏了，要他回去，太子坚决不肯，撵都撵不走。李世民没有办法，就在寝殿旁安排别院，供李治住宿。等到李世民临终时，太子更是昼夜不离，有时候一天都吃不上一口饭，头发都白了好几根。李世民被李治的孝顺彻底征服了，说："汝能孝爱如此，吾死何恨！"你能孝顺到这份儿上，我还有什么遗憾呢，可以放心走了。

生活上对父皇无微不至地关怀，尽人子之本分，其他方面也要紧跟父皇脚步。因为"气力颇不如平昔，有忧生之虑"，太宗晚年越发笃信佛教，贞观十九年，有"海归"背景的玄奘法师回国了，两人一拍即合，走得非常近。理政之余，李世民经常请法师到行宫一叙，谈谈因果报应。他还多次请求玄奘还俗，遭拒后，又大力支持译经事业。有一年，李世民特意给玄奘写了篇序文，叫《大唐三藏圣教序》，其中对玄奘毫不吝惜赞美之词："有玄奘法师者，法门之领袖者。幼怀贞敏，早悟三空之心。"

李世民如此敬重玄奘，甚至专门写了篇文章，李治也决定附和，写了《述圣记》。这篇文章有点像应酬文字，虽然辞藻瑰丽，但主要内容是在歌颂唐太宗和玄奘，其中并没有对佛理有所阐发。为了报答母亲，进一步让父皇满意，李治派人建造大慈恩寺，供玄奘法师翻译佛经。寺庙落成，迎佛像入寺，李治身体力行，亲率百官参加仪式。出发前，唐太宗率后宫嫔妃于安福门相送，"心甚悦"，老人家心情非常好，李治要的就是这个效果。

看着太子不断进步，李世民打心眼里高兴，可看到朝堂里的一批人，他的心情马上沉重了起来，他决定站好最后一班岗，使用好手中的权力，为李治营造一个安稳、友好的政治环境。

清洗魏王党

贞观十七年，围绕着李泰与李治，群臣们已经站成了两队。为了政治利益，他们把自己的前途甚至生命都押在某位皇子身上，一招不慎，可能会满盘皆输。自古以来，政治上的站队几乎是最艰难的选择了，因为当局者迷，变数又太大，实在是很难把握。就拿李泰和李治来说，李泰上位的可能性真的很大，一般人都想不到半路会杀出李治。然而，世界上没有如果，更没有后悔药吃。

如今李治当上了太子，他的支持者主要是长孙无忌、褚遂良。只有这两个人，李世民觉得不够，又加了一个李勣。李勣这个名字，听起来十分陌生，如果说出另一个名字，也许你就想起来了，那就是"徐茂公"，李勣原本姓"徐"，是《隋唐演义》中徐茂公的原型。跟长孙无忌、褚遂良不同的是，李勣不是文官，更不是牛鼻子老道，他是武将出身，唐太宗晚年时，李靖、尉迟敬德等人已经老迈，李勣却才堪大用。李世民曾把他和薛万彻、李道宗并称"三大名将"。既然有三位名将，太宗为什么偏偏选择了李勣呢？薛万彻是驸马，李道宗是王爷，都是李世民的亲戚呀。因为薛万彻做事不稳，打起仗来"非大胜即大败"，而且缺乏政治智慧；李道宗和长孙无忌有矛盾，让他辅助李治，文武之间就失和了，他身体不好也是一方面原因。相比之下，李勣无论打仗还是做官，都是绝佳人选。

  人选已经确定，李世民必须提高李勣的忠诚度，使其愿效犬马之劳。有一次，李勣突然生病，怎么治呢？药方上写着："须灰可疗。"把胡须烧成灰可以治疗。听说这个奇葩的药方，李世民灵机一动，把自己的胡子剪下来，送给李勣治病。天哪！皇帝竟然为了我，剪自己的"龙须"！我何德何能！李勣连忙跑出来，一个劲儿地磕头，把头都磕出血了，实在是太意外了，太感动了，太惊喜了。李世民说："我这是为江山社稷，不光是为了你，有什么好感谢的！"

  见李勣领会到了自己的皇恩，唐太宗摊牌了。有一次宴会，太宗对李勣说："我遍观群臣，能够托孤的，没有比你更合适的人选。你以前不辜负李密，现在肯定也不会辜负我。"眼见皇帝这么看得起自己，还委以重任，李勣痛哭流涕，千恩万谢，咬破手指，发誓一定不负重托。可能太高兴了，喝得有点多，李勣醉倒了。李世民又没有错过机会，他把自己穿的衣服盖在李勣身上，怕他着凉。等李勣醒来，看看身上的衣服，得知来历，肯定又得感动一番呀。

  托孤大臣的核心成员决定好了，下一步，就是要剪除朝廷内部的魏王党。乍一看，魏王党的实力不容小觑，他们有杜楚客、韦挺、房遗爱、岑文本、刘洎，可能还有马周。在李泰被解除雍州牧，降爵东莱郡王的那天，针对魏王党的清算已经开始了。李世民下旨：魏王府的幕僚中，和李泰最为亲密的流放岭南；杜楚客帮李泰贿赂权贵，谋夺太子之位，本该处死，念其家兄是杜如晦，曾为国家立有大功，免死，废为庶人。给事中崔仁师，曾秘密上奏，请求立魏王为太子，现贬为鸿胪少卿。

这只是个开始，血雨腥风还在后头。过了一段时间，岑文本被任命为中书令。官当到宰相，本该庆贺，但岑文本觉得苗头不对，在当时的政治背景下，他既不是元勋，也不是皇上的旧臣，为什么提拔他为宰相呢？太诡异了吧，心里惴惴不安。亲朋好友前来祝贺，岑文本不接受，他说："今受吊，不受贺也。"贞观十九年，在洛阳辞别玄奘法师后，唐太宗挥师东北，讨伐高句丽，岑文本随军出征，言谈、神情与平日有很大差异，李世民十分忧虑，对身边人说："文本与我同行，恐不与我同返。"岑文本怕是不能活着回长安了，果然，行军至幽州，岑文本突然患病，不幸离世。

这还算好的，起码能善终，同属魏王党的刘洎就没有这么好的运气了。太宗班师后，身体不大好，刘洎探望完，特别伤心，说："疾势如此，圣躬可忧。"褚遂良听见后就向太宗进谗言，说刘洎认为国家的事没什么值得忧虑的，"但当辅幼主行伊、霍故事，大臣有异志者诛之，自定矣"。李世民一听，刘洎野心大得很呀！想学伊尹、霍光，废黜李治，一手遮天。太宗勃然大怒，尽管有马周做证鸣冤，仍然下令赐刘洎自尽。

在两唐书中，都说打小报告的人是褚遂良，可司马光不这么看，他认为褚遂良人品一流，光明磊落，谦谦君子，干不出这种事。所以《资治通鉴》把那个告密者变成了"或"，意思是"有人"进谗言，那究竟是谁呢？司马光自个儿也不知道。但很多史学家认为褚遂良并非不可能，在残酷的政治斗争中，骨肉尚且相残，人品算什么？李世民身为千古明君，他是怎么当上皇帝的？杀刘洎对褚遂良、唐太宗都有利，因为刘洎不是支持李治的人，为了消除隐患，排除异己，只能炮制莫须有的罪名了。十几年后，褚遂良倒台，刘洎家属赶到皇宫鸣冤便是证明,如果不是褚遂良诬陷的,他们喊什么冤呢?

韦挺也和李泰的事情有牵连,但唐太宗不愿意责罚他,特意宽宥。贞观十九年,李世民派韦挺运送军粮,韦挺说北方风雪交加,臣办不到啊,不如,明年春天再试试?唐太宗大怒,把韦挺废为庶民。后来又起用他,命他率兵镇守盖牟城,这座城市距离高句丽的新城比较近,双方免不了发生战斗,喊杀声日夜不绝,烦都烦死了,城池也未必守得住。韦挺对自己的官职不满,对处境同样不满,他经常与术士公孙常书信往来,谈谈心事。可就在此时,公孙常因为其他事情惹了官司,自杀而死。官府从他的行囊里搜出韦挺书信,大意说盖牟城局势不佳,字里行间流露出一种消极情绪。李世民知道情况后不满,下令将韦挺贬到岭南担任象州刺史。韦挺五十多岁的人了,受不了这番折腾,很快便死去了。

崔仁师被降职后,也参加了辽东之战,他当的是韦挺的副手。韦挺运粮,事情办得不顺利,惹怒了最高领导,崔仁师自然也免不了倒霉,他因为挑夫逃跑,知情不报,被免除所有职务。可没过多久,李世民又起用了他,先任命为中书舍人,不久兼检校刑部侍郎。皇帝驾临翠微宫,崔仁师上《清暑赋》,李世民十分满意,赐帛二十二段。贞观二十二年,崔仁师又参与掌管机要。见老崔混得有点好,褚遂良非常嫉恨他。恰好有人到皇宫上诉,崔仁师工作又出现纰漏,没能及时报告给皇帝。这时的李世民身体不好,快去世了,为了让太子平稳接班,自然容不下曾是魏王党的崔仁师,下令将其流放龚州。

除了之前提到的,魏王党的成员中,最有名的当数房玄龄和马周。可是在贞观二十二年,他们一老一少也相继死去。放眼朝堂,李泰的支持者已经处理得差不多了，剩下的一批战战兢兢，交给李治亲手处理。随着李世民的身体状况逐渐恶化，那一天很快就要来临了。

第三章　李治登基

贞观二十三年春天,终南山翠微宫,唐太宗卧病在床,势将不起。李治昼夜不离,头发白了不少。见太子有孝心,李世民特别感动:"你这么孝顺,我死了又有什么遗憾呢?"于是让长孙无忌、褚遂良入内,准备托付后事。得知皇帝即将驾崩,长孙无忌哭得稀里哗啦,不能自已。李世民静静地躺在床上,用手抚摸他的脸颊,看亲家伤心成这样,李世民都不知道该说什么好了,只能叫长孙无忌出去,让他先冷静冷静。不久,估计差不多了,又召两人入内,对长孙无忌说:"叹武帝寄霍光,刘备托诸葛亮,朕今委卿矣。太子仁孝,公辈所知,其尽诚辅之。"又对侍立一旁的太子李治说:"无忌、遂良在,汝勿忧天下。"

从唐太宗的遗言看,他仍然对李治的性格不是特别放心,怕他登基后,该狠的时候狠不下来,所以临死前都要强调儿子的"仁孝",真可谓耿耿于怀。"太子仁孝,公辈所知",我儿子就是这个样子,你们心里清楚,所以务必要尽心辅佐他,像汉朝的霍光、蜀汉的诸葛亮一样。接着他又嘱咐褚遂良:"无忌尽忠于我,我有天下,多其力也。我死,勿令谗人间之。"李治即将登基,长孙无忌是首席托孤大臣,两人万一争权夺利,产生了冲突怎么办?太宗的想法是找人调停,让褚遂良缓和二人的关系,不要让人进谗言,离间舅舅和外甥。

没过多久，太宗驾崩于翠微宫。噩耗传来，李治悲痛欲绝。这一年，他二十一岁，按照古人二十而冠的说法，刚刚成年而已。因为是父皇一手带大的，禁不起丧父之痛，他抱着舅舅的脖子号啕大哭，感觉天已经塌了。长孙无忌一边擦干眼泪，一边鼓励外甥："主上以宗庙社稷付殿下，岂得效匹夫之唯哭泣乎！"你爸把江山传给你，怎么就知道哭呢！先帝驾崩于行宫，京城局势很不明朗，充满了不确定性，万一魏王党想铤而走险呢？当务之急是确保皇位的顺利交接。

在长孙无忌的谋划下，翠微宫这边秘不发丧。太子李治在飞骑、旧将的护送下先行回京，皇帝车马、侍从紧随其后，和平时好像没什么区别。进入长安城后，发丧于太极殿，宣读遗诏，新帝顺利接班。登基后，李治首先要调整宰相班子，既然先帝已经确定好核心人选，那就照办："以长孙无忌为太尉，兼检校中书令，知尚书、门下二省事"，太尉是三公之一，一品官，虽然没有什么权力，地位却很高，永徽元年另外两公都是由皇子担任的，长孙无忌的地位已经可以匹敌皇子了。三省六部制总共就三个省，中书省负责起草诏令、门下省负责审核、尚书省负责执行，长孙无忌代理中书省的长官中书令，还管理门下省、尚书省的事情，真是位极人臣，莫大的恩宠。就连长孙无忌自己都不好意思了，坚决推辞管理尚书省，李治准奏。

然后是提拔太子左庶子于志宁为侍中，少詹事张行成兼侍中，检校刑部尚书、右庶子、兼吏部尚书高季辅兼中书令，他们都是东宫的属官，太子登基后委以重任，十分正常。六月，先起用李勣为特进、检校洛州刺史、洛阳宫留守，后又任命为开府仪同三司、同中书门下三品、左仆射。给李大人升官也是先帝的意思，贞观二十三年，李世民突然下诏，贬李勣为叠州都督。李勣是他早就选好的托孤大臣，为什么要贬官呢？人家立下过大功，又没有什么过错。因为李世民考虑到，太子对李勣没有大恩，自己驾崩后，李勣恐怕不会尽心尽力辅助太子。那怎么让李勣对太子也效犬马之劳呢？那就是先贬他，等太子一登基，再提拔他。这一降一升，李勣自然感激新帝，不就能好好辅助吗？皇帝的小心思，聪明的李勣岂能不知，接到处分后，他连家都没回，直接跑叠州上任去了。现在新帝登基，他果然被火速提拔，全都是套路呀！

新皇上任三把火

六年的太子生涯总算结束，李治终于君临天下。年轻人血气方刚，想要做出一番大事业。他具体干了哪些事呢？

其一，关心民间疾苦。李治每天都要召见十位刺史询问老百姓的情况，他说："朕初即位，事有不便于百姓者悉宜陈，不尽者更封奏。"问题比较短的，那就当场说出来；一时半会儿说不完的，就写奏折告诉朕，无论怎样，必须让朕知道。永徽二年春天，李治想到去年关中地区发生蝗灾，其他地区的州县也有遭受洪水的，小农经济如此脆弱，经不起自然灾害，老百姓肯定有人吃不饱。李治下令开仓赈济，受灾严重的雍州、同州各派郎中一人，代表朝廷慰问。

其二，告诫宗室，提倡节俭。金州刺史、滕王李元婴，骄奢淫逸，游猎无度，多次半夜打开城门骚扰百姓，有时候还把人埋在雪里取乐。李治获悉后，特意敲打他，说你是朕的至亲，朕不能将你法办，但希望你感到羞愧，有所收敛。除了滕王，蒋王也不是什么善类，他们俩都喜欢敛财。有一次，李治赏赐诸王每人布帛五百段，就是不赏滕王、蒋王；给他们什么呢？两车麻。你们两个不是钱多吗？那就用这些麻串钱吧！二王知道后，都非常惭愧。

其三，积极纳谏，从善如流。永徽元年九月，李治外出打猎，可老天爷不作美，下起了雨。李治兴致不减，还想继续，问谏议大夫昌乐谷那律："油衣若为则不漏？"雨天要穿油衣防水，什么样的油衣效果最好呢？回答："用瓦挡雨，就不会漏了。"李治明白了言下之意，下令放弃狩猎。永徽二年九月，左武侯引驾卢文操偷盗左藏库宝物，被有关部门抓获，李治认为他监守自盗，应该斩首。谏议大夫萧钧劝谏说："卢文操的确不能原谅，但也罪不至死啊！"李治没有发火，他很乐意地接受建议，免除卢文操的死罪，并夸奖萧钧："此真谏议也！"

当时国运不佳，河东地区屡屡地震，尤其是晋州。贞观二十三年八月，晋州地震，压死五千余人；三天后，地又震，李治派使者慰问百姓，免除两年赋税，家里有人遇难的，按人头算，每死一人赐绢三匹。永徽元年四月，晋州再度地震，李治对群臣说："朕谬膺大位，政教不明，遂使晋州之地屡有震动。良由赏罚失中，政道乖方。卿等宜各进封事，极言得失，以匡不逮。"古人相信天人感应，有自然灾害发生，肯定是朝廷做错了什么。而且地震的位置也很巧合，晋州，李治当太子前不就是晋王吗？所以李治就要求群臣上奏，看看是不是有什么过错需要匡正。张行成就对皇帝说："恐女谒用事，大臣阴谋，修德禳灾，在于陛下。且陛下本封晋也，今地震晋州，下有征应，岂徒然耳。伏愿深思远虑，以杜未萌。"怀疑是后宫、大臣的原因，导致晋州地震，还说震不震完全看陛下的德行。可事实上，两者没有必然联系。话没说多久，六月，晋州又地震了。

其四，对外战争，屡屡获胜。永徽元年，将军高侃在金山生擒突厥车鼻可汗，班师回朝。李治下令设置单于、瀚海两个都督府，封突厥酋长为都督、刺史，管理臣服的突厥人。永徽二年，西突厥沙钵罗可汗入侵庭州，攻陷金岭城、蒲类县，杀数千人。李治又命左武侯大将军梁建方、右骁卫大将军契苾何力率领三万府兵、五万回纥骑兵前往讨伐，结果大获全胜。等将士们归来，有御史弹劾，说以梁建方的兵力，明明可以追击穷寇，但他逗留不前；副总管高德逸奉敕命买马，自己却把最好的骏马取走了。面对这些问题，李治怎么处理？"上以建方等有功，释不问"，将军们有功，算了吧！但大理卿李道裕不依不饶，接着上奏："高德逸取的那匹马，确实不同寻常，应该上交。"李治听后很不满意，都说了不追究，你怎么还惦记人家的马呀！难道我说的话在你们眼里一点儿分量都没有？"朕方自咎，故不复黜道裕耳。"我就不处罚李道裕了，应该好好反省自己。此外，这一年朝鲜半岛的百济国派使者进贡，李治告诫来使："勿与新罗、高丽相攻，不然，吾将发兵讨汝矣。"

李治真的没有实权吗？

在许多人眼里，李治是个昏君，但从上述史实可以看出，他非但不是什么昏君，还是个虚心纳谏、体恤下情的明君。还有一个观念深入人心，说李治刚登基没有权力，是长孙无忌手中的傀儡，永徽之治不是李治的功劳，都是褚遂良、长孙无忌他们干的。这怎么可能呢？李治能够决定官员的生死，也可以任免、处罚他们，这哪里是傀儡能够做的？身为统治者，手上有没有实权，一个重要的指标是：他手上有没有兵权。

此时的大唐，军队掌握在谁手里呢？明显是皇帝。

唐玄宗以前，李唐王朝实行府兵制，这种兵制有一个特点：兵农合一。府兵卫士日常忙于耕作，有需要时才训练、上番，过军事生活。皇帝派将领出征，命令下达前，将领自己都不知道会统帅哪里的府兵出征，起到"兵不识将，将不识兵"的作用。征调的士兵，来自不同区域，相互之间也能制约。仗打完，将领回朝，府兵回府，双方没有什么关系了。

将领是没有调遣军队的权力的，如果要调动府兵，首先需要有皇帝的敕命，然后兵部传达到地方一级，州刺史、折冲府共同核对，确认无误才能发兵，刺史来自行政系统，折冲府属于军事系统，彼此牵制。除了府兵，唐朝还有募兵，可是募集士兵也需要皇帝的命令，没有旨意，私自募兵达到一定数量，会被治以重罪。

当御史弹劾梁建方，李治可以"释不问"，说明他有处分将领的权力；百济朝贡，李治说："不然，吾将发兵讨汝矣。"若没兵权，岂能说出这样的狠话？长孙无忌是宰相之首，他拥有的是行政权，作为皇帝的舅舅、托孤大臣，他的权力可以对皇帝形成牵制，但盖不过皇帝，因为他没有军队的支撑。这一点从长孙无忌的结局就能看出来。当李治连下诏书，长孙无忌的党羽贬的贬、死的死，没有一点反抗的能力，后来诬陷他谋反，连申诉的机会都不给，最终长孙无忌惨死黔州。如果长孙无忌手握兵权，李治没有兵权，后者如何能扳倒前者？过程又怎能如此轻松？未动一刀一枪，连场政变都没有发生。长孙党除了劝谏、上奏、哀求，一点像样的反抗都没有，几乎是任人宰割。

那李勣手里有没有兵权呢？当然也没有，李将军虽然长期为将，且立有赫赫战功，但这个时期，他的职务是开府仪同三司、同中书门下三品（左仆射他自己要求解除了），文职，并没有兵权。这是唐朝对待武将的一种方法，叫"出将入相"，你立了战功，就任命你为宰相，既可以起到激励作用，又可以解除兵权，一举两得。所以说，李勣在军中有威望是真的，但要说兵权，他真没有。兵权一直掌握在李治手中，大权也是一样，许多决策看似与他无关，实际上没有他点头，是不可能完成的。十几年后，李治任命李勣为行军总管，率领薛仁贵等人讨伐高句丽，因为有皇帝的任命，李勣才获得临时的兵权，最终荡平朝鲜半岛。其实在当太子的时候，李世民就已经让李治抓军队了，比如这篇《命皇太子知左右屯营兵马事诏》：

皇太子治，忠孝成德，志业光茂；地惟储副，寄深监抚；兼统禁旅，实允旧章。宜知左右屯营兵马事，其大将以下，并受处分。

唐太宗是靠玄武门之变上台的，玄武门屯营，可以说关系到皇帝的身家性命。他让李治掌管左右屯营军务，是为了锻炼他的军事能力，也是为了太子即位后，能够牢牢地掌握这支部队，防止野心家策反。要是太子登基之前从来没接触过，那危险系数就比较高了。除了军队，在李治监国期间，李世民曾让他处理所有军国大事。比如，征讨高句丽时，唐太宗御驾亲征，前线军务繁忙，国内大小政务不可能全部由皇帝处理，故出发前，他交权给了李治，《命皇太子监国诏》说："其宗庙社稷百神，咸令主祭；军国事务，并取决断。"战争结束后，太宗归来，想要专心养病。李治又一次得到监国机会，这次的职权说得更清楚了："而皇太子治令德远彰，所有机务，可令决断；百辟卿士，咸宜受其节度。朕当亲调五药，暂屏万机。"我好好养病，军国大事，全部交给太子决断。

为什么让李治处理所有国家大事？因为当皇帝以后，工作就是这样，不可能永远只是处理部分朝政的。提前练练手，积累经验，以后就不会手忙脚乱。既然掌握兵权，监国期间，李世民又已经让他管理所有朝政，李治不可能是傀儡。

正当李治带领群臣开创永徽之治，一场谋反案突然爆发，牵扯出大量高官和皇室成员，让整个长安都动荡不已。这又是怎么回事呢？

房遗爱谋反案

俗话说一朝天子一朝臣，现在李治坐上龙椅，当上了领导，原来对他太子之位有过威胁的魏王、吴王及其党羽应该都会被清算，谁让他们站错了队呢？这个过程从贞观末年就开始了，诛杀刘洎就是一个典型例子，褚遂良无中生有，诬陷刘洎，告发他有废黜李治的野心，李世民听说后，竟然对马周的做证置若罔闻，不问三七二十一，就赐刘洎自尽。他何尝不知案情并不明朗，可就是这么做了，目的是减少将来新帝登基的不确定因素。太宗驾崩后，对自己两位兄弟，李治倒没有立即下毒手，为了显示自己的大度，都给提高了待遇，李恪拜司空、梁州都督，司空是正一品的高官，荣誉官职，没什么实际权力。至于前魏王李泰，他压根就不在长安，早就被赶到均州好几年了。

这个过程包含了李世民的一片苦心，借贬谪之名，行保护之实，希望爱子远离是非之地，"所以两全之耳"。太宗死后，按理来说，在外的王爷都应该回京奔丧，可是朝廷明确规定李泰不准回长安。"诸王为都督、刺史者，并听奔丧，濮王泰不在来列。"这是唐太宗生前有所交代，竭尽所能保李泰一条命，怕他回到长安，就见不到第二天升起的太阳了。长孙无忌也乐意他不回来，万一回来了，联络以前的魏王党，出什么乱子呢。从太宗驾崩到李泰去世，李治非但没有加害哥哥，还于当年十二月，"诏濮王开府置僚属，车服珍膳，特加优异"，又送珍宝，又送衣服的，提高了李泰的生活质量。

李泰能善终，第一，得益于父皇生前的安排，李世民明确表示想保他。第二，他本身就是个有罪之人，远在地方，受到严格监视，威胁确实不大。第三，房玄龄、岑文本已死，健在的余党都贬了官，掀不起什么大浪。第四，新帝登基后，他没活几年就去世了，要是活到后面，能不能善终也是未知数。

永徽三年十二月，李泰死于郧乡，高宗非常大度，下诏追赠其为太尉、雍州牧，谥曰恭，予以厚葬，宽容自己的对手可以赢得臣民的尊重。昔日的魏王去世了，但当年魏王党的残余人员就没这么好的结局了，纷纷迎来自己的末日。突然有一天，前宰相房玄龄的长子房遗直告发弟弟房遗爱和弟媳高阳公主，并说："罪盈恶稔，恐累臣私门"，说是怕他们给房家带来灭族之祸。一听有这么严重，李治就派长孙无忌查，果然有重大收获，房遗爱和高阳公主等人阴谋造反，确凿无疑。我们不妨看看是哪些人有这么大的胆子。

房遗爱，房玄龄次子，官二代，魏王党成员。史书记载："（李）泰潜有夺嫡之意，诏驸马都尉柴令武、房遗爱等二十余人，厚加赠遗，寄以心腹。"房二公子收了李泰的重礼，被李泰视为心腹，此人有勇无谋，一副学渣、公子哥的德行。李治即位后将其赶出长安，贬为房州刺史。房州在今天的湖北房县，经济水平不高，远离繁华的京城，他自然有不少怨言。

高阳公主,唐太宗之女。因为出生于皇室,平日养尊处优,加之又被李世民溺爱,长大后得意忘形,成为问题少女。成家后,脾气依然没有任何收敛的迹象。按照规定,房遗直是房玄龄长子,理应由他继承公公的爵位,高阳公主对此很是不满,吓得房遗直主动请求让爵。李世民知道了前因后果,教训了高阳公主一顿,从此不再溺爱。没多久高阳公主又闯了祸,竟然跟玄奘的爱徒辩机和尚私通,李世民听后勃然大怒,下令把辩机腰斩。父皇驾崩时,身为女儿的高阳公主没流一滴眼泪,如今丈夫又被贬到地方,对朝廷有多不满可想而知。

柴令武,官二代,开国功臣柴绍之子。与房遗爱一样,是个驸马爷,他娶的是巴陵公主。此人也是魏王李泰的心腹之一,担任过太仆少卿,爵位襄阳郡公。永徽三年年底,他"除卫州刺史,托以主疾留京师求医",借口巴陵公主生病,暂时留在长安,没有去卫州上任,可见也被当权者踢出了京城。

李元景,爵位荆王,官职司徒,唐高祖李渊第六子。对于李渊的儿子,人们熟悉的是前四个:李建成、李世民、李玄霸、李元吉。真实的李玄霸十六岁便英年早逝,可怜的他要是在地下读到《说唐全传》,肯定会泪流满面,同时感叹一句:"哥从未在江湖,江湖却一直流传着哥的传说。"五子李智云可能就更陌生,他与前面四位哥哥出生时间相近,也是早早离世,没什么可说的。本以为李渊一辈子只有五个儿子了,结果当皇帝后,不仅开启了事业的新篇章,也迎来了生儿育女的第二春。从五十二岁开始,他竟然又生了十七个儿子。其中荆王李元景就是这一波的头苗。名义上,李世民排老二,他排老六,相差不大,可实际上,他比李世民小了将近二十岁。那为什么房遗爱、高阳公主想立他为皇帝呢?因为李元景是当时资格最老的皇子了,高祖皇帝第六子,前面五个已经去世,他就是最大的。关键是李元景本人也有意愿,他曾经梦见自己手握日月,能握日月,不就是冥冥之中,预示着最高权力嘛。

薛万彻,驸马。原来是李建成部下,玄武门之变时曾扬言杀进秦王府,李建成败亡后,薛万彻逃亡终南山,被李世民招降。贞观年间东征西讨,屡立战功,迎娶丹阳公主。唐太宗晚年曾评论道:"当今名将,唯李勣、道宗、万彻三人而已。"为什么榜单中没有李靖、尉迟敬德?因为他们都已经年老,不大可能再上战场了。等到贞观后期,要选择一个军方人物辅佐太子,李世民果断选了李勣。薛万彻落选不仅仅因为党派问题,还由于他做事不靠谱,表现大起大落,"李勣、道宗不能大胜,亦不大败;万彻非大胜即大败"。薛万彻居功自傲,盛气凌人,管不住那张蠢蠢欲动的嘴,多次在军中妄议朝廷,表达不满,这样的人岂可托付大事?因为他是魏王一派的,所以要整他;又因为他打仗有一套,所以更要整他,威胁有点大。贞观末年他被除名流放边疆,遇到大赦方才回京。永徽二年,起用为宁州刺史,而当初跟他同为名将的李勣已经身居高位。仕途不顺,他怎能无动于衷?

由此可见,本案的要犯都是些失意的皇室成员,一个皇子,一个公主,三个驸马,为了求生,也为了追求更高的政治地位,他们走在了一起。如果房遗爱不谋反,也会被李治杀死,因为他是魏王党的人,一定会被清算的。这批人有几成胜算呢?高阳公主、薛万彻,极度缺乏政治智慧,意气用事。房遗爱、柴令武,两个娇生惯养的官二代,能力平平。房州刺史、卫州刺史、宁州刺史,三个市长,多大点的官,能有几兵几卒?李元景贵为司徒,位列三公之一,可这在唐朝只是个荣誉头衔,级别高,没什么实际权力。分析一遍,能否成事可想而知。

后来许敬宗跟李治谈及此事,说:"遗爱乳臭儿,与一女子谋反,势何所成!"显然看不上房遗爱这帮人,认为成不了大事。但胜率归胜率,既然查出来了,就要处理。房遗爱、薛万彻、柴令武,斩首;李元景、高阳公主、巴陵公主,赐自尽。他们被杀没什么好奇怪的,本来就是造反,且是魏王党的人。孰料事情没完,还有几个人也躺枪了,其中就有吴王李恪。

长孙无忌知道,在太宗剩下的皇子中,吴王李恪是庶长子,次序上有一定优势。当初李世民还有过改立吴王的想法,使长孙无忌如芒刺在背,一旦李恪上位了,重用的人八成不是自己,因此长孙无忌一直在找机会铲除李恪。房遗爱入狱后,得知长孙无忌有这个想法,感觉活命的机会来了。如果把李恪拉下水,说他是同谋,不就是重大立功表现嘛,没准能获得宽大处理。遥想十几年前,纥干承基已经被判了死刑,结果供出李承乾谋反一事后,非但没有被杀,还封了官,这回也可以试试,反正没有其他办法。

看到房遗爱的证词,长孙无忌如获至宝,当即把李恪逮捕,判自尽。但房遗爱并没因此获得宽宥,李治召见房遗爱时,房遗爱告诉皇帝他为什么揭发李恪:"但臣告吴王恪,冀以赎罪。"李治说呵呵,答道:"且告吴王反事,无乃晚乎。"早不说,现在才说,一切都已经晚了,你乖乖上路吧。高宗对房遗爱没什么留恋的,对李恪也没什么留恋的,他在乎的,是自己的名声,当年父亲在玄武门杀大伯，留下了恶名，如今我要杀哥哥，后世会怎么看我呢？我可是位"仁孝"的君主呀！于是流下鳄鱼的眼泪，哭着对群臣说："朕欲从公丐叔及兄死。"兵部侍郎崔敦礼一句话就把李治驳回去了："陛下虽申恩，不可诎天下之法。"王子犯法，与百姓同罪！朝廷不能法外开恩，袒护皇室成员，要坚决按照制度办事，公平公正。见目的达到，李治"不情不愿"地准奏了。几个月后，"含泪"将崔敦礼提拔为宰相。

李恪：大唐王朝最悲情的皇子？

对于谋反人员活命一事，皇帝到底能不能做主？我们先回顾一下唐太宗时的两个例子。太子李承乾谋反，铁证如山，唐太宗问群臣该如何处置太子，群臣面面相觑，缄默不言，良久以后，通事舍人来济说刀下留人，唐太宗听从了这个建议，将李承乾迁往黔州安置。等到给太子党的侯君集量刑时，李世民又想通融通融，群臣反应是"以为不可"，李世民也只好和侯将军告别。谋反不论放在哪朝哪代，都是灭族的大罪，如果不杀鸡儆猴，总是法外开恩，可能会有更多皇族成员铤而走险，这对专制皇权、对皇帝的威信是极为不利的。但还有一点，中国古代是人治社会，权在法上，绝对权力面前，法律简直微不足道，皇帝想放儿子一条活路，是理亏了点，但大臣们睁一只眼闭一只眼，李承乾还是能活命的。

视线再回到房遗爱谋反案，案中李恪本没有参与造反，却被无缘无故牵连进来，判自尽。同样躺枪的不只李恪一人，还有驸马执失思力、江夏王李道宗，他们涉案的原因是：长孙无忌、褚遂良看他们不爽。可这两人的命运就完全不同，执失思力"坐交房遗爱，高宗以其战功多,赦不诛,流巂州",李道宗"与遗爱交结,配流象州",没有生命危险,只是流放而已,执失思力还是高宗亲自改判的,理由是战功多。其实他们俩都不该被牵连进来,对皇权没什么威胁,但长孙无忌要排除异己,李治需要给舅舅一个面子。最后双方妥协,不杀,但要流放。

可见李治跟李世民一样,掌握最高权力,只是免死一事本身理亏,所以量刑时,大臣们的态度就很关键了,如果群臣强烈要求,不给任何回旋余地,就算李世民也无能为力。其实流放也不见得多好,去那么偏远、落后的地区,道阻且长,环境艰苦,能否活着回来都是问题。李道宗在前往象州的路上就去世了,执失思力身体好,撑过了这几年,后来还被起用。

李恪临终前,大骂长孙无忌"窃弄威权,构害良善,宗社有灵,当族灭不久"。他似乎只看到了长孙无忌在台前陷害自己,没有看到李治在幕后决策;也许,他不敢骂李治,要是骂了,几个小孩都活不成。但想想君臣关系,预料到长孙无忌不会有好的结局,因为他是元老重臣,地位很高,难免和皇帝发生冲突。

说到李恪,许多人还是非常熟悉的,但误解也颇多。他似乎是一个很矛盾的人物。他到底是个什么样的人呢?

在两唐书作者眼里,李世民有两个儿子能力最强,李恪是其中之一:"太宗诸子,吴王恪、濮王泰最贤",而且李恪"名望素高,甚为物情所向"。读了这些语句,读者很容易产生一种认识:如果立吴王为太子,怎么样都比"昏懦"的李治强。千百年来,许多人看过两唐书给出的史论,都认为李恪确实是这样的人。但如果仔细观察,分析与李恪有关的史实,你会发现,李恪远不如两唐书作者说得那么好,甚至资质平平,劣迹斑斑,只是被后人有意拔高了。

史书说李恪有才,什么才呢?"文武才"。这个说法非常笼统,跟没说差不多。古代对人才的要求,主要就是在"文"和"武"两个方面。那李恪的才能到底有多好呢?有哪些具体的表现呢?除了"善骑射"一项,史书上几乎只字不提,这是不大合情理的。因为李恪是皇子,地位高,又担任过几个地方的刺史,不是个默默无闻的小百姓,要是他真有才能,不仅仅自己能够看到,其他人同样也可以看到。然而,史书中除了笼统的说法,并没有什么具体的才能记录。编撰史书的人忘了记?不会的,因为在同一本书、同一篇传记,其他王爷有哪些才能,获得过哪些表彰,都写得清清楚楚。

在文学、艺术方面,魏王李泰、鲁王李灵夔、汉王李元昌比较有代表性。史书说,李泰擅长写文,是个文艺青年,唐太宗知道后,恩准其开文学馆,召集学士,著书立说。贞观十五年,《括地志》编撰完成,李世民高度重视,赏赐有加:"诏令付秘阁,赐泰物万段。"汉王元昌和鲁王灵夔擅长艺术,李元昌"少好学,善隶书";李灵夔"少有美誉,善音律,好学,工草隶"。至于李恪,没有文艺方面的相关记载,说他编过什么书,擅长哪种书法,要是有,不会不记。

在为官方面,太宗第十子纪王李慎,高祖第十子徐王李元礼、十三子郑王李元懿都表现突出,有明确记载。贞观十七年,李慎"迁襄州刺史,以善政闻,玺书劳勉,百姓为之立碑"。同年,李元礼"转绛州刺史,以善政闻,太宗降玺书劳勉,赐以锦彩"。总章年间,李元懿"累授绛州刺史。数断大狱,甚有平允之誉。高宗嘉之,降玺书褒美,赐物三百段"。

由此可见,如果皇子具备做官方面的才能,造福乡里,惠及一方。

无论是上层还是基层，都不会视而不见。作为皇帝，他会下发玺书予以鼓励，赏赐物品，而老百姓则会看在眼里，并用立碑这样的实际行动表达感激之情。反观李恪，同样在地方当过官，时间还不短，却从来没有获得皇帝的褒奖，或者百姓的认可。要是他政绩突出，李世民、李治怎么可能不赏？难道还故意针对他不成？所以说，李恪治理地方的能力并不突出。

说完"文"的方面，我们再说说"武"的方面，受社会风气、家族传统的影响，初唐时期，有多位皇子爱好打猎，擅于骑射。而李恪的武才，应该就是《新唐书》说的"善骑射"，至于什么兵法谋略、行军作战，未见于记载。更有甚者，说"李恪是太宗唯一会打仗的儿子"，李恪从来没上过战场，也没有写过军事方面的著作，如何得知他最会打仗？简直匪夷所思。

综上所述，李恪的才能只有骑射这一项比较拿得出手，其他方面的能力，特别是文才，实在是没有什么特别突出的地方，故"有文武才"明显是过誉了。对于这样一位皇子，李世民是不是很看重呢？答案是否定的，因为李恪才能平平，而且有重大劣迹，曾触怒过李世民。据出土的李恪墓志记载，李恪在齐州刺史任上，"春秋鼎盛，血气渐刚，傅相怀赐罢之忧，宰司申切责之旨"。因为年轻气盛，血气方刚，没忍住，做了些违法乱纪的事情，遭到责备。

尽管如此，李恪没有收敛的迹象，依然我行我素。不久，调任安州都督，任内"数出畋猎，颇损居人"，"坐与乳媪子博簺"。"博簺"是赌博的一种形式，所以说李恪是个问题少年，打猎的时候踩踏居民庄稼，无聊的时候与乳母的儿子赌博。赌也就赌了，保密工作还没做好，偏偏让父皇知道了。李世民闻讯大怒，罢免李恪都督一职，降安州刺史,削封户三百。之后的十二年,直到太宗皇帝驾崩,李恪一直在地方当刺史,封户始终没有恢复。综观太宗诸子,这段时间李恪的待遇,也就仅仅好于李承乾这种犯过大罪的皇子。

了解了这些情况,再看看唐太宗向长孙无忌提议立李恪为太子的对话,就会感觉非常突兀。如果李世民真的想立李恪,非常重视他,李恪的官职、封户不会长时间保持在低水平;当初立李治,因为李治与李承乾、李泰一母所生,且为人宽厚,不会对同母兄弟大开杀戒,若是换了"英果"的李恪,又怎能确保嫡子们的安全?更何况,李恪只不过是个庶子,立他于制度不符,经历过玄武门之变,唐太宗很希望按制度办事,杜绝兄弟相残的悲剧,所以提出立李恪,只是针对李治拒绝充实东宫,就事论事,权且一说,没有经过深思熟虑。否则,他不会只跟长孙无忌商量,应该像当初立李治一样,与群臣慎重讨论了。

有人说李世民不立李恪,是因为长孙无忌代表关陇集团,在他的胁迫下,李世民不敢立,这是说不过去的。从后面的历史中,我们可以清晰地发现,长孙无忌手中没有军权,一个没有军队支持的文官,如何胁迫得了李世民?要是有军队支持,显庆年间李治在收拾他的时候,过程岂能如此轻松,连个政变都没有发生过?再说整个贞观年间,长孙无忌一直活着,没有长孙无忌点头,李世民就不能批准决策,那李世民岂不就是个傀儡皇帝?这可能吗?明显是不可能的。

还有人说李世民之所以不立李恪,是因为他的母妃是隋炀帝之女,若唐太宗驾崩,李恪上了台,肯定会复辟隋朝,给隋炀帝翻案。这就更不切实际了,如果当初隋朝得人心,天下又怎会揭竿而起,龙椅又哪轮得到李家来坐。一个人心尽失的前朝,李恪就算真去复辟,谁会支持？再说这个理由根本没有史料依据，完全是后人的猜测或者臆想。李恪身上流淌着隋唐两朝皇室的血液，高贵的血统会不会给自己加分呢？答案同样是不会，因为在立储问题上，李世民早有打算，那就是坚决贯彻嫡长子继承制。一个皇子，能否成为太子，主要考虑两个因素：生母地位、出生顺序，在这样的背景下，第一候选人是李承乾，其次是李泰、李治，李恪作为庶长子，他想成为太子，除非三个嫡子都死了，否则轮不到他。而且在长孙无忌反对他当太子时，应该也把这个原因加进去，说吴王跟前朝有关系，不应该立。但这些事情都没有发生，明显谁都没把两朝皇室血缘当回事，换句话说，人家根本不看重这个东西。

对于像李恪这种与皇位基本无缘的庶子们，李世民早有安排。贞观七年，任命李恪为齐州都督时，李世民曾对侍臣说："父子之情，岂不欲常见耶！但家国事殊，须出作藩屏。且令其早有定分，绝觊觎之心，我百年后，使其兄弟无危亡之患。"派李恪这些庶子到地方当官，不是我这个当爹的狠心，而是想让他们远离京城，早点绝了夺位之心，平平安安度过一生，不要重蹈兄弟相残的覆辙。若唐太宗真的在意李恪的血统，因此对他高看一眼，哪里舍得将他外放，至少应该像对李泰、李治那样，留在身边，给予善待，尽心培养。

太子人选尘埃落定，李世民发现，在自己死后，三个人的命运恐怕不妙。哪三个人呢？就是李泰、李恪、长孙无忌，李泰险些被立为太子，又恐吓过李治，虽然自己留了话，可李治真的会放过他吗？李世民跟长孙无忌商量过立李恪，虽然没有成功，但长孙无忌已经对李恪产生了看法，新帝登基，他和李治肯定会对李恪下手；至于长孙无忌，身为辅政大臣，与新皇帝的冲突难以避免，没有军权的长孙无忌，势必会成为失败的一方。此情此景，好比李世民是个医生，面前坐着三位病入膏肓的患者，该如何给他们开药呢？李世民是这样做的：李泰、长孙无忌，"药不能停"；而李恪，已经"放弃治疗"。

唐太宗想保李泰的意图是非常明显的，他特意下旨，自己驾崩后，李泰虽然是皇子，但不用来奔丧，生怕他来了就回不去了；保长孙无忌，李世民临终时嘱咐了褚遂良，让他提防小人，缓和舅舅与外甥的冲突。李恪呢？不仅什么保护措施都没有，李世民还告诫他："父子虽至亲，及其有罪，则天下之法不可私也。汉已立昭帝，燕王旦不服，阴图不轨，霍光折简诛之。为人臣子，不可不诫。"明明白白告诉他，燕王刘旦的命运就是你的命运，你要是小心谨慎，还能多活一段时间，要是图谋不轨，马上就会没命。

李恪是燕王旦，杀他的霍光又是谁呢？李世民有安排，他对褚遂良、长孙无忌说："卿等忠烈，简在朕心。昔汉武寄霍光，刘备托诸葛亮，朕之后事，一以委卿。"总之，李世民暗示得很清楚了，李恪已被抛弃，刽子手已经找好，李治太年轻，没有什么功劳、威望，恐人心不服，处死"谋反"的李恪，就能够起到杀一儆百的效果。

贞观二十三年，唐太宗驾崩，新帝登基后，再度起用李恪，封司空、梁州都督，不久改封安州刺史，司空是三公之一，官衔一品；另一位王爷，荆王李元景，被封为司徒。李治为什么要这么做呢？因为李元景是高祖皇帝现存的庶长子，李恪是太宗皇帝现存的庶长子，地位相对较高，给他们封官，有笼络宗室的作用。另外还有一点，叫作"捧得越高，摔得越狠"，李恪在皇族、官场的地位很高，日后以谋反的罪名杀死他，可以向外界传递一个信息：无论你官职有多高，地位有多重，只要谋反，最终的下场肯定很惨，试想李恪这样的人都因谋反而死,其他人谁还敢以身试法?谁还敢藐视年轻的皇帝?

过了几年,房遗爱谋反案爆发,眼见机会来了,负责审理此案的长孙无忌果断将李恪拉入。《大唐新语》记载:"高宗即位,房遗爱等谋反,敕无忌推之。遗爱希旨引恪,冀以获免。"房遗爱之所以会举报李恪,是因为长孙无忌以及背后唐高宗的授意,可惜他被利用了,举报结束后,李治判处李恪自尽,却没有给房遗爱免死,理由是"无乃晚乎",做的太慢了,不符合皇帝的心意。

处决完房遗爱、李恪等人后,史书还记载:"上御观德殿,陈逆人房遗爱等口马资财为五垛,引王公、诸亲、蕃客及文武九品已上射。"处决房遗爱、李恪等人后,李治带着王公贵族、文武官员来到观德殿,参观从房府、吴王府、荆王府等地查抄的"战利品"。看到这样的行为,你认为李治杀李恪等人到底是违心的还是有意的?

李恪死后,他的子女也受到牵连,李恪有一女被封为信安县主,据她的墓志记载,父亲遇害时,年仅五岁的她"桂苑幽居,陪奉献陵,多历年所",被朝廷以守陵的名义幽禁多年。俗话说"男大当婚,女大当嫁",信安县主什么时候嫁人呢?竟然是三十七年后的永昌元年,武则天统治时期。换句话说,出嫁当天,县主已经四十二岁,这样的年龄在古代,已经是剩女中的剩女了。

说完女儿,我们再说儿子,吴王李恪有四个儿子,都被流放岭南,长子李仁,后改名千里,武则天时才将他赦免召回,如果李治真的同情李恪,想要保他,怎么在长孙无忌倒台后,不将吴王的儿子召回长安,不让信安县主适时嫁人?若真心认为人家的父亲是冤枉的,凭什么让后代也跟着受苦?李治没有这样做,说明他心中并没有多认可李恪，当日流下的泪水，主要是出于作秀的需要。

那会不会是李治日理万机、公务繁忙，把李恪的事忘了呢？并没有，因为在案发六年后，显庆五年，李治下令追封李恪为郁林王，并为之立庙。怎么在这个时间点追封？因为长孙无忌集团刚刚被清洗了，李恪又是长孙无忌的政敌。给舅舅的政敌追封，不就可以给舅舅增加一个罪名：滥杀无辜、祸害宗室。李恪临终前，不是大骂过长孙无忌，给人留下深刻的印象吗？现在把搞死李恪的责任全部推给死去的舅舅。告诉天下百姓：当年吴王含冤而死，都是长孙无忌干的，现在朕给吴王追封，总算"沉冤昭雪"了！按理说，既然给李恪平反了，就应该顺理成章，把更无辜的子女也赦免。但李治没有这么做，不是他不能，而是压根就没有这个意愿。

看完整个过程，可以明白，李恪之死虽然是李治动的手，但这个基调在太宗时期就已经奠定。李世民反感李恪做官时的胡作非为，给的待遇低，且不重视他，明知道长孙无忌会对他下手，却没有任何保护措施，活生生将李恪的死亡作为李治树威的工具。李治杀李恪，只是沿着先帝设定好的路线行事，日后将其追封，并为其立庙，没有将子孙赶尽杀绝，已经算是仁慈了。一千多年后，当我们再次品读李千里墓志，对前两句话应该不会有什么疑惑了：

王讳千里，字仁，陇西成纪人也。神尧皇帝之曾孙，高宗天皇之犹子；实长吴嗣，别封郁林。

提了神尧皇帝李渊，提了高宗李治，影响力最大、最能够给脸上贴金的太宗李世民却没有提，其中蕴含的情感，尽在不言中……

李恪死了，但一个著名的历史人物开始崭露头角，那就是武则天。要了解她，我们首先要了解唐朝的后宫，她是从后宫飞出来的凤凰。

第四章　武则天出世、入宫及封后

"宫人斜"与少女入宫

如果你是一个唐朝人，当你西出长安，走到驿路分叉，会发现一个叫"宫人斜"的地方。"宫人斜"是什么地方呢？唐代诗人留下过相关诗文，我们来看一下：

权德舆《宫人斜绝句》：一路斜分古驿前，阴风切切晦秋烟。铅华新旧共冥寞，日暮愁鸱飞野田。

雍裕之《宫人斜》：几多红粉委黄泥，野鸟如歌又似啼。应有春魂化为燕，年来飞入未央栖。

陆龟蒙《宫人斜》：草蓇愁烟似不春，晚莺哀怨问行人。须知一种埋香骨，犹胜昭君作虏尘。

想必你已经猜到了，宫人斜并不是一个很好玩的地方，那里充满了哀怨与凄凉，是宫女的长眠之地。一千多年前，曾经有一群十五六岁的少女，在人生最美好的年华，因为种种原因进入宫廷，再也没有活着出来。她们中的大多数一辈子身居底层，平常做着扫地、制衣、看门护院等枯燥乏味的工作，主子使唤她们就像使唤牲口一样，至于皇帝，大部分人从来没有见到过。

就这样，春去秋来，不知老之将至，曾经的花容月貌被时光侵蚀殆尽，皱纹悄悄爬满了额头。某年某月，她们终于离开了皇宫，也离开了人世，化为宫人斜里的一抔香土，被后世往来的路人凭吊。在陆龟蒙眼里，底层宫女的命再苦，生活再艰辛，也总比"前辈"王昭君强，前者至少能够死在中原汉地，叶落归根；后者却远赴大漠、客死异域，"独留青冢向黄昏"。

除长安城西郊的宫人斜，昭陵也有宫女墓地，且出土过相关墓志铭：

大唐亡宫五品墓志铭

亡宫五品者，不知何许人也。凤禀闺庭，早参宸扆。既该四德，方预六宫。巫岭行云，曾何仿佛。洛川迴雪，讵可依希。俄而与善无徵，奄从过隙，显庆二年正月廿六日卒于昭陵宫，其年二月十四日陪于昭陵。呜呼哀哉……

一篇墓志，连最起码的墓主姓名都只字不提，仅记录官阶、死亡时间、葬日、葬地，如果类似的东西看多了，会发现宫女墓志大多雷同。一旦有宫女去世，有关人员只需把葬日等内容稍微改一下，再找一块粗糙的志石篆刻就可以了，所以有学者称宫女的人生是"填写"出来的。此外，还有一点需要注意，那就是死后拥有墓志也是一种待遇，这位墓主虽然生前默默无闻，没什么存在感，可人家好歹也是五品，如果一辈子都混得不咋地，自始至终只是个底层，千百年后，恐怕没有人知道你曾经存在过。

那么皇宫中到底有多少女人呢？《长恨歌》有言："后宫佳丽

三千人,三千宠爱在一身。"有人认为,"三千人"是一种夸张的说法,后宫应该没有这么多女人。这么想,你就有点单纯了,三千人非但不夸张,还说少了。李世民继位时,李百药上疏请求释放宫人:"往年虽出宫人,未为尽善。窃闻大安宫及掖廷内,无用宫人,动有数万。"李渊是个好色的皇帝,后宫光是游手好闲的宫人就有好几万,要是加上干活的,那得多少呀。李治登基,虽然下令释放年老宫女,可人数依旧居高不下,"年老宫人,已令放出。椒掖之内,人数犹多"。可见太宗时代宫女也不少。玄宗时期,数据更夸张了,后宫宫人多达四万,简直可怕。怪不得诗人元稹会写下:"寥落古行宫,宫花寂寞红。白头宫女在,闲坐说玄宗。"

在古代,后宫就是一个小社会,还是个"人吃人"的小社会。在现实生活中,不是所有宫人都有机会得到皇帝青睐,受宠的、侍寝的,往往是后宫的上层人士,相比于卑微的宫女,她们身处金字塔的顶端,属于既得利益者,成千上万的宫女都要为她们服务。说到这儿,你肯定会问了:什么样的女子才能登上金字塔的顶端呢?有哪些具体标准?要回答这个问题,我们依然从史料出发。以下几篇是贞观年间册立嫔妃的诏书,我们来看看它们是怎么说的:

册杨恭道女为婕妤文

维贞观某年月日,皇帝遣使某官某持节册命曰:"于戏,惟尔前魏王府谘议参军杨恭道第三女,门袭钟鼎,训彰礼则,幽闲表质,柔顺为心,备职后庭,实惟通典。是用命尔为婕妤,往钦哉。其光膺徽命,可不慎欤。"

册崔弘道女为才人文

维贞观某年月日，皇帝遣使某官某持节册命曰："于戏，惟尔兼徐州都督府司马崔弘道长女，门称著姓，训有义方。婉顺为质，柔明表行。宜升后庭，备兹内职。是用命尔为才人，往钦哉。其光膺徽命，可不慎欤。"

杨婕妤、崔才人入宫为妃，最重要的原因莫过于"门袭钟鼎""门称著姓"，"钟鼎"是什么意思？提醒一下，王勃的《滕王阁序》不是有"闾阎扑地，钟鸣鼎食之家"吗？两人出身豪门大姓，世家大族，因此得到皇帝伸出的橄榄枝，有机会成为嫔妃。相反，如果出身不高，或者由于战争、进献、罪没等原因入宫，那只能做个底层的宫女，不大可能当上妃嫔。

有人说，这不公平啊，赤裸裸的歧视，门第在出生之前已经决定，个人无法更改，我家不是豪门，我拼爹拼不过人家，怪我咯？对于这个问题，真是一点办法都没有，谁让当时的社会就流行财婚、门第婚，父母做出嫁女儿的决定之前，先看男方家庭有没有钱，出身好不好，再考虑年龄、生辰八字等因素，如果答案都是"否"，对不起，你凭什么娶我女儿。据《太平广记》记载，唐朝时有一户姓贾的人家，女儿年轻貌美，颜值出众，上门提亲的人太多，把门槛都踢破了。父母看女儿行情很好，开出天价，"求五百千"，吓得提亲者纷纷逃跑。

皇帝喜欢娶高门大姓的女子，也有自己的目的。一般而言，出身世家大族的女子，从小受过良好家教，知书达理，秀外慧中，更胜一筹，毕竟在一千三百多年前，有机会读书的人少之又少。而且她们不像贫寒家庭的女儿，吃穿很差，还要日晒雨淋，干许多体力活，因此在颜值、身材、穿着打扮方面具备明显优势。若站在更高的角度，李唐的统治需要世家大族的支持，娶世家的女子自然有利于增强双方关系，笼络人心。若是育有子女，则有助于保证皇家血统的高贵。民间普遍看重门第，皇家要是娶个贫寒人家的女子，容易被上层社会嘲笑，面子上也挂不住。

当时有哪些名门望族呢？比如清河崔氏、博陵崔氏、范阳卢氏、荥阳郑氏、陇西李氏、赵郡李氏、太原王氏，在关中地区有韦、裴、柳、薛、杨、杜，在东南地区有顾、陆、朱、张……如果投了个好胎，出生在这些家族，那么入宫成为嫔妃的概率自然大增。唐高宗时的宰相薛元超，人生一大憾事不是没娶到公主，而是没娶到五姓女，在当时的男人眼里，名门之女比皇家公主更值得娶。

像上文提到的杨婕妤，来头可不小，其父杨恭道，知道的人不多。但她的爷爷十分了不起，隋文帝杨坚的族子，隋初四贵之一的观德王杨雄。入唐后，杨婕妤的大伯杨恭仁、叔叔杨师道都官至宰相，既是杨隋家族后裔，亲戚又为当朝显贵，杨氏入宫成为婕妤，就没什么奇怪的。

想要进入李世民的后宫并被册封为嫔妃，一定要是名门望族吗？也不一定，其实普通官宦人家也有机会，比如武则天。

武德元年，有关部门向唐高祖李渊汇报工作时，说工部尚书武士彟是工作狂，为了大唐的统一事业，把妻儿老小都抛在一边。之前两个儿子生病夭亡了，他看都没看一眼。后来老婆相里氏悲劳过度，也撒手人寰，武士彟连家都没回，只是默默哀伤。"此人忠节有余，去年儿夭，今日妇亡，相去非遥，未常言及，遗身殉国，举无与比。"武士彟忘我工作，心心念念的都是李家的江山社稷，真是"舍小家，为大家"，难能可贵。李渊深受感动，决定好好关照老武的生活。他们俩是旧相识了，当年在山西工作的时候，李渊出差途中，常常到武士彟家里借宿。后来太原起兵，老武随军出征，又立下了汗马功劳，属于佐命功臣。李渊封他为工部尚书、应国公，还奖励免死特权一次，只要你不谋反，无论犯什么罪，都可以免除一次死刑。

思来想去，李渊决定给武士彟介绍对象，老武已经四十多岁了，中年丧妻，家门不幸，介绍一个十几岁的小姑娘，他未必乐意，因为儿子也十几岁了，给一个同龄人叫妈，多尴尬呀！有了！杨达不是有个女儿，四十多岁了还没有嫁人嘛！正好合适！李渊就找来武士彟，对他说："老武啊！我想给你介绍个对象。前朝有个宰相叫杨达，他的女儿非常贤明，肯定能尽好妻子的本分。"皇帝都发话了，武士彟也没什么意见，"遂令桂阳公主与杨家作婚主，降敕给亲，庶事官给"，由桂阳公主做媒，公费办婚礼，相当给面子了。杨达是隋朝观德王杨雄的弟弟，桂阳公主是杨雄的儿媳，所以由她出面，为武士彟和杨氏牵线搭桥。此时杨小姐已四十多岁，十年前，父亲杨达死于征讨高句丽军中，至于她为什么没有结婚，没有明确答案，即使为父守孝也说不过去，杨达去世时杨小姐也已三十多岁，参考当时的社会背景，男女十几岁就要结婚，像他们这样的家庭，想找个夫婿完全没有难度，杨家也是当时名门望族，这杨氏据传也十分貌美，却一直未婚，令人费解。

盛大的婚礼结束后，杨小姐正式嫁入武家，做起了女主人。相里氏之前生下过四个儿子，夭折了两个，目前还剩武元庆和武元爽两兄弟。杨夫人虽然已经四十多岁，算是高龄产妇了，但身体素质非常好，接连生下了三个女儿，长女武顺，后来嫁给贺兰安石；次女就是大名鼎鼎的武则天；三女知名度较低，在历史上不是很有名，嫁给了一户姓郭的人家。从武德中期开始，到贞观年间，武士彟离开了长安，前往地方任职。杨夫人作为妻子，只好阔别长期居住的帝国首都，追随丈夫上任。在李渊、李世民的安排下，先后在扬州、豫州、利州、荆州任职，有些地方是刚刚平定的，疮痍满目、人心不稳，武士彟肩负起发展生产、稳定地方的重任。武则天童年时期随父母辗转，走访了许多长江沿线的城市，留下了很多传说。甚至在一千多年后，利州还能找到许多关于女皇的故事。

两人平静生活了十几年，虽然长安爆发了玄武门之变，最高统治者换了人，这并没有影响武士彟及其家人，他们照样在地方做官，享受着天伦之乐。贞观九年，一则噩耗传遍天下，李渊驾崩了，武士彟痛心疾首，忧伤过度，竟然吐血身亡，也随着李渊一道去了。五十六岁的杨夫人成了寡妇，她带着女儿护送灵柩回山西老家安葬。没想到，这只是坏消息的开始。武士彟走后，他的儿子武元庆、武元爽对杨夫人非常无礼，而杨夫人生的又都是女儿，没有儿子，争家产上非常吃亏。大女儿武顺嫁入了贺兰家，她的老公贺兰安石走得也早，大女儿年纪轻轻，和妈妈一样守了寡，抚养着几个小孩。二女儿武则天则因为一纸诏令，彻底改变了人生。

武士彟去世几年后，年近四十的李世民听说十四岁的武姑娘"美容止"，非常感兴趣，特召其入宫，封为才人。可见她的门第并没有影响到入宫。诏书下达时，武则天的母亲杨氏有些忧虑，后宫险恶，女儿才十四岁，就侍奉皇帝，不知是福是祸。武则天倒是积极："侍奉圣明天子，怎么知道不是好事呢？何必哭哭啼啼，做儿女之态？"

如果父亲没有当过官，如果自己没有动人的颜值、举止，武则天很难入李世民的眼。说到唐朝的审美取向，很多人会情不自禁地兴奋起来：听说，那是一个以胖为美的时代。那么，事实是不是如此呢？

首先，唐朝二百八十九年的历史中，只有盛唐时期以胖为美，初唐、中唐、晚唐仍是以瘦为美，证据是当时流传的古诗，还有墓室中的壁画；其次，以胖为美的"胖"也是有标准的，不是说体重越夸张越好，具体的标准是："体态丰腴，凹凸有致，身体健硕，肌肤白嫩，面相宽广，下巴圆润，尽显雍容华贵，丰腴秾丽之气。"所以这个"胖"理解为体态丰满更为妥当，唐人的"胖"是一种健康的胖。就像有些男人嘴里说的"女人还是微胖更美"，并不意味着他们喜欢自带游泳圈的胖子，而是喜欢丰腴美人。

在老百姓的心目中，李世民是个东征西讨、战功赫赫、军人色彩十分浓重的皇帝，他喜欢有才华的女人吗？答案是肯定的，徐惠徐贤妃便是靠才华入的宫。据史书记载，徐惠是个天生奇才，出生五个月就会说话，四岁能诵《论语》《毛诗》，八岁喜欢写文。自幼涉猎经史，手不释卷，是个能力极强的学霸。李世民也不是一个赳赳武夫，《全唐文》收录多篇太宗皇帝的诗文作品，除了文学，李世民还喜欢书法，尤其对王右军的《兰亭集序》爱不释手。听说十几岁的徐姑娘才华横溢，父亲辈的李世民又有兴致了，连忙把人家召入后宫，纳为才人。徐惠的父亲徐孝德只是个五六品的中层官员，还没武则天的爸爸混得好。

当然，普通宫女也不是一丁点机会都没有，只要在皇宫上班，理论上都有逆袭的可能。哪天皇帝心血来潮，凑巧看某位宫女顺眼，一段时间后，女方有了孩子，作为回报，这位宫女自然就高升了。像李世民的儿子李宽、李简，就是宫女生的。话虽如此，但也有问题，尽管底层宫女受了龙宠，诞下皇子、公主，可是出身低微的烙印始终无法抹去。史书介绍李宽、李简，他们母亲的姓氏都没有留下，只是简单地写"后宫生宽""后宫生简"。而且出身低的人，想爬到高位也是困难重重，一辈子也没什么出头之地。

杜牧有诗云："尽是离宫院中女，苑墙城外冢累累。"
孟迟曾感慨："云惨烟愁苑路斜，路傍丘冢尽宫娃。"

说来说去，其实后宫只有两种女人，一种是生过皇子的，还有一种是没有生过的。有没有长大成人的儿子，会对后宫女子的命运产生极大的影响。如果运气好，自己的儿子被立为太子，并顺利登基，那么他的母亲就会成为太后。因为受玄武门之变的影响，李世民希望太子人选的产生符合嫡长子继承制，皇后生的长子，才是大唐未来的接班人。如此一来，皇后的人选就非常关键，李世民一生只立过一位皇后，自从贞观十年长孙皇后去世，后位便一直空缺，再无后继者。虽然他曾经一度想把自己的弟媳——巢王妃杨氏立为皇后，但那只是一时冲动，听完魏征劝谏："陛下不可以辰嬴自累"，李世民很快就打消了这个念头。嫡庶有别，长孙皇后总共有三个儿子，都得到李世民的偏爱，除非他们全部遭遇不幸，否则新皇帝的人选肯定从他们之间产生。

如果想生个庶出的皇子，那么她入宫的时间点非常重要。以前笔者看过一些介绍武则天的书籍、文章，有人将没有子女视为其不得宠的证据之一，他是这么推断的：李世民先后生下十四子十九女，武则天为李治生下四子二女，都是生育能力很强的人，这两个人在一起，却没有一男半女,说明武则天不受唐太宗待见。

这个观点貌似有理,实则不然。李世民倒数第二个皇子,赵王李福的墓志已经出土,根据铭文记载,李福卒于咸亨元年(670),享年三十七岁;李世民幼女新城公主的墓志也已出土,她去世于龙朔三年(663),享年三十岁。也就是说,李世民的三十三个子女有三十二个出生于贞观九年之前。三十六岁以后,十几年的时间里,李世民只再有过一个孩子,前后反差极大。是什么原因导致的呢?由于皇后去世,悲伤过度?因为身体不行?我们不得而知。反正他还在选女人充实后宫,武则天、徐惠就是其中的代表。武则天十四岁入宫,李世民已经将近四十了,不光武则天没有生过孩子,同一时间段,其他妃嫔也没有生过。因此,将没有子女视为武则天不得宠的依据并不妥当,尽管结论是正确的。

要想生皇子,最好在贞观九年以前入宫,否则就比较困难。李世民驾崩后,育有子女的妃嫔,封太妃,她们走出宫廷,投奔孩子,聊度余生。令狐德棻的《韦贵妃墓志》记载:"永徽元年正月廿九日,册拜纪国太妃。于是重锡宠章,更崇徽号,出国备辒辌之数,来朝节环佩之音。"韦贵妃为什么封纪国太妃?而不是其他国的太妃?因为她的儿子李慎被封为纪王。丈夫去世后,韦贵妃并没有闲着,她"累岁在京,晨宵谒见。金台奕奕,屡奉天欢。青殿辉辉,亟陪储宴",早晚都要去拜见当今圣上,陪吃陪喝,跟新皇帝搞好关系。韦贵妃已经五十多岁了,李治不过二十多岁,身为长辈,为何如此频繁地讨小辈欢心?

这也是无奈之举,韦贵妃虽是长辈,是先帝的贵妃,但毕竟只是李世民的小老婆。她出身于京兆韦氏,爷爷、父亲都是高官,可自己命途多舛,曾有过十几年的奴婢生涯,被李世民嫌弃。儿子纪王李慎,小小年纪被派往地方当官，多有善政，百姓为之立碑，是个有才能的王爷；尽管如此，纪王并没有收获李世民的偏爱，跟三个嫡子比，可真是一个天上一个地下。韦贵妃的女儿李孟姜，被封为临川公主，驸马周道务是个武将，夫妻二人常年镇守边关，生活条件远不及京城。无论是韦贵妃自己，还是纪王、临川公主，都不是很受重视。所以韦贵妃当然要表现得积极点，跟新皇帝好好相处，留个好印象，争取提升自己与两个孩子的待遇。

皇天不负有心人，十几年的不懈努力，终于获得了回报，麟德年间，李治打算封禅泰山，祭地时，由自己主献，武皇后亚献，韦太妃终献。听说这个天大的好消息，韦太妃连连谢主隆恩："吾侍□多矣，至孝仁□，□德□□。三五之君，躬履节俭。受育黎庶，若□大礼，今也其时。吾衰暮之年，□□扈从。"大意是：我侍奉当今圣上也有些年头了，真是个节俭、爱民如子的好皇帝，如今去封禅，真是好时候，我一把年纪了还有幸跟随。可惜人算不如天算，还没走到泰山，韦太妃就在洛阳病倒，一命呜呼，享年六十九岁。代之终献的，是越国太妃燕氏，即越王李贞的生母，李世民病故后，她也跟着儿子出藩，每天评品古人，教育孙辈，注意和武则天搞好关系，去世后，武皇后为燕太妃造无量寿佛一尊。

不管生的是嫡子还是庶子，至少有子，只要皇子健康成长不出事，母妃的结局也差不到哪里去。可是，后宫的女人多达上万，甚至数万，能给皇帝生孩子的最多不过几十人，换句话说，百分之九十以上的宫人是没有孩子的，她们的未来在哪里？该走向何方？对于这样的问题，我们不能凭空想象，而要立足于证据。可是一千三百年过去了，除了残缺的遗骨，她们还有什么留在人间呢？幸好，尚有简陋的志石，记录她们的过往。

唐德业寺亡尼七品墓志铭并序

法师悬劫树因,览龙宫之秘典;现生应果,镜石室之微训。遂使婉娩为心,幽闲成德。迥无百圭之玷,雅有彤管之□。岂直戒行独高,固亦勤心法海,春秋四十有二,以龙朔元年十二月□日,卒于德业之寺。即以其年三月十三日,葬于咸阳原,礼也。勒石玄门,用传不朽。其铭曰:

天长流迅,道路代促。将浮玉沼,谁降金粟。法船既逝,德音难续。刊名幽扃,戒旌高躅。

大唐故婕妤三品亡尼墓志铭并序

宫人讳字□,不知何许人也。祖代阀,难可详言。某愔愔雅志,窈窕其仪……方将永承景殿,长奉春宫。忽掩娥晖,光沉愁彩。以麟德二年十二月□日,遘疾卒于某所,春秋□□。

正如白居易《吹笙内人出家》所写:"雨露难忘君念重,电泡易灭妾身轻。金刀已剃头然发,玉管休吹肠断声。新戒珠从衣里得,初心莲向火中生。道场夜半香花冷,犹在灯前礼佛名。"从铭文可以看出,第一位墓主生前是七品女官,负责管理底层宫女,为皇帝和嫔妃们服务。后来可能因为皇帝驾崩,或者年龄大了,干活不利索,就被打发到德业寺出家,为先帝祈福。从此以后,长伴青灯古佛,生活变得索然无味,只能将希望寄托于来世。到底有没有来世呢?无人知晓,反正"他生未卜此生休",饿是饿不死,这辈子也就这样了。最终在龙朔元年去世，享年四十二岁，没有留下姓名。

第二位墓主生前是三品婕妤，李世民死后，没儿没女，出家为尼，麟德二年病逝。

入宫后，武则天不受李世民宠爱，刚进去是才人，直到太宗去世，还是个才人，地位没有半点提升。按照规定，她必须到感业寺出家，从此聊度余生。幸好，武则天已经勾搭上了太子李治，对于这个事情，史书记载得非常简单，说李治见到武媚娘，"悦之"。

一段时间后，李治来到感业寺为父皇上香，突然就遇到了武媚娘。许久未见，思念不已，两人当场对泣。震惊！皇帝和尼姑竟然做出这样的事情。八卦一传十，十传百，王皇后知道了，派人把武媚娘接回后宫，因为她正在和萧淑妃争宠，如果把武媚娘带回来，萧淑妃不就失宠了？万万没想到，此举是驱虎吞狼，萧淑妃失宠了，武媚娘宠冠后宫，无人能敌。李治封她为昭仪，位列九嫔之一。如果没有与太子的关系，千百年后，武则天的墓志肯定写："不知何许人也。"

除了当尼姑、道士，宫人还有一个去处：给老皇帝守陵。"陵园妾，颜色如花命如叶。命如叶薄将奈何，一奉寝宫年月多。年月多，时光换，春愁秋思知何限。青丝发落丛鬓疏，红玉肤销系裙慢。忆昔宫中被妒猜，因谗得罪配陵来。老母啼呼趁车别，中官监送锁门回。"一般有罪的、无子的宫人会被送往先帝陵寝守陵，这个罪可以是真罪，也可以是栽赃陷害。如果哪天让你去陵园住一辈子，你愿意吗？恐怕傻子都不愿意吧。在荒凉、孤寂、阴森、恐怖的皇陵里，她们像囚徒一样，没有人身自由，没有追求爱情的权利，无法与亲友相见。若干年后，凄凉地死去，被陵户草草埋在皇陵附近的某个地方，结束悲惨的一生。

1975年，昭陵附近的农民平整坡地时，意外挖出墓志一合。根据方位判断，墓葬位置靠近长乐公主墓。以下是墓志原文：

> 大唐故亡（脱"宫"字）七品墓志铭并序
> 亡典灯者，不知何许人也。闲和察性，淑慎居心。爰在幼年（疑脱去二字）内职。隙电不留，泉途遽迫，以仪凤二年十二月十六日葬于城西，礼也。哀哉！乃为铭曰：天长地久，其灵若浮。夜台何邃，华屋难留。陇塞风急，日惨云愁。贞顺不朽，播椒芳猷。

典灯，隶属于尚寝局，掌管宫廷中的门阁灯烛。铭文记载，墓主人幼年进入宫廷任职，随着年龄增长，资历提高，升至七品典灯之职。从墓葬的地点看，死者后期应该离开了宫廷，前往昭陵当守陵宫女，去世后，葬于附近，因为地位低下，此人墓室狭小，志石粗糙，内容不过寥寥数语，小人物的悲哀吧。但和没有品级的宫女比，真是好多了，无品宫女连块墓志都没有，她们死后，直接拖到某个地方随手一埋，无声无息。

武则天与长孙无忌：从舅舅到敌人

显庆四年，又是一个微风吹过的夏天，这一年，李治三十一岁，早已告别昔日的青涩。时间是把杀猪刀，在舅舅脸上刻下一道道皱纹，也让外甥变得更为成熟，可是，他们的关系没能经住时间的考验。"下诏削无忌太尉及封邑，以为扬州都督，于黔州安置，准一品供给。"李治下旨削夺长孙无忌官职，发往穷山恶水的黔州养老，只保留一品官员待遇。数月后，派大理正袁公瑜奔赴黔州，以重新调查长孙无忌谋反案的名头，逼舅舅自尽。儿子长孙冲，除名，流放岭南；从兄长孙安世的儿子、刑部尚书长孙祥，杀；族弟长孙诠，先流放巂州，后被县令奉旨杖杀。近亲皆流放岭南为奴。

从百官之首、荣耀至极，到身败名裂、家破人亡，整个过程只需要十年，不知该说长还是短。长孙无忌和他的家人体会了一次真人版的"红楼梦"，最终"籍没全家"，白茫茫一片真干净。那么问题来了，长孙无忌到底是怎么走到这一步的？幕后推手又是谁？毫无疑问，"主谋"就是唐高宗，"帮凶"是武则天、许敬宗、李义府等人。在权力斗争面前，亲情真的不值一提。

李治刚刚登基时，皇位没坐稳，他年轻、阅历少、功劳小，因此非常仰仗太宗留下的顾命大臣，其中长孙无忌是李世民生前早已内定的百官之首，唐太宗为什么这么信任长孙无忌呢？因为他是个"三有"人士。

有背景：长孙无忌是李世民儿时的发小，两人有四十多年的交情，关系非常人可比。加之又是李治的亲舅舅，在贞观末年的党争中，始终是李治的铁杆。既是发小又是亲戚，所以忠诚这个问题，天空飘来五个字——那都不是事。

有能力：常年跟随李世民南征北战，玄武门之变前，长孙无忌看准时机，请求李世民先发制人，将李建成、李元吉置于死地。贞观元年，以其功劳第一，封齐国公。贞观十七年，画功臣像于凌烟阁，长孙无忌又排第一。李世民曾说，他封长孙无忌当大官，不是因为裙带关系，而是类似于汉武帝与卫青，"盖取其才行耳。无忌聪明鉴悟，雅有武略，公等所知，朕故委之台鼎"。临终前，唐太宗还对褚遂良说："无忌尽忠于我，我有天下，多是此人力。"

有时间：贞观年间，担任宰相时间最长的是房玄龄，但在选择未来的宰相时，李世民不会再考虑房玄龄了，因为他已年近古稀，不一定能活过自己呢！长孙无忌虽然比自己大几岁，五十左右，但身子骨还算硬朗，辅佐李治几年，帮他稳定政局绰绰有余。

根据先帝遗诏，长孙无忌被委以重任，李治登基之初，对舅舅表现出高度信任，至少表面上是高度信任。永徽元年，洛阳人李弘泰告发长孙无忌谋反，李治听说后，连查都没查，下令直接将李弘泰斩首。古代的斩首一般都在秋后执行，此刻正值春日，万物复苏，不适合处决罪人，但李治就要求这么做，目的是杀鸡给猴看，向外人展现对舅舅的绝对信任。后来于志宁劝谏，以为不可，觉得还是按照制度办更好。李治见宣传效果已经达到，舅舅应该知道自己的心意了，对行刑时间不再强求。为了继续施恩于长孙无忌，李唐皇室又把衡山公主嫁入了长孙家，亲上加亲。

长孙无忌果然没有辜负领导信任，成功扮演了打手的角色。借房遗爱案，对昔日的魏王余党果断清洗，同时还株连了吴王李恪、荆王李元景，两人是健在的太宗庶长子和高祖庶长子，他们的死亡能够震慑皇族，打破他们的非分之想。史书记载："无忌与褚遂良同心辅佐，上亦尊礼二人，恭己以听之。"对这两人礼遇有加，姿态放得特别低。"无忌以元舅辅政，凡有所言，上无不嘉纳。"不管舅舅说什么，李治都照办，不禁让外人浮想联翩，皇帝到底是舅舅呢还是外甥呢。长孙无忌和褚遂良的年龄都是李治的两倍多，属于老臣、老江湖了，人生阅历丰富，宦海沉浮多年，资格老，还是先帝的顾命大臣、自己的长辈，在他们面前，李治年轻，没多少功劳，就是个小屁孩。

随着时间推移，位子坐稳，业务逐渐熟练，李治感觉这个皇帝当得真没劲。上班的时候，顾命大臣倚老卖老，观点一致了还好说，要是相左，还得看在老臣的分上，表现得客客气气，但心里巴不得他们人走茶凉；下班后，本想到后宫放松放松，结果皇后天天板着个脸，一点情趣都没有。更让李治无语的是：这两伙人竟然走到了一起。在王皇后的舅舅中书令柳奭的奔走活动下，褚遂良、长孙无忌等人要求立陈王李忠为太子，为什么是李忠呢？因为李忠是李治的长子，其母为宫女，出身低贱，王皇后又不孕不育，如果皇后把李忠扶上太子之位，在皇子中就有了支持者。以后要是继承了皇位，肯定对皇后感恩戴德，后半生就有个依靠。相反，要是竞争对手萧淑妃的儿子李素节当了太子，皇后之位很有可能不保。

柳奭这么积极是因为他的官职很大程度上是因皇后而来，贞观末年王氏成为太子妃，柳奭被提拔为兵部侍郎；永徽元年王氏成为皇后，柳奭又升为中书侍郎：他的仕途与外甥女的地位几乎同步，既然是皇后的舅舅，李治理所当然把他视为自己人，区别于顾命大臣一派。永徽元年，褚遂良因事被贬同州刺史，李治连忙任命柳奭为中书令，接替褚遂良，希望他能发挥作用。可眼见皇后地位不稳，柳奭又果断跟长孙无忌等人走在一起，无视了李治的站队暗示。

顾命大臣们坚决要求立李忠为太子，李治同意了，国家不能没有储君，否则一旦皇帝发生意外，大臣们可以拥立太子，保障政权的稳定。但高宗心里并不是特别认同李忠，他对皇后非常不满意，现在李忠被立为太子了，以后废皇后的难度就提升了。皇后换了，子以母贵，太子势必也要一起换，动摇国本。思来想去，李治的心思都放在了武则天身上，陈王李忠是永徽三年七月被立为太子，武则天与唐高宗的长子李弘也诞生于皇宫，李弘是个男孩，武则天美丽又有魅力，更难得的是，还有很高的政治智慧，因此很受李治宠爱，这可都是取代王皇后的优势呀。也许,突破口就在这里。武则天野心大,非常想上位,看准皇帝有废后心思,千方百计向李治建言献策。包括收买皇后的身边人,监视皇后一举一动,想方设法把皇后搞臭。为废除她提供事实依据,否则师出无名,难以服众。

到永徽五年,宰相团队中已经没有几个特别听皇帝话的人了。我们不妨看看除了长孙无忌、褚遂良,还有哪些宰相。

于志宁:贞观年间为太子詹事,辅助李承乾,因为多次提出劝谏,令太子很是不满,必欲除之而后快。等到李承乾谋反案败露后,被太子记恨的事情就变成了护身符,李世民对他依旧信任,东宫属官,除于志宁外,全部获罪。李治成为太子,于志宁又被任命为太子左庶子,继续教导李治,后又成为宰相。此人政治倾向相对中立,坚守制度。

李勣:三大名将硕果仅存的一个,此时已经在政府任文职,不管军务,也不大愿意参与政治斗争。

高季辅:贞观十七年,任太子右庶子。辅佐李治期间,多次获得太宗嘉奖。贞观二十二年,因为是太子属官,升为中书令。但在永徽二年因风疾病逝。

张行成:曾任太子少詹事,跟高季辅一样是其心腹,李治登基时,就是张行成与高季辅侍候李治在先皇的灵柩前继位,并提拔为侍中、刑部尚书。永徽四年,张行成因年老请求退休,李治恋恋不舍,哭着说:"公,我之故旧腹心,奈何舍我而去?"皇帝把话说到这份上,张行成没有办法,只好接着发光发热。当年九月,病故于尚书省。

高季辅、张行成都是李治的人,可惜到永徽五年前都已离世,中书令柳奭站在皇帝的对立面,给托孤大臣"暗送秋波"。还有一位宰相宇文节,他在房遗爱谋反案中被清洗,宰相之中,除了对立派,就是不怎么发表意见的中间派。令李治更苦恼的是，自己新提拔上来的两位宰相：来济、韩瑗，都支持长孙无忌，顶替高季辅的崔敦礼年老，多次要求退休，心有余而力不足。宰相班子，几乎找不到完全支持李治的人，都喜欢跟着长孙无忌，和小皇帝对着干。如果天子的决策与他们发生重大冲突，恐怕是难以推行下去的，毕竟政府上层以长孙党为主，这是李治无法接受的。他身为皇帝，要的是服从安排、能够把自己主张贯彻下去的宰相团队，不是倚老卖老、讨价还价、工作打折扣的大爷。对于绊脚石，他必须除去，否则天子当的还有什么意思。

每次开会，群臣都看长孙无忌的脸色，他不说话，大家也都不怎么说话。这让喜欢纳谏的李治纳闷了，连话都不说一句，还怎么纳谏？有一次他对五品以上官员发表重要讲话，发泄愤懑："顷在先帝左右，见五品以上论事，或仗下面陈，或退上封事，终日不绝；岂今日独无事耶，何公等皆不言也？"以前我爸在的时候，国家大事可以从早说到晚，官员们都积极踊跃；怎么轮到我当皇帝，个个鸦雀无声，怎么，难道我当皇帝了就没事可说了吗？可见其不满之情溢于言表。

围绕武则天封后的权力较量

从各个角度来说，皇帝对王皇后的印象越来越坏，高宗已经下定决心立武则天为皇后。这可是牵一发而动全身的事情，如果皇后换了，太子肯定也要换，因为武则天生了李弘，按理来说，太子应该由嫡长子担任，当初李治被立为太子，嫡子这个身份就给他加了不少分，现在也一样。与此同时，李忠当上太子，是柳奭联合长孙无忌、褚遂良等人的结果，这些人就是王皇后、李忠在外廷的势力，如果要动皇后、太子，长孙无忌等人会同意吗？他们肯善罢甘休？

对他们来说，最好的情形就是保证现有的政治态势不变，因为在这个基础上，他们是最大的既得利益者：宰相由他们担任，太子也由他们拥立，如果皇后换了，太子废了，日后李弘上台，长孙家、褚家还有好果子吃吗？新皇帝肯定不会重用这些人，相反，会狠狠地打击。你都拥立我的对手，我干吗要用你？站错队的后果很严重，魏王党那些人，坟头草才长多高呀？忘记了？所以长孙党是不会心甘情愿地接受这个结果的，届时肯定要爆发大规模人事变动，上层很有可能要洗牌，甚至"地震"。

但在硬碰硬之前，李治还是希望顾命大臣们能够识相点，主动接受安排。他和武则天亲自到长孙无忌家里做客，舅舅是百官之首，擒贼先擒王，把他搞定了，其他都好说。酒宴开始后，觥筹交错，你一杯我一杯，大家都很开心。席间，李治主动示好，任命长孙无忌的三个儿子为朝散大夫；这还不够，又送了十车珠宝给舅舅。看着真金白银，长孙无忌自然很高兴，笑纳了，不要白不要。

俗话说："吃人家的嘴短，拿人家的手软。"天下哪有免费的午餐？因此，李治趁机说王皇后没有儿子，武昭仪有……谁知长孙无忌装糊涂，说今天天气真好啊……顾左右而言他。这般不识抬举，李治和武则天都很生气。后来武则天又派母亲杨氏前往长孙府游说，碰了一鼻子灰；礼部尚书许敬宗又去游说，直接被骂出来了。权力问题可不是钱能解决的，只要一直有权，别说十车，一百车珠宝也不是难事呀。

皇帝放下身段走后门，给大臣送礼，最后还没有效果，什么世道啊！这对李治的自尊心是个沉重打击，皇后暂时当不了，那就退而求其次，封武则天为更高等级的妃，可让人失望的是，后宫已经没有编制了，要当的话，只能考虑当临时工。李治就提出，新设宸妃，让武则天担任，结果又被韩瑗、来济顶了回去，理由是没有先例，不符合制度。他们已经铁了心要阻止武则天上位，实质是保证他们这个集团的政治利益。

敬酒不吃吃罚酒，软的不行只好来硬的了，首先收拾柳奭。永徽六年，武昭仪诬陷王皇后和其母魏国夫人厌胜，阴谋诅咒皇帝，唐高宗当即下旨将柳奭贬为逐州刺史。等到柳奭走到扶风，连三辅地区都没出，整柳奭的新诏书就来了，贬为荣州刺史，缘由是"岐州长史于承素希旨奏奭泄禁中语"。岐州长史迎合旨意，告发柳奭泄露宫廷机密，迎合谁的旨呢？当然是唐高宗的。

清理了柳奭，接下来就要啃褚遂良这帮又老又硬的骨头，可是李治又觉得有点孤立无援。当时的情况是，朝堂上群臣都缄默不言，没有官员明确表态支持皇帝，想整长孙无忌，得有帮手，等他们被清洗了，还要有人填补他们留下的空缺。突然，读完一份刚呈上的奏章，李治大喜过望，此人主张"废王立武"，真是难得的忠臣呀！再看作者：李义府。李治连忙召见李义府，一番谈话后，李义府说他有难处，无法为陛下尽忠了，因为长孙无忌看他不爽，即将贬往壁州当司马。李治说这有何难，你留下吧，还去什么壁州呀！敌人的敌人，就是我的朋友。贬谪柳奭、留下李义府，免官任官，李治都可以做到，他是舅舅的傀儡吗？当然不是。话说李义府当年还是刘洎推荐上来的，这样的人，李治敢用吗？李治敢，只要李义府站在皇帝这边就行了。除了李义府，卫尉许敬宗、御义大夫崔义玄、中丞袁公瑜都愿意跟着皇帝干，从官职就可以看出，都是些不怎么得志但有上进心的人。

武则天是否掐死了自己的女儿？

双方的终极决战即将上演，一场赶尽杀绝即将来临。后宫的形势同样剑拔弩张，传说为了扳倒王皇后和萧淑妃，武则天掐死自己的女儿，把罪名嫁祸给竞争对手。虎毒尚且不食子，武则天真的有过如此狠毒的行径吗？

不得不说，类似的观点，在过去的一千年很有市场，就是到现在，也有许多人深信不疑。为什么会这样呢？首先，电视剧功不可没，1995年，刘晓庆领衔主演的《武则天》登上了电视荧屏，多年后，该剧被奉为经典之作，很多观众看完女皇的暴行，自然而然认为真实的武则天就是这个样子。拍摄过程中，有这样一句话："历史上的唐高宗就是这副窝窝囊囊的样子，要不怎会让武则天当上女皇。"这纯粹是想当然的结论，罔顾时代背景、政治形势，完全用后人的观念去理解前人的事情。

其次，是各类相关书籍的影响。在市面上，充斥着形形色色的《武则天传》，内容主要来源是《新唐书》，把里面关于武则天的描述翻译成白话文，就可以出版了。但作者万万不会想到，《新唐书》对女人参政存在强烈的偏见，篡唐的事情更是万万不能接受的，他们以李唐为正统，完全站在李家的立场上说话，根本就做不到客观公正；而且史书的编撰也绝不是记录历史那么简单，其中有强烈的政治目的，书写出来，并非束之高阁，是要给人看的，是要影响人的。妖魔化武则天，是封建统治的切实需要。

宋仁宗即位之初，刘太后临朝称制，她就问："唐武后何如主？"对曰："唐之罪人，几危社稷！"还有人建议她模仿武则天，立刘氏七庙，献《武后临朝图》。欧阳修就是北宋人，编《新唐书》的时候，刘太后的事情才过去二十多年,太后篡位的事情,能不防吗?能不警示后人吗?哪个皇帝愿意自己的统治被女人颠覆、子孙被杀死?哪个大臣甘愿成为前朝旧臣,惨遭酷吏清洗?这样的写作背景、写作动机,编出的史书、提出来的史论,怎么能尽信呢?顶多做个参考。好比你的仇人为你写了本传记,其中历数你的"罪状",得知后,你会不假思索地接受其中的内容吗?

在史书中,武则天是怎么掐死自己女儿的?按时间顺序,首先是《唐会要》,该书唐初至代宗部分,是在唐德宗时编撰而成,其中这样记载武则天杀女之事:"俄诬王皇后与母柳氏求厌胜之术。昭仪所生女暴卒,又奏王皇后杀之,上遂有废立之意。"记录得非常简单,只是说公主突然死亡,武则天以此为借口攻击王皇后,并没有说就是武则天杀死的。

其次是五代时期编撰的《旧唐书》,在这本书里,正文部分没有讲杀女之事,只是在文末的"史臣曰"中提到过:"武后夺嫡之谋也,振喉绝襁褓之儿。"这样的安排,说明当时社会上有杀女的说法,作者本人也比较认可,但没有依据,所以只能当作个人观点,不写入正文。接下来就是欧阳修等人编的《新唐书》,其中武则天杀女之事不仅出现在正文里,而且还具体化了。

"昭仪生女,后就顾弄,去,昭仪潜毙儿衾下,伺帝至,阳为欢言,发衾视儿,死矣。又惊问左右,皆曰:'后适来。'昭仪即悲涕,帝不能查,怒曰:'后杀吾女,往与妃相谗冒,今又而邪!'由是昭仪得入其訾,后无以自解,而帝愈信爱,始有废后意。"不仅指明,小公主是被杀,凶手是武则天;而且李治、武则天的神态、语言都交代得非常具体。司马光的《资治通鉴》继承了这种说法,一口咬定,武则天就是掐死女儿的恶魔。

这就有意思了，前人不知道、拿不准的事情，他们两个宋朝人怎么如此清楚，好像亲身经历过一样；还有，"昭仪潜毙儿衾下"，既然是偷偷跑过去，干见不得人的勾当，那应该是天知、地知、武则天知，不会有第二个人知道，既然如此，这段记载又怎会出现？武则天托梦了？真是自相矛盾。《新唐书》的记载建立在推断的基础上，却言之凿凿，使人以为早有定论。

到底有没有杀女之事呢？最负责任的态度是"不知道"，宫廷秘事，时代久远，当时就没有几个人知道，后代更难说清楚了。切不可为了政治目的，盲目地提出阴谋论，误导不知情者，北宋距离初唐也有三四百年了，好比我们现在写明末清初的事情，许多也不清楚。若是要推测，武则天没有杀女的可能性更大。

在李治准备废掉王皇后的时候，他曾经带着武昭仪去长孙无忌家做客，舅舅是托孤大臣、当朝宰相，争取到他的支持，事情就好办了。席间，又是送金银珠宝，又是给长孙家的孩子封官，给完好处，终于进入正题了："因从容言皇后无子以讽无忌，无忌对以他语，竟不顺旨。"李治换皇后的理由是王皇后没有孩子，如果她被武则天嫁祸杀了公主，李治肯定会提出来，杀公主，这么大的罪，这么好的理由，怎么能不说呢？不正好可以堵住反对者的嘴？

次年十月，正式废黜王皇后，诏书这样写："王皇后、萧淑妃谋行鸩毒，废为庶人，母及兄弟，并除名，流岭南。"罪名是想要毒死皇帝，也没有提到掐死公主的事情。若有，那是万万不会避而不谈的。有人说，这是皇家的丑事，公之于众的话，颜面尽失。可皇后、淑妃想要毒死皇帝，也是天大的丑事，诏书就没有避讳。

三十年后，李敬业在扬州举起了反武大旗，为了召集更多人造反，骆宾王写下流传千古的《讨武曌檄》，文中痛斥武则天的"禽兽行为"："践元后于翚翟，陷吾君于聚麀。加以虺蜴为心，豺狼成性，近狎邪僻，残害忠良，杀姊屠兄，弑君鸩母。人神之所同嫉，天地之所不容……燕啄皇孙，知汉祚之将尽；龙漦帝后，识夏庭之遽衰。"骆大才子骂武则天乱伦，残害忠良，杀害姐姐、兄弟、丈夫、母亲，就是不提她杀女儿，说明当时社会没有这样的说法。骆宾王是当世知名雄文高手，他写檄文，就是要把武则天搞臭，越不是人越好，连杀母亲、杀高宗的话都编出来了，还有什么不能说的。掐死亲生女儿，要是他真的听过，肯定会写进去。

种种现象表明，公主之死很有可能不是武则天所为，也不是王皇后所为，只是单纯的夭折而已，没必要小题大做。公主虽然是金枝玉叶，有专门人员照看，但古代医疗水平不强，婴儿的死亡率还是很高的。甚至在一千多年后，康熙帝在位时，他好几个子女也是生下来几个月、一年多就夭折了，没有办法的事情。死后十年，小公主被追封为安定公主，谥号"思"，其丧葬所需，等同亲王级别。真是有公主命，却没有福分。

讲完了公主之死疑云，接下来让我们把目光从后宫转向前朝，另一场尔虞我诈的好戏即将开始。年轻的皇帝，老成持重的托孤大臣，到底谁能够笑到最后？

最后的正面交锋

永徽六年九月，某日退朝，李治宣旨传长孙无忌、褚遂良、于志宁、李勣入内殿，仿佛有要事相商。这四位可是大唐最有实力的宰相了,新帝登基六年以来,除了褚遂良短暂被贬,基本上一直都身居相位。皇帝会说什么事呢?老江湖褚遂良嗅到了其中的意味,皇帝肯定要谈"废王立武"之事!为了托孤大臣这个集团的利益,他决定打头阵,拼个鱼死网破,说什么都不能让步:"遂良起于茅茨,无汗马之劳,致位至此,且受顾托,不以死争之,何以下见先帝!"不跟皇帝争个你死我活,根本没有脸面去见先帝!

细想一下,矛盾双方都很明确对方的态度,"废王立武"一事,先前李治已经去长孙无忌家跟他商量过了,舅舅不同意。如今旧事重提,顾命大臣就会改变看法了?基本上不可能。那召开这个会议还有什么必要?双方再吵一架又有什么意思?总得有不一样的地方吧。

没错,还真有。这时就要把目光投向另外两位宰相了:于志宁和李勣。开这个会,李治就是想让另外两位宰相明确表态,谈谈对此事的看法,尤其是李勣,必须表态。李勣是李世民早已明确的托孤大臣,三大名将之一,驾崩前,唐太宗故意贬李勣为叠州刺史,好让李治提拔他,使其感恩戴德,李治照办了。身受两代皇帝大恩,李勣应该会站在皇帝一边。之前没想到用李勣,一来是皇位尚未坐稳;二来是对长孙无忌抱有幻想;三是因为李勣比较低调。现在时机成熟了,箭在弦上,不得不发。

会议开始后,李治惊奇地发现,只有三个人进来,唯独缺了李勣。原来李勣在殿外听到褚遂良想拼命,便称病不来。他是低调的宰相,不愿意卷入政治纷争。只有三个人,李治也没什么办法,就问长孙无忌了:"皇后没有儿子,武昭仪有儿子,现在我想立武昭仪为皇后,你看怎么样啊?"在古代,一个妻子没有为丈夫生下孩子,那是天大的过错,丈夫是可以休妻的,更何况王皇后的确出了问题。结婚多年,她一直不孕不育,武则天就为李治生了孩子,还不止一个。

长孙无忌表示褚遂良是他的发言人,褚遂良的意思就是他的意思。褚遂良就发话了,说皇后出身名门,又没有过错,还是先帝给您娶的,"臣今不敢曲从,上违先帝之命"。李治听后很不高兴,皇后怎么没有过错了?她不孕不育,就是巨大的过错。你们是先帝任命的托孤大臣,朕动不得,得顺着你们;皇后是先帝让我娶的,我也动不得。事事拿父皇压我,难道这一生,只能活在他老人家的阴影下?双方不欢而散。

第二天又说起此事,褚遂良改口了,说换皇后也可以,但应该换个名门之后,武则天的父亲武士彟是商人出身的官员,家族不是什么名门望族,太低贱了!再说她以前侍奉过先帝,天下人都知道,你身为皇帝,娶这么一个门不当户不对的后妈,以后史书怎么说呀!如果武则天只是当个昭仪,那没事,我们不管;如果要当皇后,那必须考虑门第,否则会被笑死的。褚遂良越讲越激动,一个劲地叩头,扬言道:"还陛下笏,乞放归田里。"笏板就是上朝时拿的板子,这句话翻译成白话文是:"你不答应我的要求,我就不干了!"李治听后勃然大怒,以辞职要挟,简直是跪着抗旨啊!眼里还有没有我这个皇帝!赶快派人拉出去。武昭仪坐在帘子后面,也是暴跳如雷,大喊一声:"为什么不宰了他!"见火药味十足,长孙无忌连忙说:"遂良受先朝顾命,有罪不可加刑。"褚遂良是托孤大臣,不能用刑。

看到"急先锋"褚遂良这么拼命,与他一个阵营的韩瑗也不甘落后,他劝谏李治不要"废王立武",声泪俱下,李治不置可否。第二天又谏,把武则天比作褒姒、妲己,红颜祸水。另一位宰相来济也是差不多的态度,李治都予以无视。长孙一派反应激烈,尤其是褚遂良,该说的不该说的，都说出来了，嚣张到了一定境界，以为皇帝不敢动他。双方彻底撕破了脸。

四位宰相，两个反对，一个装聋作哑，还有一个匿不露面。李治赶紧召见李勣，既然爱卿不愿意加入群聊，那我们私聊吧，这回总得表态了。李治说："朕欲立武昭仪为后，遂良固执以为不可。遂良既顾命大臣，事当且已乎。"褚遂良是顾命大臣，他不同意，您看这件事就算了吗？李勣说："此陛下家事，何必更问外人！"乍一看，李勣立场中立，但仔细一想，绝非如此。皇后是一国之母，母仪天下，人选怎么能说是家事呢？李勣让李治自己看着办，如果李治先前没有表态过，李勣这样说，确实可以划入中立派，关键是李治早就表过态了呀。有这个前提，李勣还说陛下自己看着办，就等于同意立武则天。所以说，李勣实际上是支持李治的，只是表述上不是很直白，这也正是他为官数十年，屹立不倒的智慧之一。有他的支持，宰相队伍出现了突破口，前面的许敬宗、李义府，都是小角色，分量不足，李勣是宰相，也是托孤大臣，他的三言两语促使皇帝下定最后的决心！

李治不再犹豫，可以大胆开干了。他要利用军权清洗政府高层，把不听话的宰相全部赶走，换上完全支持自己的人。

十月，下诏："王皇后、萧淑妃谋行鸩毒，废为庶人，母及兄弟，并除名，流岭南。"废后的决定下达不久，立武则天为皇后的诏书出现了。

立武昭仪为皇后诏

武氏门著勋庸，地华缨黻，往以才行，选入后庭，誉重椒闱，德光兰掖。朕昔在储贰，特荷先慈，常得侍从，弗离朝夕。宫壸之内，恒自饬躬；嫔嫱之间，未尝迕目。圣情鉴悉，每垂赏叹，遂以武氏赐朕，事同政君，可立为皇后。

正如褚遂良所言，武昭仪曾经是先帝的才人，大家都知道的。现在李治娶了自己庶母，该如何向天下解释？《立武昭仪为皇后诏》阐述了这个问题，说武媚娘是父皇赐给他的，就像汉朝的王政君一样。有一次，宣帝让皇后选五位宫女送给太子，太子刘奭就选择了王政君，宣帝驾崩后，太子继位，是为汉元帝，王政君很快被立为皇后。李治发布这样的诏书，就为自己立武昭仪增加了合理性，说明这是有先例可循的。

紧接着，次年正月，发生连锁反应，废太子李忠为梁王，立嫡长子李弘为太子。

降太子忠为梁王诏

昔泰伯高让，载昌姬宗，东海之藩，克隆汉祚。故能业传端委，胙锡龟蒙，飞茂实于前英，播清虚于远叶。皇太子忠，分景扶木，禀庆天津，早加宠树，礼绝群后。比因朝见，屡陈扪抳，论嫡庶之分，辨贵贱之礼，以贵则皇后有子，以贤则不敢当仁。前后数四，情辞恳恻。义高旷古，道迈前修，宜遂雅怀，以成厥美。可封梁王，食邑二万户，持节都督梁、洋、集、璧四州诸军事梁州刺史，仍别食二千户。赐物二万段，甲第一区。梁州仍置都督府。

皇后、太子已经易主，李治接下来就要收拾这些老臣了。

之前抗争最为激烈的是褚遂良，所以先拿他开刀，其实在李勣表态后不久，对褚遂良的清算已经开始了：贬为潭州都督。潭州是今天的湖南长沙，褚遂良一下子从权力中心被赶到了长江以南。一年后，韩瑗上书为褚遂良求情，希望皇帝能够放过他，被李治悍然驳回："遂良之情，朕亦知也。然其悖戾好犯上，故以此责之。"不把皇帝放眼里，朕不能饶了他。眼见皇帝不听自己的，韩瑗主动请求辞职，回归乡里。李治同样不允许，朝廷又不是你家开的，想走就走啊，偏要留着你，等时机成熟，一起收拾。

过了一段时间，刘洎的儿子上书为父亲鸣冤，当年刘洎被褚遂良陷害而死，如今褚遂良已经获罪，希望皇帝能为其平反，此事得到李义府大力支持。如果刘洎平反成功，相当于又给政敌增加了一项罪名，不是挺好的嘛。可乐彦玮一席话让李义府算盘落空："今雪洎之罪，谓先帝用刑不当乎！"刘洎是先帝杀的，要是给刘洎平反，恐怕对先皇的名声不好。听说对父皇不利，高宗只好将此事搁置。

褚遂良的神奇谋反

贬谪仍在继续，显庆二年三月，任命潭州都督褚遂良为桂州都督，桂州在今天的广西桂林，属于岭南地区，当时的岭南是蛮荒之地，一般只有犯人才会去，让褚遂良去桂州当官，整他的意图很明显了。事情还没完，七月，许敬宗、李义府告发侍中韩瑗、中书令来济、桂州都督褚遂良图谋不轨，理由是三人认定桂州乃用武之地，准备由韩瑗、来济做内应，褚遂良当外援，起兵造反。李治闻讯，立即做出处理：贬韩瑗为振州刺史，贬来济为台州刺史，终身不得入朝；褚遂良贬为爱州刺史。爱州又是哪里呢？爱州在今天的越南清化一带，当时越南北部也是大唐领土。这么一来，离长安就更远了。

褚遂良都六十多了，长途跋涉，哪受得了折腾，于是上书朝廷。一来为了表忠心，说明自己没谋反；二来是为了求饶。说当年我为了拥立你，可没少出力，后来你父皇病逝，我们几个又帮你坐稳皇位，陛下都忘了吗？最后："蝼蚁余齿，乞陛下哀怜。"李治看了以后，依然没有放过他的意思。你褚遂良真是可以啊，居庙堂之高，利用资历倚老卖老，威逼皇帝；处江湖之远了，又用资历求饶，托孤大臣了不起啊！李治已经受够了。第二年，褚遂良死于爱州。

其实贬褚遂良的罪名真是莫须有，桂州离长安这么远，褚遂良又没带过兵，在那里举事怎么可能有胜算？编得也太不靠谱了，一般人都不会信。可李治就是信了，这是为什么呢？因为他昏庸？智商低？绝对不是，基本常识李治不可能不懂，之所以这样做，是因为这就是他授意的，皇帝想要整这些人，许敬宗只是提供了借口而已。李治跟武则天、许敬宗、李义府有一个分工，如果是要整后宫的反对派，就由武则天找理由；如果目标是大臣中的敌对派，就由许敬宗他们负责找证据，哪怕捏造都行，反正要师出有名。李治总不能说：他自己做了调查，发现反对派有问题吧，皇帝深居皇宫，怎么可能知道这么多事，骗人也得骗得像点，否则不好跟臣民解释。

李治认可了韩瑗、褚遂良等人荒谬的"谋反"，并予以处理，你永远都无法唤醒一个装睡的人。其实这样的事情不是第一次发生了，五十多年前，隋文帝开皇十七年，宰相虞庆则戡乱成功，班师回朝，路经潭州临桂镇，对地形发表过一番评论："此诚险固，加以足粮，若守得其人，攻不可拔。"大意就是此地易守难攻。没想到这十七个字竟成了谋反的证据，最终被隋文帝诛杀。虞庆则并没有真准备谋反，只是那番话恰好契合了文帝的猜忌心理，五十多年后来济等人以同样的理由被贬,都是套路啊。

现在褚遂良、韩瑗、来济都被赶走了,唐高宗陆续起用杜正伦、辛茂将、任雅相、卢承庆为宰相。杜正伦原本辅佐李承乾,因为泄露了李世民说的话,被外放谷州刺史,再贬交州刺史,太子被废后,干脆就流放了,后来尽管起用,只是在地方任职,难有出头之日;现在李治将他召回长安,杜正伦不得不拜谢天恩,紧密团结在李治周围;辛茂将史书记载得很少,后人了解得不多;任雅相原来是个武将,这回出将入相;卢承庆曾经被褚遂良整过,现在拨乱反正,委以重任。环顾诸位宰相,已经没有长孙无忌的人了,剪除完羽翼,只要等待时机,就可以对舅舅下手。

赶尽与杀绝

显庆四年四月,机会终于来临。洛阳人李奉节告发韦季方、李巢结党营私。李治接到报告,命许敬宗、辛茂将审问,许敬宗急于查案,动了刑,韦季方不堪拷打,自杀未遂。许敬宗因此上奏:长孙无忌、韦季方预谋残害忠良,大权独揽,发动叛乱;现在阴谋败露,韦季方畏罪自杀。李治听罢,故作惊讶:"怎么可能?我舅舅肯定是被小人离间了,他是皇亲国戚,怎么会谋反?"许敬宗答道:"臣始未推究,反状已露,陛下尤以为疑,恐非社稷之福。"言下之意是,赶快借这个机会把长孙无忌收拾了吧,省得夜长梦多。然后解释为什么要赶紧下手:"无忌与先帝谋取天下,天下服其智;为宰相三十年,天下畏其威",还有:"臣窃恐无忌知季方自刺,窘急发谋,攘袂一呼,同恶云集,必为宗庙之忧。"一来长孙无忌为相多年,门生故吏遍布天下,只要他还在,就有东山再起的机会;二来他处境堪忧,可能狗急跳墙。

李治又担心长孙无忌谋反的理由不充分，难以让人信服，便让许敬宗再去找找。第二天，许敬宗果然带来了满意答复。他说经他调查，长孙无忌因为韩瑗、柳奭等人被贬，太子李忠被废，心里十分害怕，所以日日夜夜跟韦季方策划造反，走上了不归路。李治心里很满意这个答案，说得过去，能堵住悠悠之口，除了谋反，也没有更好的罪名能致舅舅于死地了。然后影帝李治又哭起来，流出鳄鱼的眼泪，这个哭不是哭给自己看的，也不是哭给许敬宗看的，是哭给一旁动笔的那个史官看的，毕竟是舅舅、曾经的功臣呀，要是杀了他，将来可是要上史书的，如果不表现得悲伤点、无辜点，而是很淡定，甚至笑逐颜开，后人肯定得说他冷酷无情。原话是："阿舅果尔，我决不忍杀之，若处分与罪，后代史书道我不知和其亲戚，使至于此，天下将谓我何。"

尽管杀舅舅一事，涉及名誉问题，但这也难不倒博古通今的许敬宗，他立马搬出汉文帝杀薄昭的典故，说你看汉文帝杀了舅舅薄昭，后代不照样称他为明君嘛，所以后人的评价与你杀不杀舅舅没有必然关系，你怕啥。接着又催促李治赶紧动手，当断不断，反受其乱。听完许敬宗一席话，李治哭完了，也放心了，障碍都已扫除，终于可以付诸行动，为了这一天，他等了好几年了。李治遂下诏削夺长孙无忌官职、封户，发往黔州安置。史书中有一句"上以为然，竟不引问无忌"成为后人指责李治昏庸、听信谗言的证据。其实是李治有意为之，这个时候长孙无忌的党羽都被清洗了，手上又没兵，造反不就是自寻死路，说他造反就是为了清洗他，如果真的给他当面申诉的机会，李治、许敬宗一派编织的谎言很有可能被说破，多尴尬，还怎么给他定罪？

长孙无忌这个老臣终于落马，李治给这个集团的末日审判也同时来临。处理结果如下。

长孙无忌：先送往黔州安置，后派袁公瑜逼其自尽。常州刺史长孙祥与长孙无忌有书信往来，处绞刑；长孙恩流放檀州；长孙诠流放巂州，由县令奉旨杖毙。近亲流放岭南为奴，并籍没全家。

褚遂良：虽已病故，尤不能宽宥，削夺生前官爵。儿子褚彦甫、褚彦冲流放爱州，于半道被杀。

韩瑗、柳奭：已经被贬多时，现除名。七月，命御史到振州、象州抓捕他们，戴枷锁押送回京，后又改为就地处决。等办案人员到达时，韩瑗已死，为了验明正身，办案人员发掘坟墓，开棺验尸。柳奭直接被杀。近亲发配岭南为奴。

来济：先贬台州刺史，后贬庭州刺史。龙朔二年，抵御突厥入侵，战死沙场。

于志宁：整个过程保持中立，没有支持哪一方。但在李治眼里，只有两类大臣，一类是明确支持他跟武皇后的，另一类是没有表态支持的。中立和反对都属于后者，所以免除于志宁宰相职务，贬为荣州刺史。麟德元年，转华州刺史，退休，七十八岁寿终正寝，结局还好。

高履行：其父高士廉是长孙无忌的舅舅。高履行当时担任益州大都督府长史，因为和长孙无忌关系过密，贬为洪州都督，后又转任永州刺史。

赵持满：凉州刺史，史书记载他"多力善射"，是个当将军的好料。可是在官场上，能力有时候会成为一种负担，特别是在站错队的时候，能力越高，威胁越强，死得越快。赵持满的从母是韩瑗正妻，舅舅是驸马都尉长孙诠，尽管他在外地，可能没有参与长安城里的政治斗争，但因为这层关系被宣判了死刑。赵持满被诏进京，下狱，严刑拷打，宁死不屈。处死，暴尸于城西，迫于政治压力，亲戚都不敢收尸。

从这份清单看,李治对长孙无忌、褚遂良、韩瑗、柳奭处罚最重,对来济、于志宁力度较轻。前面四个人,不光把他们本人"杀绝",还把家属也"赶尽",发往岭南为奴;对后面两人,只是贬谪,官还是可以做的。其中的道理也不难理解,长孙无忌是敌对派的领袖,褚遂良反抗最激烈,柳奭背叛李治,反复无常,韩瑗跟长孙无忌有亲戚关系。来济只是个从犯,没有什么特殊的,李治以前还在东宫,来济当过太子司议郎,多年来提出过一些好意见,所以不是很恨他;更值得注意的是,与来济齐名的兄弟来恒,非但没被牵连,后来还当上了黄门侍郎、同中书门下三品。于志宁一言不发,贬谪了事,没有伤人性命。

那么这场斗争是不是关陇集团与山东集团的火拼呢?对于这个问题,我比较认可这种观点:关陇集团在唐初已经不复存在。既然都消亡了,李治与长孙无忌的政治斗争自然与其无关。其实朝中大臣的集团归属问题一直存在争议,关陇、山东都是地域集团,那么应该按照籍贯划分,可是许多朝臣的籍贯很难确定,因为人是会迁徙的。比如,前几代住在陕西,最近几代又迁到了江南,你说此人到底属于关陇还是南方?更有意思的是:王皇后是山东人,李治要废了她;褚遂良、来济籍贯在南方,却积极支持长孙无忌。可见,他们的政治立场与籍贯没有太大联系,关陇集团成员的划分根本没有标准可言。

还有观点称武则天打败了关陇集团,结束了他们垄断中央政府最高权力的时代,此后,山东集团开始陆续被重用。可是考察隋朝大业末年跟随李渊起兵的功臣,以及太宗时期任命的宰相,关陇集团都不是主力。贞观年间,李世民自己任命的宰相有二十二人,其中来自山东的有十一人,关中的六人,南方的五人,山东占了半壁江山,关陇集团并没有呈现出绝对优势；任职时间最长的房玄龄、魏征也都来自山东地区。再说，李治身为皇帝，被划入关陇集团，他联合山东势力打压自己所在的集团，岂不是让君主更加孤立？于志宁属于关陇集团，为什么不帮助长孙无忌对抗皇帝，反而装聋作哑？李恪是李世民的儿子，也属于关陇集团，长孙无忌为什么还要整自己人？因此，理解为亲政新帝与托孤老臣间的政治斗争比较稳妥。

又过了十六年后，唐高宗四十七岁，久病不愈。上元元年九月，诏追复长孙晟、长孙无忌官爵，由长孙无忌曾孙长孙翼袭爵赵国公，准其曾祖父归葬昭陵。多年过去，李治总算宽恕舅舅了。至于褚遂良、韩瑗的子孙，都是通过李治遗诏放还本郡，换言之，只要李治还活着一天，他们的子孙就休想翻身。

神龙元年，武则天遗令：追复韩瑗、褚遂良、柳奭等人官职。唐玄宗开元元年，柳家后人柳涣担任中书舍人，他向李隆基上奏说：显庆三年，我的堂伯柳奭和褚遂良等五家一起蒙难，后"虽蒙遗制荡雪，而子孙亡没并进"。家里人都死光了，只剩下曾孙柳无忝，依然流落在岭南龚州，希望陛下能派人把他放回原籍。玄宗准奏，敕令柳奭归葬，柳无忝重新获得入仕的机会，后来官至潭州都督。

半个多世纪后，柳奭总算魂归故里，坟头草想必也很高了。随着长孙无忌等托孤大臣退出历史舞台，李治也将迎来三十多年皇帝生涯的高光时刻，他将站在东岳之巅，向世人宣告大唐的强盛。

第五章　李治封禅与军事武功

泰山封禅

请问：在中国历史上，有哪些皇帝登上过泰山封禅？

一般的说法是，有六位皇帝曾登上泰山封禅，分别为秦始皇、汉武帝、汉光武帝、唐高宗、唐玄宗、宋真宗。《史记·封禅书》援引管仲说法，认为春秋时期以前，封禅泰山的就有七十二家，而管仲所知道的就有十二人，比如，无怀氏、神农、炎帝、颛顼、尧、舜……那泰山封禅是什么意思呢？其实是封建帝王亲临泰山及附近的小山，举行祭祀天地的活动，向老天爷汇报执政成果。在山顶筑坛祭天称为"封"，在附近的小山筑坛祭地称为"禅"。

封禅是许多帝王梦寐以求的事情，但真正成行的不过寥寥数人，为什么呢？因为封禅不是买菜，想去就能去。《史记·封禅书》开篇第一句便有说明："自古受命帝王，曷尝不封禅？盖有无其应而用事者矣，未有睹符瑞见而不臻乎泰山者也。虽受命而功不至，至梁父矣而德不洽，洽矣而日有不暇给，是以即事用希。"长话短说，就是封禅需要满足几个条件：受命于天、祥瑞出现、文治武功、道德高尚，最后还要有时间举办典礼。像国家统一、经济繁荣、海清河晏、政绩卓著几乎是标配了，祥瑞比较简单，造造假就行了。

所以人们看名单的时候，对秦始皇、汉武帝、汉光武帝没什么异议,认为理所当然。等看到唐高宗,心里不由一惊:竟然有他?再看到宋真宗,内心彻底崩溃:竟然还有他?其实许多人读到这里都会产生疑问:为什么是唐高宗封禅的泰山,而不是他的爸爸唐太宗?相比于前者"懦弱""昏庸"的骂名,李世民似乎更有说服力。实际上,李世民也想去泰山封禅,群臣也多次上表。只是过程一波三折,最后不了了之。这样的情节唐朝和宋朝非常相似,第二代皇帝(唐太宗、宋太宗)想去没去成,第三代皇帝成功实现。

那么李世民未能成行的原因又是什么呢?他究竟差在哪里呢?让我们来看看。

贞观五年正月,东突厥已平。赵郡王李孝恭等人请求封禅,李世民不许。贞观五年十二月,利州都督武士彟等人上表请求封禅,又不许。

贞观六年,群臣毫不气馁,再度请求。李世民说:

卿辈皆以封禅为帝王盛事,朕意不然。若天下乂安,家给人足,虽不封禅,庸何伤乎!昔秦始皇封禅,而汉文帝不封禅,后世岂以文帝之贤不及始皇邪!且事天扫地而祭,何必登泰山之巅,封数尺之土,然后可以展其诚敬乎!

读完太宗皇帝的口谕,读者可能会想:李世民真是看透了封禅,他说只要天下安定,百姓富足,不就可以了,干吗非要去封禅!还有,想要祭天祭地,哪里不可以祭,跑到泰山就显得更有诚意?实在是高风亮节,不图名利。可实际上呢,这只是说辞而已,封禅和劝进有时候非常相似。如果群臣一上表就准奏,显得李世民蓄谋已久、急不可耐；多推辞几次，谦虚些，表现出自己是架不住群臣的"猛烈攻势"，不得已答应的，就能在封禅的同时赢得好名声，名利双收。这有点像后来赵匡胤对石守信他们说："你们贪图富贵，拥立我为皇帝。"好像他完全不想当一样，实际上求之不得。

果然，群臣"不依不饶"，再度请求，李世民一看，谦让了四次，可以了，决定准奏。突然，一个人的出现坏了唐太宗的好事。谁呢？猜都猜得到：直言敢谏的魏征。满朝文武，只有魏征和皇帝唱反调，其他人全都同意了。见状，李世民开始质问魏征：

"你不想朕去封禅，是朕的功劳不高吗？"

"高了！"

"德行不够？"

"够了！"

"天下没有安定？"

"定了！"

"四夷没有臣服？"

"服了！"

"庄稼没有丰收？"

"丰收了。"

"符瑞没有出现？"

"现了。"

"那朕为什么不能去呢？"

随后，魏征道出了真正的原因，李世民无言以对：

> 今自伊、洛以东至于海、岱,烟火尚希,灌莽极目。

归根到底还是钱的问题,唐太宗不比隋炀帝、清高宗,他接手的是个千疮百孔、萧条破败的江山。隋末战乱后,山东地区经济凋敝,人烟稀少,封禅好比千年后的奥运会,规模浩大,消耗金银在所难免,不堪重负的老百姓肯定会揭竿而起。三十年后,李治问户部尚书高履行:"去年增加多少户口?"答:"十五万。"李治又问:"隋朝时有多少户口,现在又有多少?"高履行说:"隋开皇中期有八百七十万户,如今只有三百八十万。"永徽年间尚且如此,那么贞观六年,政府掌控多少人口便可想而知了。为了黎民百姓,为了家乡父老,魏征必须站出来反对皇帝,即使他看起来很不"懂事"、很不"合群"。

再说封禅也不是大唐一国的事情,周边的少数民族也会应邀参加。等他们来到山东地区,还不得大开眼界:天哪,原来大唐这么穷,表面看强壮,仔细看虚胖。这个时候不趁机南下,更待何时?如果百姓生活富裕,封禅能起到秀肌肉的作用;反之,则暴露我方虚实,刺激邻国进犯。李世民听后认为很有道理,加之河南、河北好几州洪水肆虐,于是停止封禅。

此后,李世民并没有打消封禅的念头。贞观十五年,时机好像成熟了,当年田舍翁魏征不是说经济不行嘛,现在将近十年过去了,老百姓的生活应该有所好转。于是下诏:明年二月封禅泰山。五月,并州父老闻讯来到皇宫,请皇帝封禅完泰山,记得回晋阳看看,那是当年起兵的地方,衣锦还乡,人生一大美事,李世民欣然答应。可这回运气欠佳，不久，太史令薛颐发现天象异常，"未可东封"，李世民只好放弃。既然是封禅，告诉老天爷在你的统治下，国家哪里哪里好，现在上天示警，当然得乖乖听从。边塞上，唐军与薛延陀战事已开，在这样的背景下，封禅也应该停一停。

贞观二十二年，行将就木的李世民依然对封禅念念不忘，可还是不行。他的身体很不好，兴建玉华宫已经劳民，河北数州又发大水，薛延陀部落亟须安置，各方面问题接踵而来，唐太宗的美好愿望终归破灭，贞观二十三年，他在遗憾中离开人世。

举世瞩目的封禅大典

乾封元年，唐高宗封禅泰山。年份选得特别吉利，公元666年，三个六，六六大顺。李治当然不知道是666年，他只知道大唐的乾封元年。此时的李治已经开创过"永徽之治"，对外战争又屡屡取胜，灭西突厥、百济，平葱岭、铁勒九姓，三年后，又派李勣荡平高句丽，高宗时的疆域面积是整个唐朝二百八十九年最大的。加上最近几年丰收，斗米仅需五钱，内外条件都适合封禅。通过封禅这个举动，唐高宗向世人表明自己是个有成就的君王，在其统治下，大唐人烟阜盛，经济发达，国家安定，万国来朝，正因为做到的人少，故封禅含金量高，能够提升历史地位。老百姓看到皇帝封禅，自然会增加对大唐、对李治的认同感：哦，原来我身在福中不知福，有生之年能碰上皇帝封禅。进而忠诚度提高了。

封禅对老百姓来说，有一个实实在在的好处，那就是大赦天下，缓和社会矛盾。在野的人才、朝廷的官员也可以享受封禅带来的福利。贞观十五年，李世民发布了《求访贤良限来年二月集泰山诏》，要求各地官员在明年二月把这些人送到泰山："可令天下诸州，搜扬所部，士庶之内，或识达公方，学综古今，廉洁正直，可以经过佐时，或孝悌淳笃，节义昭显，始终不移，可以敦风励俗，或儒术通明，学堪师范，或文章秀异，才足著述，并宜荐举"，"庶独往之夫，不遗于版筑；藏器之士，方升于廊庙"。

封禅当天，全国贤良齐聚泰山，如果表现优秀，没准可以脱颖而出，扶摇直上；就算没入皇帝法眼，这也是拓展人脉的好机会，有名望、有能力的人会聚一堂了，微信朋友圈多加十几个好友也是不错的。对官员来说，封禅会带来直接的好处："文武三品以上赐爵一等，四品以下加一阶"，本来加官晋爵要严格按照考评制度，有多少功劳就加多少，现在封禅特殊时期，也就破例了，这对官员来说是天上掉馅饼。怪不得他们一而再、再而三地请求皇帝封禅呢！要是没好处，谁会那么疯狂。

大家都能从中获利，但封禅的花费也绝对是天文数字，光看规模就知道："从驾文武仪仗，数百里不绝。列营置幕，弥亘原野。东自高丽，西至波斯、乌长诸国朝会者，各帅其属扈从，穹庐毳幕，牛羊驼马，填咽道路。"队伍绵延数百里，这得动用多少人马；波斯、高句丽等国使者远道而来，不得好吃好喝送好礼。皇帝一下子带来这么多人，途经州县的百姓疲于应付。对于这些问题，李治有考虑，他要求节俭："来年行幸岱宗，州县不得浪有烦扰，其水浅可涉，不可缮造桥梁，所行之处，亦勿开道路。诸州及寺观并百姓不得辄献食。"尽量少扰民，少铺张浪费。

李治的封禅有一个创新的地方，祭地时，由武则天亚献，越国太妃燕氏终献。一开始有关部门安排公卿充亚献、终献，压根没武皇后什么事，但武皇后不想放过提升自己的机会。她上表说，祭地的时候，由太穆皇后、文德皇后同配，可她们都是女性祖先呀，所以让男性公卿们行亚献不大合适，谁合适呢？当然是我这个母仪天下的皇后了，以前没有侍奉过婆婆，挺可惜的，请允许我率领六宫内外命妇参加禅礼，唐高宗以为然，批准了。武则天是皇后，全国最有地位的女人，那燕妃是什么情况呢？贞观年间，燕妃的封号是德妃，地位仅次于长孙皇后、韦贵妃、杨淑妃，本来朝廷是准备让韦贵妃终献的，因为太宗在世的嫔妃中，韦贵妃的级别最高。不幸的是，韦贵妃走到洛阳就一病不起，赴了黄泉，本来封禅的衣服都替她准备好了，现在只能放在灵前供奉，按照地位往下排，杨淑妃已死，终献者当为燕妃。

　　祭地时，皇帝首献后，大臣们纷纷回避，宦官拉上锦绣做的帷幕，武皇后率领命妇们出场，皇帝的妃嫔，外人是不允许随便看的。武则天此举提高了声望，争取到了男性公卿拥有的特权，这对她的政治生涯当然是有利的；同时，这也是唐高宗首肯的结果。两年前，上官仪想冲击武皇后和太子李弘的地位，被唐高宗诛杀，事后，他与武则天合称二圣，如今封禅时再让皇后亚献，二圣格局更加稳固。李治在向所有人传递政治信号：朕可以让皇后在国家最高级别的典礼上行亚献，说明对皇后高度信任，你们那些反对派不要再有非分之想。武皇后稳了，需要她辅政的李治地位就更稳。权力掌握在夫妇二人手里，不至于旁落。

　　针对封禅的意义，李治说过这样一段话：

　　升中大礼，不行来数千载，近代帝王，虽称封禅，其间事有不同，或谓求仙克禋，或以巡游望拜，皆非崇祖业，近在隋朝，丧乱最甚，老小填沟壑，少壮染兵锋，高祖发自晋阳，拨乱反正，先朝躬擐甲胄，缵成大业，扫除氛祲，廓清区宇，遂得四海宅心，万邦仰化，朕丕承宝历，十有七年，终日孜孜，夙夜无怠，属国家无事，天下太平，华夷乂安，远近敦睦，所以恭亲展礼，褒赞先勋，情在归功，固非为己，遂得上应天心，下允人望。

李治批判了秦皇汉武，他说："以前有些帝王啊，也去封禅，可他们封禅是为了什么呢？有的为了求仙，想长生不老；有的是为了巡游，想娱乐身心。相比之下，只有我朝的封禅最高大上，是为了褒扬救民于水火的高祖、太宗皇帝，并不是为我自己。"此番言论有一定道理，但也不全面，秦皇汉武的封禅不只是为了求仙巡游，他们还可以体察民情、稳定地方；李治也不可能一点点私心都没有，就想着为祖宗长脸。

荡平高句丽与拿下百济

总章元年四月，辽阔的夜空又有彗星出现。李治一看，老天爷又在警示我了，工作没做好呀！赶紧，避离正殿，音乐也不要听了，山珍海味也少吃点，好好反省。许敬宗等人知道后，请求皇帝恢复原样，因为彗星出现在东北，东北有大唐的死敌高句丽，那里出彗星，说明高句丽快要被大唐征服了！李治听后，坚决不从："朕之不德，谪见于天，岂可归咎小夷！且高丽百姓，亦朕之百姓也。"是我没有德行被上天警告，怎么能让高句丽替我背黑锅呢？况且，高句丽的百姓，不也是朕的百姓吗？普天之下，莫非王土。

与此同时，千里之外的辽东战场，李勣、契苾何力、薛仁贵等人正在厮杀，平壤城指日可下。为了这一天，李治望眼欲穿呀。二十多年前，唐太宗李世民亲率大军征讨高句丽，战争初期，进展还是比较顺利的，唐军攻占辽东、白岩、卑沙等十座城池，在驻跸等地也大破高句丽军。可惜，后期被安市城阻挡，难以前进。易守难攻、敌军擅长守城，只是困难之一，高句丽大致在今天的辽东半岛、朝鲜半岛，冬季漫长且寒冷，当时没有暖气，要在零下二三十度的环境下作战是非常困难的；而且地理位置过偏，补给线过长，想要保证大军吃好穿好不太容易。无奈之下，粮草将尽的唐军撤退了。临行前，唐太宗命令军队耀武扬威，震慑敌军，安市城主也登城拜辞。对手如此忠诚，李世民赞赏他的本事，派人赐物百匹。

当时李治正在后方监国，这场战争，他必然印象深刻。贞观二十一年，唐太宗又想派兵攻打高句丽，群臣建议：敌人依山建城，难以攻取，我们应该派军队不断袭扰，误其农时；不出几年，高句丽必然不战而溃。唐太宗认为有道理，就派牛进达和李勣率军袭扰。经过一年多的军事行动，高句丽已是强弩之末。李世民打算在贞观二十三年发兵三十万，一举荡平。有人认为攻打辽东路途遥远，使用牛马运输军粮，损耗太大，不如造大船，靠海运。隋朝末年以来，巴蜀地区没有经历什么战乱，老百姓都富足，造船之事，应该让他们办！李世民准奏。

然而，问题很快就出现了，时间紧，任务重，雅州、眉州、邛州少数民族不堪重负，纷纷揭竿而起，朝廷派张士贵、梁建方率两万军队征讨。巴蜀人同样力不从心，工作量实在太大了，有的人找外援，雇用潭州人帮忙造船。由于各州县官府催得紧，市场需求量又大，造船成本不断攀升，为了完成朝廷交代的要求，老百姓卖儿卖女，倾家荡产的都有。老宰相房玄龄听说蜀地骚动，忧心忡忡，临死前，上表劝谏李世民："愿陛下许高丽自新，焚陵波之船，罢应募之众，自然华、夷庆赖，远肃迩安。"老大！你放弃远征，老百姓就不闹了。第二年，李世民驾崩于翠微宫，国丧期间不宜发兵，李治上台后，马上停止造船运动，远征高句丽也一并叫停。

高句丽真是困扰隋唐两个王朝的痼疾，隋文帝、隋炀帝、唐太宗都没能拿下它。大业年间，杨广动员全国兵力御驾亲征，第一次惨败，第二次后院起火，第三次被人耍了，第四次？没有第四次了，大隋都亡了。李世民虽然有所斩获，最终也没能彻底解决问题。该怎么办呢？

打开地图一瞧，哦！朝鲜半岛并非只有高句丽一个国家，也是三国鼎立呢。除了高句丽，还有新罗、百济，百济常常联合高句丽欺负新罗，新罗为了活命，频频给大唐"抛媚眼"。贞观二十二年，新罗上奏朝廷说百济又欺负他们，抢走了城池十三座。既然高句丽南方有大唐盟友，何不派兵与其会合，来个南北夹攻？可是问题又来了，新罗位于朝鲜半岛东南部，唐军想要登陆，需要经过百济。

显庆五年，新罗上表朝廷，称高句丽与百济再度联手攻打新罗，新罗王春秋上表请大唐发兵。李治准奏，任命苏定方为神丘道行军大总管，率十万大军讨伐百济。苏定方接到命令，从成山渡海，大败百济于熊津口，消灭敌军数千。然后水陆并进，直取百济都城。百济王义慈负隅顽抗，召集全国军队抵抗唐军，苏定方又把他们打败，杀万余人。见唐朝军队势不可当，向北逃窜的百济王义慈、太子都投降。百济共有三十七郡、两百座城、七十六万户百姓，都归属大唐。朝廷下诏设置熊津等五座都督府，任命当地酋长为都督、刺史，代表唐朝统治故地。十一月，李治登上则天门楼，接受苏定方押回来的百济俘房，为了稳定人心，宣布除义隆外，其他人等一律释放。苏定方前后灭亡三国，功勋卓著，更为难得的是，每次都能生擒敌国君主。于是高宗大赦天下，让老百姓也感受感受强国的荣耀。

龙朔元年，百济僧人道琛、将领福信迎回在倭国的王子，起兵复国。苏定方撤走后，留郎将刘仁愿率领少量军队驻守，福信等人就把刘仁愿所在的府城包围。面对危局，李治任命刘仁轨为检校带方州刺史，顺便征发新罗士兵，救援刘仁愿。刘仁轨先前犯了事，被免除官职，由于实在是找不到合适的人选，李治就派他上。刘仁轨非常高兴，认为这是老天爷把建功立业的机会赐给他，他放出豪言："吾欲扫平东夷，颁大唐正朔于海表！"霸气程度不亚于"虽远必诛"。百济残余势力在熊津口设置栅栏，阻挡唐军。刘仁轨和新罗兵会合，重挫百济，被杀的、淹死的有一万多人。道琛没办法，主动解了府城之围，继续招兵买马，势力越发强大。刘仁轨他们兵少，只有一万几千人，就休整军队，准备再战。

龙朔二年，朝廷派庞孝泰、苏定方征讨高句丽。此战，庞孝泰带着十三个儿子领军出战，双方大战于蛇水，唐军失败，庞家十四口全部捐躯，可歌可泣。另一路，苏定方率领唐军包围平壤，只是天公不作美，大雪纷飞，不得不提前撤退。北方战事不利，李治因此给刘仁轨敕书，上面写着："平壤军回，一城不可独固，宜拔就新罗，共其屯守。若金法敏藉卿等留镇，宜且停彼；若其不须，即宜泛海还也。"苏定方撤军了，你们孤立无援，如果新罗王愿意收留你们，你们就去；如果他不愿意，你们就渡海回来吧！将士们知道形势不好，加之思念故乡，纷纷要求撤军。百济王、福信也认为唐军会撤，就派使者对刘仁轨说："你们什么时候回家？我们好送送你们呀！"

刘仁轨审时度势,坚决不撤。如果我们撤了,百济恐怕就归福信了,前功尽弃不说,灭亡高句丽更加遥遥无期。而且百济内部不和,福信是残暴之人,先前已经把道琛杀了,他与百济王,恐怕也会火并,现在敌人知道我们势弱,必然放松警惕,何不主动出击?于是进攻,拿下支罗城,福信被打得措手不及,增兵真岘城,刘仁轨趁敌军松懈,攀爬而上,占领该城,并请求朝廷增援。李治接到消息,派淄州、青州、莱州、海州共七千名士兵赶赴熊津。

果不出刘仁轨所料,百济王非常猜忌福信,嫌他专权;福信也想取百济王而代之。于是他故意称病,准备等百济王探病时,一举杀掉。百济王提前知道了他的阴谋,率领亲信偷袭,顺利除掉福信,并派人前往高句丽、倭国搬救兵。次年九月,三万多日本人真的来了,他们和百济联手,想称霸朝鲜。唐军刘仁轨、刘仁愿,还有新来的孙仁师,与新罗一起抗敌。现在有两座城需要攻取,一座加林,一座周留,先攻哪座呢?诸位将军想打加林城,被刘仁轨阻止了。他说:"加林城城防坚固,想速战速决,伤亡太大;慢悠悠地打,时间过长。周留城,敌人巢穴,擒贼先擒王呀!"商量完,大家都同意刘仁轨的方案。于是刘仁轨、孙仁师率领陆军,刘仁轨和新罗王统领海军,水陆并进,直下周留。中日双方在白江口遭遇,唐军四战四捷,焚毁倭船四百艘,连海水都被鲜血染红了。百济大败,君主逃亡高句丽,王子忠胜等人投降。白江之战后,日本清晰认识到自己与唐帝国的差距,更加积极地学习中国文化。

占领平壤

虽然一波三折,唐军总算稳住了百济,多亏有刘仁轨,还有及时赶到的增援部队。三年后，灭亡高句丽的时机终于出现了。高句丽权臣泉盖苏文病逝，他的长子泉男生继位。执政之初，男生外出视察，留弟弟男建、男产驻守国都。有人对两位弟弟说："泉男生很讨厌你们哥俩，想要杀人，不如未雨绸缪？"男建、男产不大相信。又有人对男生说："两位弟弟怕你回去，他们就没权了，不想让你进城。"男生派亲信回国打探消息，男建、男产把他们拿下，并以高句丽王的名义召见男生。见亲信迟迟未归，男生害怕，不敢回去。男建自立为国相，发兵讨伐男生，吓得男生跑到其他城池自保，并派儿子泉献诚到长安求救。

乾封元年六月，李治任命右骁卫将军契苾何力为辽东道安抚大使，帮助泉男生，任命泉献诚为右武卫将军，担任向导。又任命右金吾卫将军庞同善、营州都督高侃为行军总管，共同讨伐高句丽。九月，庞同善打败敌军，成功与泉男生会合。泉男生原本是高句丽的上层人物，对敌情了然于胸。此时不灭高句丽，更待何时？十二月，唐朝任命由李勣为辽东道行军大总管，司列少常伯郝处俊为副大总管。庞同善、契苾何力也为辽东道行军大总管并仍兼安抚大使；水陆诸军总管、运粮使窦义积、独孤卿云、郭待封等，皆受李勣调度。

乾封二年，李勣到达辽东，对将军们说："新城，是高句丽西边的战略要地，不把它拿下，其他城池就很难攻取。"唐军攻打新城的时候比较顺利，有个叫师夫仇的人绑了守将，开城投降，李勣留契苾何力镇守，自己乘胜追击，一口气攻下敌城十六座。泉男建派兵攻击唐军庞同善、高侃在新城的军营，但被唐军薛仁贵部击破。高侃进军至金山，与高句丽交战，不利，薛仁贵率唐军横击，大破高句丽军，斩首五万余，同时攻占南苏、木底、苍岩三城，与泉男生军会合。

水路方面，郭孝恪之子郭待封率领水军直奔平壤，李勣派冯师本运粮支援。只是天有不测风云，人有旦夕祸福，冯师本的船出了问题，没能按时到达。军队缺粮还怎么打仗，郭待封饿得要死，准备向李勣求援，后来一想，万一求救书信被敌人截获了，知我军虚实，不得全力围剿呀？不行不行，得换个方法。大唐是诗歌的国度，郭待封就写了首诗送给李大帅，李勣顺利收到，大怒，军情紧急，你还有闲情逸致舞文弄墨，斩了你！通事舍人元万顷为李勣解读，李勣懂了，马上派人支援。

总章元年二月，金山之战后，薛仁贵想要攻打扶余城，诸位将军劝他别去，你才两千人，找死啊！薛仁贵信心满满，打仗，不要只看人数，还要看怎么用兵。于是率军进攻，果然大胜，斩俘万余人，扶余川中四十余城望风归降。泉男建派兵五万想要夺回扶余，在薛贺水与李勣军遭遇，唐军大胜，又斩俘三万余人，乘胜攻占大行城，会合各路军队。

高句丽统治者不愿束手就擒，在鸭绿江边持续抵抗，唐军奋勇出击，大败高句丽，追杀二百余里，攻破辰夷城，其他各城守军不是逃跑就是投降。终于，唐朝大军抵达平壤城下，围攻一个多月。在猛烈的攻势下，高句丽王高藏总算是撑不住了，派泉男产率首领九十八人出降。泉男建做困兽之斗，多次派兵出战，皆败。九月，男建的部下僧人信诚打开城门，唐军冲进城中，火光冲天，泉男建知大势已去，拔刀自杀，可惜没杀死，被唐军俘虏。自此，高句丽全部平定。李治在其故地设立九座都督府、四十二州、一百县，并于平壤设安东都护府，任命右威卫大将军薛仁贵为检校安东都护，领兵两万镇守。

十月，李勣得胜归来，李治下令，先把高藏送往礼泉县昭陵，告慰先帝；然后奏乐，士兵整军列队，将高藏送入京城祭告太庙，此刻，求高藏内心的阴影面积。当然，大唐还是很友好的，鉴于高藏只是个傀儡而已，特赦，任命为司平太常伯；泉男产主动投降，封司宰少卿；信诚帮助唐军，开城有功，封银青光禄大夫；泉男生为唐军做向导，功不可没，封右卫大将军。至于泉男建，此人不识好歹，负隅顽抗，流放黔州。

十九年过去了，李治终于完成父皇未竟的事业。这次征讨高句丽，唐军为什么可以获胜？第一，国力强盛，经历了贞观之治、永徽之治，大唐天下一统，国富民强，有足够的人力物力财力运转战争机器。第二，将领优秀，李勣是大唐三朝元老，当世名帅，苏定方、薛仁贵、契苾何力、高侃等人也都经验丰富、能力很强，有他们坐镇，自然事半功倍。第三，相对于大唐而言，高句丽是小国，连年征战，且发生饥荒，实力逐渐削弱。第四，男生、男建等人内乱，帮助唐军顺利进攻。第五，战略得当，渡海剪除高句丽盟友百济，实现南北夹攻。

高句丽虽然灭亡了，可朝鲜半岛烽烟再起。高句丽的残余势力起兵作乱，昔日铁杆盟友新罗也露出了狰狞面孔，哪有什么永远的友谊，国与国只有永远的利益。新罗王想吞并百济故地，扩大领土。就这样，唐和新罗爆发了战争，双方各有胜负。上元三年，李治下令将安东都护府迁往辽东故城，熊津都督府迁往建安故城。准新罗王请罪，双方以大同江为界，南部属新罗，北部归唐朝。也就是说，新罗的领土诉求最终实现了，唐帝国巩固了大同江以北的统治，放弃了百济之地。为什么不把新罗也灭掉呢？因为西部战事吃紧，吐蕃人屡屡进犯，想要同时在东西两线作战，大唐已经力不从心了。

龙朔三年八月，"上以海东累岁用兵，百姓困于征调，士卒战溺死者甚众,诏罢三十六州所造战船,遣司元太常伯窦德玄等分诣十道,问人疾苦,黜陟官吏"。朝鲜半岛连年用兵,百姓疲惫不堪,李治派窦德玄等人深入基层,慰问百姓。除了战事频繁让百姓压力骤增,政府工作的失职也让人们失望。刘仁轨说,他看到戍边士兵个个身体瘦弱,衣衫褴褛,一点精气神都没有,天天想着回家,无心恋战。于是问他们:"以前有战事,老百姓都争着参军,有的还自备粮草,怎么现在的兵都这样了?"士兵说:"官府变了,以前帮国家打仗,如果阵亡了,朝廷会派人祭祀,追赠官职,只要渡海参战的,都有好处。现在呢?你死了就死了,活该!没人在意你,更不会给什么抚恤。各州各县征发百姓参军,也不公平,有钱人家的壮丁交点钱,就不打仗了,贫苦人家,再瘦的男子也被拉去当兵。"

身为此次军事行动的主帅,七旬老汉李勣可谓燃尽了最后一丝芳华。回到长安后没多久,他便追随太宗皇帝奔赴黄泉。李帅的一生波澜壮阔、轰轰烈烈,他的死亡,对于李治,对于唐王朝都是重大损失。让我们简单回顾一下这位老帅彪炳青史的几十年以及和唐高宗的亲密关系。

李勣:高宗朝第一名将

在今天陕西乾县,唐高宗乾陵朱雀门外,站立着六十一尊无头石像,它们有的披发左衽,有的袍服束腰,衣着并不相同,但都恭恭敬敬、两手前拱地在陵前排队。经考证,他们的原型是归顺唐朝的六十一位少数民族酋长,比如,疏勒国王裴夷健密施、康国国王泥涅师、于阗王尉迟璥,等等。此举的用意,当然是彰显唐高宗的赫赫武功,在他的统治下,蛮夷归心,甘愿臣服。其实在唐太宗昭陵内也有类似的石像，但数量不及乾陵的四分之一："蛮夷君长为先帝所擒服者颉利等十四人，皆琢石为其像，刻名列于北司马门内。"李世民、李治父子能有这样的功绩，自然离不开那些英勇善战的将领们。

咸亨元年年初，在文武百官的目送下，在李治的哭声中，一辆灵车经过长安故城，缓缓向昭陵驶去。"朕自至横门，投书永诀"，这是朝廷上下与一位功臣的告别。李勣的死亡，不仅仅意味着大唐损失了一员名将，与此同时，还有另一个里程碑式的含义，那就是凌烟阁里的二十四幅画像，彻彻底底变成了遗像。辉煌过后，一切都归于沉寂。

说起李勣的战功，那绝对是数一数二，被后人高度认可。从他陵墓的封土便可看出，"其冢象阴、铁、乌德山，以旌功烈"，李治按照汉朝名将卫青、霍去病的先例，将李勣的坟头做成阴山、铁山、乌德山的形状，以表彰他对阵东突厥、薛延陀立下的不朽功勋。其实在唐太宗继位之前，只有三十多岁的李勣就已经是身经百战的名将了，大业末年，他还在瓦岗寨混的时候，就曾斩杀过隋将张须陀，不久，朝廷又让王世充攻打李密，李勣又在洛水将其击败；后来李勣换了山头，跟随秦王李世民征讨刘黑闼、徐圆朗，与赵郡王李孝恭讨伐辅公祏，都有杰出表现。在平窦建德、王世充后，论功行赏，李世民为上将，李勣为下将，两人都穿金甲。二十年后，李世民甚至对侍臣说："朕今委任李勣于并州，遂使突厥畏威遁走，塞垣安静，岂不胜远筑长城耶？"把李勣比作活的长城，充分显示了对他作战能力的信任。

一位老将，在尸堆里摸爬滚打，白刀子进，红刀子出，杀人流血是常有的事情。从李勣杀人的目的来看，随着年龄的增长，他的境界不断提高，他说："我年十二三时为亡赖贼，逢人则杀。十四五为难当贼,有所不惬杀人。十七八为佳贼,临陈乃杀之。二十为大将,用兵救人以死。"十二三岁,见人就杀;十四五岁,心情不好就杀人;十七八岁,打仗才杀人;到二十岁,彻底领悟了,原来带兵打仗的目的不是为了杀多少人,从中获得多少快感,而是止戈为武,用战争结束战争,救黎民于水火,使老百姓都能安居乐业。

李治登基以后就很少派李勣出征了,因为他是先帝的顾命大臣,当朝宰相,皇帝的高参,不容有任何闪失;而且李勣年事已高,已经六七十岁,战争对将领的体力、心智都是很大的考验。很少出征并不意味着没有出征,当高句丽出现内乱,胜利的天平逐渐向大唐倾斜,为了保证战役的胜利,年过七旬的李勣依然被委以重任,挂帅东征,并完成了任务。不过大部分时间里,李勣主要还是坐镇中央,毕竟早已证明过自己的实力。这一时期在战场上比较出彩的是苏定方、刘仁轨等人,苏定方的年龄实际上比李勣还要大,早年跟窦建德干过,贞观元年与李靖一起大败颉利可汗,可奇怪的是,两唐书的《苏定方传》写他贞观初打完东突厥,被封为左武侯中郎将之后,就没了下文,然后就从永徽年间开始说起了,中间的二十多年,不知道苏定方干了什么。有人说可能是没立过什么战功,所以史书没记录,但考虑他的水平,不应该呀。比较靠谱的可能是史料有缺失,或者苏定方遭到了封杀,原因有可能是他跟随过窦建德,有污点,被当局忌讳。当然,只是猜测而已。

作为同时代的名将,后人总喜欢拿他们相互对比。例如,说到薛仁贵与李勣,近代学者蔡东藩就曾说:"薛仁贵,将材也,李勣,将将材也,仁贵三箭定天山,遂以成名,实则勇敢二字,足以尽之。及从征高丽,破男生,救高侃,进拔扶余城,以少胜多,有战必克,贾言忠所谓勇冠三军，良非虚语。但亦由李勣之为统帅，知人善任，始则留为巡徼，继则任其进攻，终则自行应援，不掣肘，不惎能，然后仁贵得以建立巨功，扬名千古，乃知李勣固一将材也。否则如郑仁泰之为大总管，出征铁勒，虽有仁贵之迅定天山，而其后卒丧功而还，同遭弹劾，统帅非人，将勇亦不足恃耳。"

蔡东藩认为薛仁贵骁勇善战，是个将才，而李勣知人善任，是个帅才，辽东之战，如果没有李勣运筹帷幄，对全局的规划部署，薛仁贵恐怕也发挥不出自己的武功，就像之前征讨铁勒九姓，唐军以郑仁泰为帅，纵使有薛仁贵"三箭定天山"的壮举，可结果呢？唐军先胜后败，涉事将领遭到朝臣弹劾，薛仁贵只是功过相抵了事。后来大非川之战，薛仁贵首次担任主帅，但他并不像李勣一样，能够驾驭住部下郭待封，最终内部不和成为全军覆没的原因之一。如果从整个人生轨迹来看，薛仁贵后期比较坎坷，又是免职又是流放的，而李勣则不然，他位极人臣，以七十六岁的高龄去世，长寿也是种能力，身为皇帝，李世民嗑过药才勉强活到五十。李勣不光命长，还生荣死哀，数十年在政坛屹立不倒。

遥想当年，汉高祖刘邦打败项羽、登上帝位后，为了让他们老刘家的江山万万年，曾对功臣韩信、彭越等痛下杀手。时间不知不觉过了八百年，李勣与昔日的韩信处在类似的位置上，可是悲剧没有重演，李勣不光保住了自己的性命，还让自己荣华一世，深受皇帝信任。显庆三年，随驾前往东都途中，李勣身体有恙，唐高宗闻讯后亲自探望病情。封禅泰山时，朝廷任命李勣为封禅大使，武皇后听说老帅有一位姐姐，年老，寡居多年，就住在滑州旧宅，为了表达帝后二人的心意，武皇后亲自看望。李勣病故后，唐高宗辍朝七日，下葬当天，皇帝带着太子来到未央古城，登楼目送，感极而悲，戳中了泪点，痛哭流涕，"哀恸悲感左右"。

李勣身居高位数十年，在这偌大的朝堂里，不知有多少大臣进进出出，你方唱罢我登场。长孙无忌、褚遂良、杜正伦、来济、李义府、上官仪……他们有的被杀，有的被贬，有的病故，宦海沉浮，尔虞我诈，饱尝人生冷暖。朝堂这个地方水很深，不好混，政治家更是高危职业，伴君如伴虎，那么李勣何以岿然不动？个中原因，一来是李勣拥有卓越的军事才能，皇帝离不开他。二来是李勣能够认清自己的位置，时刻保持一颗低调的心。李勣的权力、高官厚禄是通过战功获得的，封赏是李世民、李治父子给的，不是因为依附哪个大臣上位。身为一个高级武将，他不轻易参与到朝廷中的党争，而是保持低调的心态，不偏不倚，不得罪人。就算要站队，也要在形势明朗后，跟最高统治者站在一队，不跑到皇帝的对立面。

贞观末年，薛万彻曾被李世民称为"三大名将"之一，与李勣、李道宗齐名，可他加入魏王党，与房遗爱眉来眼去，并多次在军中妄议，表达对朝廷的不满，结果先被唐太宗流放，后又因房遗爱谋反案掉了脑袋。论作战能力，他一点都不差，可政治智慧远不及李勣，管不住嘴巴，喜欢逞一时之快，最终结局黯淡也是可以理解的。在"废王立武"的关键时刻，面对其他托孤大臣咄咄逼人的攻势，李治需要一向沉默的李勣表态了。可是李勣怎么做呢？他先是称病，不与长孙无忌正面交锋，后来皇帝等不及了，单独召见，要求他必须表态，他说了句："此陛下家事，无须问外人。"明明是支持的，还要给人一种保持中立的感觉，谨慎到了这个份上。

麟德二年，封禅车驾经过濮阳境内，李治问一个叫窦德玄的大臣：

"濮阳被人们称为帝丘,这是为什么呢?"窦德玄听后一脸呆萌,竟无言以对。见状,饱读诗书的许敬宗道出了其中缘由:"以前颛顼曾居住在这里,所以叫帝丘。"事后,许博士跟其他人吐槽:"当大臣呀,就不能没学问,我见窦德玄傻在那里,心里实在羞愧。"窦德玄听后表示不服,说:"人都有擅长的,也有不擅长的,遇到不会的,我总不能不懂装懂吧。"李勣听后,没有站在哪一边,就地打圆场,说:"敬宗多闻,信美矣;德玄之言亦善矣。"都好都好,都别吵了,各回各家,各找各妈,两边都不得罪。

还有一次,李治责备大臣们不劝谏,你们这些大臣,怎么都不给朕提意见呀!当年我爸在位的时候可不是这么玩的,要你们何用。可大臣们哪敢说话呀,之前贬谪、诛杀了好多官员,见识到了皇帝的雷厉风行,毕竟祸从口出,万一轮到自己了呢?还是鸦雀无声,场面非常尴尬。关键时刻,又是李勣出来当好好先生,你想呀,要是他说是皇帝的错,领导不高兴,恐怕吃不了兜着走;要是说是大臣们的错,同事们不乐意,明明是皇帝的锅,凭啥我们背?肯定会嫌弃李大帅。那么李勣怎么说呢?他说:"陛下所为尽善,群臣无得而谏。"你看,一箭三雕,既没有批评皇帝,也没有得罪大臣,还给李治台阶下,不用僵持在这里。尽管是拍马屁的话,但也能缓和气氛,至少不为自己树敌。

不光自己低调,李勣还奉劝后生晚辈也要低调,正所谓:"木秀于林,风必摧之。"渭南尉刘延祐,"弱冠登进士第,政事为畿县最",读书时成绩好,是学霸,二十岁考上进士,根据俗语:"三十老明经,五十少进士",刘同学绝对是同类中的佼佼者;后来步入仕途,政绩又是最好的,可以说春风得意、年少有为,赞扬之声必然不绝于耳。

可是李勣给他泼冷水，告诫道："足下春秋甫尔，遽擅大名，宜稍自贬抑，无为独出人右也。"你年轻有为，名气很大，羡慕你的、嫉妒你的、看你不爽的、暗中放冷箭的，肯定大有人在，所以你应该适时退一步，贬低下自己，不要鹤立鸡群，过于高调。

李大帅的仕途貌似很顺，看到这里，肯定会有人想起他某次被贬经历，事情发生在贞观二十三年四月，此时李世民已经病入膏肓，为了帮助儿子笼络人心，他故意下旨将李勣贬为叠州刺史，一旦自己驾崩，李治继位，由新皇帝火速提拔，如此一来，李勣肯定会对新君感恩戴德、誓死效忠。但这里有一个问题，李世民到底有没有动过杀心？比对下《旧唐书》与《资治通鉴》，会发现表述确实不一样。在《资治通鉴》里，李世民说过："若徘徊顾望，当杀之耳。"要是李勣被贬后，不愿意走，来回观望，就提他的人头来见。可在《旧唐书》中，则没有类似的内容，只是要求李治提拔他而已。

究竟是《旧唐书》的说法可信，还是《资治通鉴》的说法靠谱呢？应该还是前者的可能性大些。《资治通鉴》的这个说法并非司马光原创，其实是来源于一本叫《隋唐嘉话》的笔记小说，作者刘𫗧，生活在唐玄宗时期，内容取材于民间的传闻等，并不一定准确。就好比现在坊间流传的某某秘史一样，有真有假。考察之前李世民与李勣的关系，可以发现是相当信任的，有一次李勣生病，医生说胡子烧成的灰可以治疗，于是李世民把自己的胡子剪下来做药引。李治刚被立为太子，李世民就跟李勣交代过，要让他辅佐新君，李勣听后"雪涕致辞，因噬指流血"，既然如此，就不大可能再去打乱权力交接的部署，对一个重臣动杀心；李勣都进入政府了，手上没有兵权，对皇权能有多大威胁。《旧唐书》不采信这段记载。

面对自己的战友、部下、家人，李勣都予以善待。年轻时，李勣与单雄信交好，后来单雄信将被处死，李勣请求免除自己官爵，换好友一命，遭到朝廷拒绝，因为不符合制度规定："国有常刑，止有妻子。"临刑时，李勣恸哭不已，将大腿上的一块肉割下，让单雄信吞食，说："生死永诀，此肉同归于土也。"同时请好友放心，你的孩子我来养，我一定视如己出。"天下闻之，莫不掩泣"，感动苍天，感动大地。

每次打仗时，李大帅都不是一个人在战斗，因为他不是一个刚愎自用的人，尽管身居高位，但不像个官老爷，凡有人给他提建议，李勣能够虚心听取、从善如流。要是获得战功，李勣都归功于部下，朝廷赏赐的金帛，也赠予将士。跟那些克扣军饷的军老虎比，李勣强得不是一倍两倍了。要知道当时的军中将领，不是没有贪财的，比如，李大帅的同事郭孝恪，就是郭待封的爸爸，"性奢侈，仆妾器玩，务极鲜华，虽在军中，床帐完具"。郭孝恪自己光有钱还不够，还要"先富带动后富"，就给少数民族将领阿史那社尔送了点，阿史那社尔比较老实，没接受。日后李世民听说此事，评论说："三将优劣之不同也。"要是拿老郭的生活作风跟李勣比，明显相形见绌。是呀，有李勣这样的主帅，部下怎么能不爱戴他，为他英勇作战呢？但要是有立功的机会，李勣可不是什么人都给的，他要先给人相面，如果相貌丰厚，命长，有福气，他才会委以重任，这又是为什么呢？原来，他认为"薄命之人，不足与成功名"，短命的就不要给立功机会了，反正你活不长，得到赏赐也享受不了多久，不如给长寿的人吧。

晚年的时候，年迈的姐姐得了病，李勣已经贵为宰相，还亲自给姐姐煮粥。煮粥时，风一吹，火烧到了李勣的胡须，弄得灰头土脸，姐姐看到就纳闷了，说："仆妾幸多，何自苦若是！"有这么多仆人，何苦自己去干呀！李勣说："非为无人，顾姊老，勣亦老，虽欲为姊煮粥，其可得乎！"不是没有人，只是因为我老了，姐姐也老了，以后要是想给姐姐煮粥，估计也没什么机会了。读完后，怎一个辛酸了得。

尽管李勣能够谨小慎微，享一世荣华，可临死前，他有着深深的忧虑，他牵挂的，不是自己的棺材名不名贵，随葬品会不会缺斤少两，而是为子孙后代，为这个家族感到担忧。病重时的某一天，李勣毫无征兆地对弟弟李弼说："我的身体好些了，不如咱们饮酒作乐吧。"宴饮完，他语重心长地跟弟弟讲：我知道自己难逃一死了，想要与你告别。就是怕你哭成泪人，所以骗你说身体好些了。

"我见房玄龄、杜如晦、高季辅辛苦作得门户，亦垂裕后昆，并遭痴儿破家荡产。"房玄龄、杜如晦、高季辅兢兢业业，光大门庭，造福后人，结果他们一死，遇到不肖子孙，家族就遭了殃。房遗爱与高阳公主谋反，伏诛，诸子流放岭南；杜荷参与到李承乾谋反案，被判斩首；高正业因为与上官仪交往过密，流放岭南。官二代无德无能，败坏家业。李勣已经见过太多的悲剧，他希望自己死后，弟弟能够管好这个家，不让同样的事情在李家重演。

正史中，无论是《旧唐书》还是《新唐书》，李靖、李勣都同传，李世民、李治当局有意把二李打造成汉代的卫、霍，这一点从墓地的封土就可以看出。贞观十四年，由于夫人不幸去世，李靖墓的修建被提上议事日程，因为百年之后，夫妻是要合葬的。为了褒奖李卫公，唐太宗下旨，将李靖墓做成铁山、积石山形状，以表彰其对突厥、吐谷浑战功；李勣墓也是在墓主生前就已修好，封土模仿阴山、铁山、乌德山形状。

1971年，昭陵文物调查组为配合农田水利建设，对李勣墓进行清理。据调查，三座大坟头高约十八米，保存完好。至于墓室，就没那么幸运了，经历了毁墓、修复、多次盗掘，可谓命途多舛，当考古队员进入时，发现"已朽的棺木成条块状散乱，叠压，衣物零散且已成灰，无法提取，而且几乎连一件较完整的陶俑或瓷器也没有"，墓室中的壁画大部分脱落，尸骨更是早已无存。李靖墓还没有发掘，情况不详，可考虑到昭陵已发掘陪葬墓的情况，估计凶多吉少。

没想到李勣一语成谶，十五年后，他的孙子李敬业在扬州振臂一呼，举起了反武大旗，渐渐地，李家的末日也随之来临……当然，这是后话，李勣的病故是大唐王朝的重要损失，朝廷需要更多的"李勣"涌现出来。就在李大帅下葬那年，吐蕃进犯了，李治决定开战，以谁为统帅呢？就是大家熟悉的薛仁贵。

薛仁贵其人

开耀元年，一位老将来到了阔别已久的宫廷，放眼望去，他年过花甲，满目沧桑……过去十年里，他的人生异常坎坷，先是被废为庶民，后又流放象州。按理来说，象州蛮荒之地，路途遥远，经济落后，一个六旬老汉被流放到那里，八成是回不来了。幸运的是，皇恩浩荡，途遇大赦，得以回家赋闲。因为长时间不带兵，突厥人甚至都以为他老人家病故了。时间真是把杀猪刀，在他的脸上刻下一道道皱纹，本以为余生不会再有波澜，孰料诏书马上送到跟前……

将军"廉颇老矣"，李治也步入晚年，可他没有忘记这位老将。此番召见，他含情脉脉地说："遥想当年九成宫遭遇洪水，要不是有你老薛，朕早就成水中鱼、河中虾了。之后你又北伐铁勒九姓，东征高句丽，北方、东方能向大唐称臣，都是你的功劳啊。纵使有错，朕又怎会忘记你呢？只是有人告诉我，说当年你在乌海城下不向敌人进攻，导致战役失利，我所遗憾的，只有此事。现在正值多事之秋，西陲并不安宁，瓜州、沙州路途阻隔。你怎么能在家里高枕无忧，不为朕指挥呢？"于是下诏起用薛仁贵为瓜州长史，不久又任命为右领军卫将军，检校代州都督。这一年，薛仁贵六十八岁了，他没有拒绝，再披戎装上阵。就像同时代的王勃所言："老当益壮，宁移白首之心？"

细细品读李治的肺腑之言，可以发现，他对薛仁贵的战功如数家珍，对这位爱将念念不忘。虽然薛仁贵已经年近古稀，可一旦国家有事，李治还是会提拔予以重用。那么薛仁贵凭什么能得到如此礼遇？作为家喻户晓的初唐名将，在真实的历史中，他有着怎样的上位史？

薛仁贵本名薛礼，字仁贵，绛州龙门人，祖上曾出过将军，爷爷、爸爸也当过官，但到他这代，家道已经中落。虽然出身于草根家庭，没有什么关系、背景，但武艺高强，尤其精通箭术，是块当将军的好料，对于这点，唐朝几代皇帝都很认可，李隆基曾对薛仁贵的儿子薛讷说："卿父勇猛罕见，古之未有。"薛仁贵已经去世几十年了，他虽然久不在江湖，但江湖依然流传着他的传说。在那个年代，像李义府、上官仪这样的文人通过文笔崭露头角，薛仁贵这样的寒门武人需要用武功出人头地，就好比现代人的文凭一样，混得好不好是一回事，但没有敲门砖，连表现的机会都没有。如今薛仁贵已经有一技之长，只是缺少一个展现实力的平台。

贞观十九年，李世民宣布御驾亲征高句丽，薛仁贵得知此事，加入张士贵的部队。在小说、电视剧中，张士贵，还有江夏王李道宗都不是什么好人。没办法,为了衬托薛仁贵的传奇形象,他们只能与北宋的潘美一样,默默做点牺牲,接受被丑化的命运。初到沙场时,唐军郎将刘君昂被敌军围困,情况万分危急,关键时刻,薛仁贵策马杀入包围圈,手起刀落,将敌将斩首,挂于马头示众,吓得敌军纷纷逃跑,很快,他的英雄事迹开始在军中流传。

薛仁贵知道自己有实力,就是缺一个伯乐,要是能够让唐太宗看到自己的英勇表现,还用愁没人提拔?可问题是:怎么样才能吸引皇帝的注意呢?人家九五之尊,哪是你一个小兵想见就见的。为此,薛仁贵特地准备了一件道具:白衣。当两军对阵时,薛仁贵就穿这身衣服上阵杀敌,表现得异常英勇,"所向无前,贼皆披靡却走"。穿白衣其实是有风险的,它能够吸引唐太宗的注意,也容易成为敌军的目标,特别是对弓箭手来说,简直是众矢之的。但为了能让皇帝看到,薛仁贵豁出去了。李世民自从登基以来,只御驾亲征过一次,现在他已经老了,要是不把握住机会,好好表现,恐怕就没有第二次了。幸运的是,皇天不负有心人,李世民远远望见白衣壮士,左冲右突,骁勇无比,内心震撼,连忙派人询问,并亲自接见。当场升为游击将军、云泉府果毅,赐生口十人。尽管东征最终失败了,但小薛的前途一片光明,李世民说:"朕旧将并老,不堪受阃外之寄,每欲抽擢骁雄,莫如卿者。朕不喜得辽东,喜得卿也。"把薛仁贵视为唐军的未来,有了最高领袖的认可,三十出头的薛仁贵跃跃欲试。

班师不久,薛仁贵又升职了,提拔为右领军郎将。在之后的十年里,他主要在长安城上班。具体做什么呢?说得难听点,就是个"看门"的,看的不是机关大院的门,也不是食堂餐厅的门,是一座后人很熟悉的城门,叫"玄武门"。对了,二十多年前李世民就是在这里伏兵，杀死大哥李建成与四弟李元吉，从此成为大唐之主。薛仁贵能够在玄武门当差，体现出李世民对他的高度信任，已经把自己的身家性命托付给小伙子了。在整个唐太宗时代，薛仁贵并没有带兵征战过，他的战功基本上是在唐高宗时代立下的。贞观二十三年，李世民驾崩，薛仁贵失去了伯乐，前途充满不确定性。唐太宗这个后台是大唐最硬的后台，可就是老了点。如今他安息在昭陵了，薛仁贵的新靠山又在哪里呢？

时光飞逝，日月如梭，转眼来到永徽五年，李治住在万年宫（九成宫）里。半夜时分，山洪暴发，冲至玄武门。面对来势汹汹的洪水，守门士兵觉得保命要紧，纷纷溜之大吉。见状，薛仁贵怒斥道："安有天子有急，辄敢俱死？"皇上有生命危险，你们怎么能贪生怕死？于是跑到城门上大喊，想方设法让宫里知道。李治听说洪水来了，立即赶往高处避险，抵达安全位置后没多久，寝殿就进水了。事后统计，这场自然灾害夺走了三千多人的生命，李治险些成为三千分之一。惊魂甫定，皇帝召见薛仁贵，说："赖得卿呼，方免沦溺，始知有忠臣也。"薛将军，幸好有你那一嗓子，我才幸免于难，真是忠臣啊。赐御马一匹。

这次救驾经历使李治对薛仁贵刮目相看，很快便予以重用，在老皇帝病故后，薛仁贵又获得了一个新靠山，这新靠山只有二十多岁，更加稳定，后半辈子就有保证了。甚至在二十六年后，李治都快驾崩了，依然将此事铭记于心，忘不了救命之恩。平心而论，靠皇帝上位比靠大臣上位强多了，长孙无忌、李义府、上官仪……大臣如走马灯般变换，但皇帝还是李治。一个宰相的倒台往往牵连一帮人，关系好的或多或少都被波及；要是有皇帝认可，位置就稳多了。

三年后，显庆二年，薛仁贵终于回到了阔别十二年的战场。这一回，他担任程名振的副将，攻打高句丽，在贵瑞城下，唐军大败敌军，斩首三千级。次年，又战于横山，高句丽有一位神箭手，潜伏在石城下，前前后后射杀唐军十余人，气焰特别嚣张。薛仁贵得知后，单人单马，直奔敌人而去，吓得神箭手弓、箭尽失，被薛将军活活生擒。不久又攻打契丹，将契丹王与诸位首领押送东都，因功封河东县男。这样一来薛仁贵就有爵位了。

龙朔元年，朝廷任命郑仁泰为主将，薛仁贵为副将，率兵讨伐铁勒九姓。出征前，李治在宫廷设宴款待，他说："古代有擅长射箭的人，能够射穿七层铠甲，你今天射穿五层给我看看。"薛仁贵一箭射出，五层铠甲立马洞穿，皇帝都惊呆了，实在是厉害！连忙将质量更好的铠甲送上。铁勒九姓听说唐朝大军赶来，特地从十几万人中精挑细选了几十位高手，向唐军挑战。薛仁贵知道后，决定用弓箭对付他们，接下来发生的事，就像游戏中的情节一样。

薛仁贵射出第一箭后：拿到了第一滴血。

薛仁贵射出第二箭后：拿到了双杀。

薛仁贵又射出第三箭：果断三杀。

薛将军这么厉害，大有团灭敌军之势，为了阻止他，铁勒的高手们立马投降。为杜绝后患，薛仁贵下令杀俘，通通活埋。当时军中流传着一首歌谣："将军三箭定天山，战士长歌入汉关。"到这个时候进展得还算顺利，但之后便急转直下。思结、多滥葛等部落听说唐军来了，纷纷投降。但主帅郑仁泰派兵攻打他们，劫掠财物犒赏将士，一看唐军见钱眼开，各部纷纷远走，唐将杨志追击，惨败。纵使付出了血的代价，郑仁泰并没有收手，当得知对方的辎重就在附近时，郑仁泰亲自率领一万四千骑兵前往取货,"倍道赴之",赶到目的地,空空如也,啥都没有,粮食还吃完了。郑仁泰早已哭晕在厕所:说好的物资呢?撤军途中,屋漏偏逢连夜雨,老天爷降下鹅毛大雪,士兵饥寒交迫,不得不杀马充饥,马吃完后,拿自己的同伴填饱肚子。入塞时,只剩下八百残兵败将。

薛仁贵的情况也好不到哪里去,他趁机纳了一个异域女子为妾,还往腰包里塞了不少钱,财色兼得,满载而归。很多人读到这里都难以接受,薛仁贵怎么能有劣迹?他不是完美无缺的人吗?然而事实就是如此,薛仁贵也是人,怎么就不能有缺点了?小说和电视剧不能等同于历史,它们的差别很大。司宪大夫杨德裔看不下去了,上书弹劾两人的罪行,话说得很重:"自圣朝开创以来,未有如今日之丧败者。"从唐朝建立以来,就没败得这么惨过。李治倒没处罚他们,将功抵过,并派同为特勒人的契苾何力去做扫尾工作,安抚余众。

相比于其他地方,薛仁贵最为人称道的还是在辽东战场的表现,清朝时,有人把英雄故事编成《薛仁贵征东》一书。在高句丽发生内乱时,以李治为首的大唐高层审时度势,决定抓住时机,一举灭亡高句丽,实现先帝遗愿。在这场战争中,薛仁贵的表现相当出色。唐将庞同善在新城、金山被敌军袭击,薛仁贵带兵前往救援,分别斩首数百人与五万余人。身在后方的李治得到捷报后,亲手写嘉奖令,鼓励薛仁贵"善建功业,全此令名"。抓住封侯拜将的机会。后来又带两千人进攻扶余城,各位将军都说兵太少,没安全感,薛仁贵反倒不担心:"在主将善用耳,不在多也。"最后果然大败敌军,等到平定高句丽,薛仁贵留守平壤,授右威卫大将军,封平阳郡公,兼检校安东都护。许多人称他为"平辽王",其实终薛仁贵一生都没有当过王。

直到此时,薛仁贵年过半百,看了十几年门,打了十几年仗,依然没熬成主帅。征讨铁勒他是郑仁泰的副手,东征高句丽时,听命于辽东道行军总管李勣。为什么不让薛仁贵当元帅呢?因为相比于前者,薛仁贵成长于和平年代,属于后起之秀。郑仁泰、李勣可都是有资历、有能力的老将了,以他们为帅,更有把握,也更能服众。

翻开两唐书会发现,没有郑仁泰的传记,其事迹零散分布于其他传记中,很不方便。但这都不是事,二十世纪七十年代,陕西礼泉县出土了郑仁泰墓志,其中有说他"义旗初奋,首参幕府",大唐刚刚建立的时候,郑仁泰就已经追随李世民征战了,墓志还说他参与了玄武门之变,为秦王亲兵头目之一,显然是功臣宿将。

李勣的事迹则比较清晰,知名度更高点,不过,这种熟悉也可能是对演义中徐茂公的熟悉,并非对真实历史人物的了解。当薛仁贵还穿开裆裤时,他老人家已经活跃在沙场了,打张须陀、王世充、宇文化及……此人深受两代皇帝信任,是军方的代表人物。但在七世纪六十年代,大唐开国已经四十多年了,他们终究敌不过时间的侵蚀,纷纷亡故。郑仁泰死于龙朔三年,李勣死于总章二年,开国元勋已经所剩无几。

随着老将的陆续凋零,薛仁贵得以统军出征,成为元帅。咸亨元年,吐蕃犯边,李治任命薛仁贵为逻娑道行军总管,逻娑就是今天的西藏拉萨,李治把薛仁贵提拔到这个位子上,是希望他直捣敌巢、一劳永逸。此仗要能打胜,薛仁贵在军中的地位无疑将大幅提升。可惜,天不遂人愿,谁想到他第一次担任统帅就搞砸了:全军覆没。这又是怎么回事呢?

大非川之败与李治的吐蕃政策

贞观年间,吐蕃松赞干布派大臣禄东赞前往大唐,请求唐太宗同意和亲,名画《步辇图》反映的就是李世民会见禄东赞的情景。经过一番考虑,唐太宗最终同意了吐蕃的要求。派宗室女文成公主入藏,谱写了一段历史佳话,此事也被教科书视为民族团结的典型事例。然而,实际效果并非人们所想,文成公主入藏四十年,并不能为唐蕃之间带来长久的和平。因为两个政权战争与否,不是一个和亲女子决定的,双方实力对比使然,战略冲突使然。随着吐蕃逐渐强大,已经成为唐朝的心腹大患。

总章三年,李治召集重臣开会,核心议题是该不该把吐谷浑部落迁到凉州以南。对此,大家议论纷纷,莫衷一是。左相姜恪发言了,他认为吐蕃军队凶狠强悍,战斗力爆表,若是把吐谷浑部落迁到凉州以南,显然是无法自保的,要解决问题,必须发兵征讨吐蕃,给他们一点颜色看看。将军契苾何力也赞成开战,他认为对付吐蕃应该引蛇出洞,寻找主力决战,予以沉重打击,狠狠揍一顿对方就不敢嚣张了。一听军方又想开战了,文官出身的右相阎立本当即表示反对:打仗要钱要粮,现在又是饥荒,又是洪水的,实在不宜兴兵,没错,这个阎立本不是同名,正是如假包换的《步辇图》作者。两派角度不同,各有道理,互不相让,最后不了了之。

二十年前,双方还没有到大动干戈的地步。当时李治刚刚继位,封松赞干布为西海郡王。松赞干布受封后,致书长孙无忌,表示力挺高宗:"天子初即位,臣下有不忠者,当勒兵赴国讨除之。"大唐天子刚刚登基,谁敢有非分之想,我出兵灭了他。然而,好景不长,松赞干布说完这话没多久便去世了。大论禄东赞掌握了吐蕃大权,"大论"是官职，相当于中原王朝的宰相。

禄东赞掌握吐蕃大权后，推行改革，吐蕃实力日强，积极奉行扩张政策，将矛头对准了邻国吐谷浑。吐谷浑的位置相当尴尬，好比是俄罗斯与中国之间的蒙古，两强之间的缓冲地带。龙朔三年，吐谷浑有一个叫素和贵的大臣犯了错，畏罪潜逃吐蕃，将国内虚实相告。吐蕃得到绝密情报后发兵征讨，大获全胜。有趣的是，双方竟然都给李治上表，希望大唐援助自己。吐谷浑上表很正常，它处于弱势，可吐蕃上什么表呀！它不用援助也可以打败吐谷浑。很明显，它是想要试探大唐，弄清李治的想法。很快，李治回复了：都不准，既不帮吐蕃，也不帮吐谷浑。吐蕃听后大喜，大唐不管这事，可以放心灭吐谷浑了。其实李治何尝不想支持吐谷浑，吐谷浑保不住，陇右、河西就会受到威胁，可他有心无力，此刻辽东战事紧急，哪有兵力顾及西陲。

吐蕃欲壑难填，拿下吐谷浑还不够，又把目标对准了西域。麟德二年，在疏勒、弓月的帮助下，吐蕃发兵攻打于阗，唐朝命西州都督崔知辩、左武卫将军曹继叔前往救援。等到咸亨元年四月，吐蕃大举来犯，攻陷西域十八州，李治不得已罢安西四镇。面对咄咄逼人的攻势，大唐不能忍了，决定做出强势回应。可谁来挂帅呢？就在去年，老帅李勣病故，自显庆以来，尉迟敬德、郑仁泰、程知节、苏定方相继亡故，作战经验丰富的老将军已经零落殆尽。面对此情此景，李治决定提拔新生代将领薛仁贵为逻娑道行军总管，以郭待封、阿史那道真为副，发兵五万（一说十万），讨伐吐蕃。

从薛仁贵的官职可以看出，李治对薛仁贵寄予厚望，企盼他能够延续辽东战场的神勇，直捣敌巢，荡平吐蕃。说是这样说，可军队人数暴露了真实想法，逻娑城险远，要灭吐蕃，五万十万哪够？打逻娑是假，提振士气是真，战役实际目的，应当是帮吐谷浑复国。

薛仁贵得到命令后向青海进发，开始主帅生涯的处女秀。可能你会问了，吐蕃之前进攻的明明是西域，薛仁贵为什么要向青海进发？很明显，这是围魏救赵之计，把吐蕃的主力吸引到青海，缓解西域唐军的压力。行军过后，薛仁贵等人来到了大非川，该怎么打这仗呢？薛仁贵审时度势，做出了这样的部署：兵分两路，一路为轻装部队，由薛仁贵亲自率领，"倍道兼行，掩其未备，破之必矣"，敌我之间路途艰险，吐蕃人肯定放松警惕，以为唐军没有这么快到达战场，所以利用这个心理，进行急行军，趁敌人没有防备将他们打败。另一路总共两万人，属于辎重部队，由副手郭待封率领，他们的任务是驻扎在大非岭上，依托有利地形，保护战略物资，如果吐蕃军队发起进攻，当固守待援，等到敌军锐气已失、筋疲力尽，薛仁贵便可率领休整到位的得胜之师归来，里应外合，一举灭之。

分头行动后，唐军初期的表现还是相当给力的。薛仁贵率领部队前进，与吐蕃军队遭遇在河口，打了对方一个措手不及，斩获略尽，缴获牛羊万余头，得胜后，赶往乌海城休整。可是人算不如天算，计划赶不上变化，郭待封早就对薛仁贵不满，之前已经"多违节度"，你要我扎营，我偏要行军，竟然没有在大非岭上安营扎寨，而是押着辎重继续前进，打算到乌海城与薛仁贵争功。吐蕃名将钦陵看准战机，派二十万人攻打郭待封所部军队。吐蕃人如潮水般涌来，郭待封势单力孤，败走趋山，军粮和辎重都被敌军缴获。

薛仁贵得到消息后，并没有派兵救援，等到友军败退，率领剩下的唐军退守大非川。大非川的"川"可是一马平川的"川"，开阔地，无险可守，吐蕃这回集合四十万大军围攻，官军大败，死伤略尽，薛仁贵没有办法，与对方约和而还。战败以后还能够谈判被放回来，说明薛仁贵尽管失去了粮草，还是给予了吐蕃一定的打击，要是轻而易举就被击败，没让吐蕃付出代价，人家怎么可能与你和谈。

这就是大非川之战的简要过程，看到这里，许多读者已经磨刀霍霍，打算怒批郭待封了，有这么坑的队友，薛仁贵就算再厉害也没用。那么郭待封究竟是何许人也，敢违背薛仁贵的将令？其实他的背景并不难查，郭待封是个官二代、烈士遗属，父亲郭孝恪，老同志了，曾经跟随李世民平定窦建德、王世充，担任过左骁卫将军、安西都护等职，贞观末年征讨西域龟兹国，壮烈牺牲。郭待封在家里排行老二，大哥叫郭待诏，与爸爸一起阵亡了。大非川之战前，郭待封曾跟随李勣讨伐高句丽，采用了"离合诗求粮"的计策巧妙解决缺粮困境。

此事说明郭待封还是很机智的，考虑周全，史书对他在辽东战场的表现记载不多，估计是亮点太少，没什么可记。但他在辽东战场与薛仁贵地位是相当的，打吐蕃前郭待封是鄯城镇守，熟悉敌情，薛仁贵是安东都护，镇守辽东。这边军情紧急，要打仗了，朝廷突然空降薛仁贵为主帅，郭待封心里就不服气，他就会想了：以前我和老薛都平起平坐，我还对情况更了解些，凭什么提拔他不提拔我？薛仁贵只是一个家道中落的草根出身，郭待封可是将门之后，有家族背景。

将帅不和只是薛仁贵遇到的难题之一，绝不是唯一的困难，或者说失败的原因。如果翻开这一年的历史地图，会发现唐与吐蕃的边界线大致是昆仑山—祁连山—横断山脉，正好是我国地理上第一阶梯与第二阶梯的分界线，也是农耕区与游牧区的分界线。从唐到吐蕃，走上青藏高原，海拔越来越高，分析薛仁贵的行军入线，会发现他经历了一个从低海拔到高海拔的过程，起初从鄯州出发时，海拔两千三百多米，到达乌海时，高于海平面四千多米，唐军将士可都是来自低海拔地区的，无法适应高原环境，高原反应、高原病就出现了，具体症状包括头疼、眩晕、腹泻、疲乏等，这样的军队，战斗力自然严重下滑。

十多年后李治跟薛仁贵谈心时，曾提到过他在乌海城下不出兵，对此深表遗憾，其实薛仁贵的军队在急行军后，体力损失过大，士兵又患上高原病，若不休整，无力再战，而且郭待封遇到的是二十万敌军的围攻，薛仁贵就算真带着这支疲惫之师救援，恐怕也难有胜算。吐蕃人从小就生活在高原上，适应环境，有先天优势。同样，他们一旦下了高原，优势便荡然无存，高原苦寒，吐蕃人因此生性怕热，他们攻打大唐低海拔地区得秋冬出兵，一来是老百姓秋收冬藏，有利可图；二来是夏天酷热难耐，无法忍受。

薛仁贵的对手钦陵是吐蕃的权臣、名将，绝非等闲之辈，此人为禄东赞之子，执掌吐蕃大权三十余年，不仅能征善战，而且辩术超群。李治曾经问裴行俭，能不能趁吐蕃新君继位、立足未稳时出兵讨伐，裴行俭说："钦陵为政，大臣辑睦，未可图也。"对钦陵的忌惮可见一斑。所以对薛仁贵来说，钦陵是一个难缠的对手，稍露马脚便会被其利用，而郭待封这个马脚露得太明显了，钦陵轻而易举便能扭转战役初期的不利局面。纵使没有郭待封的错误，吐蕃有四十万大军，相当于唐军的八倍，占绝对优势，主帅又可堪大用，要打赢是非常困难的。不过这里有个疑点，按吐蕃当时的生产力，真的能维持四十万以上的军队？这四十万人恐怕不全是正规军，可能加上了吐谷浑人，还有临时紧急征召的战斗人员。吐谷浑当地部落更倾向于吐蕃，为其提供粮草、站岗放哨，对唐人没什么好感，得不到当地居民支持，唐军的处境更加不利。

在薛仁贵自己看来，大非川惨败都是星象惹的祸，他说："今年岁在康午，军行逆岁，邓艾所以死于蜀，吾知所以败也。"将失败的责任归咎于星象，自然是不可取的，但也不能说一点影响都没有，不利的星相至少削弱了薛仁贵的信心，让他打起仗来没那么自信了。后半句提到了邓艾，隐隐约约有影射朝廷的意思，暗指朝廷派了个与自己不和的人当副手，长安的言官又对他虎视眈眈，当年邓艾可就是死在自己人手里的。

无论如何，这场战役最终以大唐的失败而告终。作为败军之将，一军之主，薛仁贵要为这场惨败负领导责任，李治命大司宪乐彦玮到军中，将薛仁贵、郭待封、阿史那道真三人押解回京，斩首倒是没斩首，免死废为庶民。薛仁贵从军二十多年，靠战功获得的官爵一笔勾销。为什么不杀薛仁贵呢？主要有这些理由：

1. 上面有人。十五年前九成宫突遇洪水，要不是薛仁贵英勇救驾，李治恐怕已是鱼鳖。救命之恩，岂能忘怀？皇帝不能对恩人痛下杀手。

2. 将才难得。薛仁贵骁勇善战，之前打铁勒、高句丽都有亮点，是不可多得的将才。如今边境不宁，正是用人之际，胜败兵家常事，责任又不全在薛仁贵，应该免职，日后择机再用。

3. 和谐。别说是薛仁贵这样的恩人、将才了，就连一般的败军之将，李治都舍不得杀，上层之间相互罩着。八年后，唐军派十八万大军征讨吐蕃，又遭惨败，有一位太学生叫魏元忠，上书朝廷谈应对之策，其中有言："自苏定方征辽东，李勣破平壤，赏绝不行，勋仍淹滞，不闻斩一台郎，戮一令史，以谢勋人。大非川之败，薛仁贵、郭待封等不即重诛，向使早诛仁贵等，则自余诸将岂敢失利于后哉！"

辽东之战后，赏罚就不到位，薛仁贵打了这么大的败仗都不斩首，怎么能让其他将领感到压力？他们打败仗的成本也太低了吧！小魏同学说这话是很有勇气的，试想万一哪个军老虎知道了，不得伺机报复？李治看过后，非常高兴，亲自接见魏元忠，小魏这么有才，明天直接到中书省上班吧。

大非川之战是薛仁贵人生的转折点，之前的他处于上升阶段，虽然有过些许劣迹，但总体上是屡立战功、加官晋爵，前途一片光明。大非川战败后，薛仁贵的命运急转直下，经历了免职、起复、流放、遇赦、赋闲，十年左右的时间里，没打过什么仗，等到李治再度起用他为右领军卫将军、检校代州都督时，薛仁贵已经六十八岁了，风烛残年。但国家有召，皇帝又这么信任自己，薛仁贵没有理由拒绝，依然发挥余热，前往云州抵挡突厥，踏上最后征途。

永淳二年，薛仁贵终究敌不过岁月的蹉跎，撒手人寰，享年七十岁。他的死属于正常死亡，与薛讷无关。朝廷惊悉噩耗，追赠左骁卫将军、幽州都督，并派人护送灵柩回归乡里，落叶归根。尽管有过战败、免职、流放的经历，朝廷对薛仁贵的态度还是以肯定为主，否则也不会追赠官职了。

与薛仁贵相比，大明宫里的武则天就不一样了，自当上皇后以来，岗位非常稳定，可谓笑傲后宫，屹立不倒，最后甚至成为女皇。她是如何做到的呢？

第六章 李治与武则天"专权"

李治与武则天的离婚案,已经沸沸扬扬传了一千多年。在《新唐书》与《资治通鉴》中,事情原委是这样的……

发生时间:麟德元年(664)。

涉案人员:李治、武则天、郭行真、王伏胜、上官仪。

案件起因:十几年前,武皇后刚刚从感业寺回到皇宫,当时立足未稳、温柔体贴,处处讨皇帝欢心,李治力排众议,封她为皇后。可随着时间推移,皇后喜欢揽权的本性逐渐暴露了,"得志,专作威福,上欲有所为,动为后所制,上不胜其忿"。皇帝办点事情,处处被皇后掣肘,已经忍无可忍。好不容易把舅舅长孙无忌整死了,又冒出个专横的皇后,因此颇为不爽、怀恨在心。突然,太监王伏胜举报武则天跟道士郭行真厌胜,行诅咒之术。听闻此言,李治彻底忍不住了,决定收拾武则天。

案件经过:因为皇后是一国之母,废立之事关系重大。李治找来了宰相上官仪,想听听他的意见。上官仪得知皇帝的悲惨遭遇后,果断劝其废后,是男人不要怂,就要干!"皇后专恣,海内所不与,请废之。"皇后擅权,大臣们早就看不惯了,请皇上废了她,顺应民意!李治正在气头上,颇以为然。听说皇后有危险,收过武则天好处的宫女、太监迅速向皇后报告。武则天闻讯,立马赶来与李治辩论。由于被老婆抓了现行,李治"羞缩不忍",放弃了离婚打算。

结果：李治敢做不敢当，竟把上官仪当替罪羊。李治说："我初无此心，皆上官仪教我。"于是上官仪惨遭杀害。从此以后，皇帝彻底沦为傀儡，"天下大权，悉归中宫，黜陟、生杀，决于其口，天子拱手而已"。

武则天是否大权独揽？

其实武则天的参政与李治的身体状况有很大关系。四年前，也就是显庆五年，李治三十二岁。这一年，病魔无情地跟他打了个招呼：风眩发作了。具体症状是头重脚轻、眼睛看不见东西，相当于现在的脑血栓，联想到李世民晚年的情况，可以推测李治的风眩很有可能是家族遗传的。李治怨天尤人也没用，投了个好胎，有个好爸爸，不光把锦绣江山传给他，连风疾都舍不得自己留着。李治刚刚铲除了长孙无忌一伙，此刻正是职业生涯的上升期，要大展宏图的，突然遭遇如此打击，好比是"已断燕鸿初起势，更惊骚客后归魂"，心情多郁闷无须赘言。更糟糕的是，两年后他病情又加重了，龙朔二年，"高宗染风痹，以宫内湫湿，乃修旧大明宫"，风眩发展到风痹，脑血栓恶化为脑栓塞。为了有个良好的康复环境，李治下令修建日后闻名海内外的大明宫。

风眩到底是什么病，把唐高宗折腾得如此厉害？类比现代医学的话，风眩应该是脑血栓一类的心脑血管疾病。唐高宗的风眩有其父遗传的基础，即位后生活优越，大鱼大肉吃得多；本人又风流成性，身体因此变得比较虚弱。而且皇帝这个职业较为辛劳，烦心事多，李治知道自己年轻，恐怕比不上父亲，所以笨鸟先飞，用后天的勤奋弥补天赋的不足，工作比较敬业，加剧了病情。显庆二年，宰相上奏称"天下无虞，请隔日视事"。李治准奏，此事侧面说明登基后的七八年里，李治每天都坚持办公，非常勤勉，休息的时间不是很多。患病后，李治当然想尽办法治疗，比如，学晚年的李世民，建造离宫别馆，作为养静之地；偶尔跑出去泡泡温泉，去的还不是同一个地方的，什么骊山的、汝州的等。还请过名医孙思邈问诊，服用饵药……只是古代医术水平有限，李治的病久治不愈，随着时间推移，不断恶化。

俗话说"国不可一日无君"，李治这个当皇帝的病了，可朝廷依然要运转，政务依然要处理。这时，李治想起了皇后，武皇后是个女人，让她帮忙处理部分政务，能够减轻皇帝的负担，不用担心权力旁落到男性大臣、太子手里，而且皇后的父亲是商人出身的官员，家族不是什么名门望族，在重视门第的唐朝，她被人看不起，褚遂良就是用这个理由反对武媚娘当皇后的，唐朝以前，也没有女人篡位的先例，所以用武皇后辅政，实为一举三得。史书记载武皇后"性明敏，涉猎文史，处事皆称旨"。皇后性格果断，又通晓历史，理论知识充足；而且跟皇帝志同道合，两人经常能想到一块儿去，这么好的皇后，李治当然信任了。在皇帝的首肯下，武则天"始委以政事"，开始委托她处理政务。那武皇后是不是一手遮天了？实际上远远没有到达这个地步。李治的病只是有时候发作，不会降低智力，也没有到卧床不起的地步。当他感觉还好的时候，依然可以参加活动、处理朝政。我们不妨用事实说话，看看他生病后干了些什么：

（显庆五年，660年）
十一月，戊戌朔，上御则天门楼，受百济俘，自其王义慈以下皆释之。

甲寅，上幸许州。十二月，辛未，畋于长社。己卯，还东都。

（龙朔元年，661年）

三月，丙申朔，上与群臣及外夷宴于洛城门，观屯营新教之舞，谓之《一戎大定乐》。时上欲亲征高丽，以象用武之势也。

九月……时诸王斗鸡，（王）勃戏为《檄英王鸡》文。上见之，怒曰："此乃交构之渐。"斥勃出沛府。

冬，十月，丁卯，上畋于陆浑。戊申，又畋于非山；癸酉，还宫。

从史书的记载看，李治不仅能参加献俘礼，和群臣、外国友人吃喝玩乐，还能外出巡幸，甚至打算御驾亲征，要是病得朝不保夕，岂能如此？当王勃写文章为李贤和李显这对"鸡友"助兴时，李治果断出击，将其赶出沛王府，此事说明李治不光脑子没问题，而且高瞻远瞩，担心皇子被挑拨离间。所以尽管患上了心脑血管疾病，但他身体状况并没有坏到极点，更不会大权旁落了。至于武则天，在李治发病前并没有处理过政务，她的话能够影响到高宗的决策，但皇帝听不听就由不得她了。

外庭中，许敬宗、李义府都是坚持"废王立武"的，尤其是李义府，许多人把他视为武则天的人，实则不然，李义府知道自己大难临头，宁愿找风水先生也不去找武皇后帮忙，他和许敬宗原先都是东宫旧部，首先支持的是李治，顺带着支持武则天，皇帝与皇后毕竟是利益共同体。退一万步说，就算此二人真的是武则天的人，不过是两个新提拔的文官，对君权构不成什么威胁，试想长孙无忌尚且被铲除，实力更弱的李、许二人又岂能翻天？

十一年后的一件事情也可以证明这个观点。上元元年，李治因为疾病缠身，又不愿让位给太子沦为太上皇，于是向群臣提出由武皇后摄政，自己退居幕后，安心治疗。一旦病好，再重新执政。结果郝处俊和李义琰表态反对，提议没有通过。上元元年距离麟德元年已经十年了，李治也当了十年"傀儡"了，怎么朝中还会有公然反对武则天掌权的宰相？由此可见，直到上元元年，武则天的权力依然没有大到一手遮天，两个宰相就敢明着反对她。那么再往前数十几年呢？情况可想而知了。

而且从他们的结局看，武则天当时也没有大权独揽。六年后，郝处俊在任上病故，属于善终；李义琰因为得罪李治，主动要求退休。明知道郝处俊反对自己，坏了自己的好事，武则天难道不想报复？不想整他？还真报复了！那是在垂拱年间，唐睿宗在位时，郝处俊的孙子郝象贤犯事被杀，武则天趁机下令发掘其父母陵墓，包括郝处俊也被开棺毁尸。这是在身后，但在人家生前，高宗在位时，武则天拿他根本没有什么办法。

李义琰担任宰相期间，为改葬父母，要求舅家迁坟。唐高宗听后怒不可遏，说："义琰倚势，乃陵其舅家，不可复知政事！"李义琰听说后心里不安，赶紧上奏说身体有病，希望朝廷让自己退休，李治准奏。这时距离唐高宗驾崩只剩几个月了，他还是可以任免宰相，行使权力，假如皇帝是个懦弱的傀儡，李义琰又有什么好怕的呢？

再如唐高宗的托孤大臣裴炎，那更非武后之人，中宗李显被废，裴、武两人都想掌权，一方想革唐命，一方想当霍光，最终裴炎以失败告终，斩于都亭，牵连了一大批人。而告密之风兴起、任用酷吏，实际上就是武太后在清洗官僚系统，将反对派大杀特杀，若官员都由自己任命，和太后一心，哪里用得着做这些缺德事。如果武则天早已大权独揽,高宗的托孤大臣又怎会是裴炎,他明显和武则天不是一路人。

兵权始终掌握在李治手中

谁都知道,谁掌握了军队,那么他基本上就拥有大权。唐高宗统治时期,边境并不太平,对外战争时有发生。史书明确记载军中将领都由李治亲自任命,武则天无法染指。不少名将在高宗朝风生水起,却在武后当政时因政治原因人头落地。有军队作为坚强后盾,李治手中的权力又岂会丧失?

仪凤二年,唐高宗下诏发兵十八万讨伐吐蕃,任命谁为主帅呢?刘仁轨推荐李敬玄,因为他和李敬玄有矛盾,刘仁轨平时向朝廷提出建议,总被李敬玄阻挠,双方是政治上的竞争对手。此番选帅,刘仁轨知道整人的机会来了,李敬玄并非帅才,推荐他出征,肯定得吃败仗,于是向李治推荐说:"西边镇守,非敬玄莫可。"李敬玄知道刘仁轨不怀好意,反复推辞,拒绝入坑。可是国家正处危难之际,李治又很信任刘仁轨,就同意了他的建议:"仁轨需朕,朕亦自往,卿安得辞!"任命李敬玄为洮河道大总管兼安抚大使,仍检校鄯州都督。永淳元年,吐蕃入侵河源军,娄师德率领部队痛击敌军,八战八捷,李治任命其为左骁卫郎将、河源军经略副使,寄语道:"卿有文武才,勿辞也。"

调露元年,突厥为患,李治大宴裴行俭,说:"卿有文武兼资,今授卿二职。"先任命其为礼部尚书兼检校右卫大将军,后又任命为定襄道行军大总管,率兵十八万人北伐。此次跟随裴行俭出征的副将程务挺,也是高宗不断提拔的将领,几年后,武太后和宰相裴炎爆发了你死我活的权力斗争，程务挺秘密上表为裴炎喊冤，站错了队，被武则天遣人斩于军中，突厥人听说后都激动地庆祝，这家伙终于死了！少一心腹大患。如果程务挺是武则天的人，他又怎会有如此下场？

还有王方翼，武则天情敌王皇后的亲戚，他在唐高宗时代也是屡立战功，成长为名将。武则天不是不想整他，无奈大权在丈夫手上，力有未逮，鞭长莫及。等到高宗驾崩，程务挺被杀，武太后终于找到了机会，特意把王方翼牵连进来，先抓进大牢，后流放崖州。王方翼六十三岁了，久经沙场，年事已高。没能熬过打击，病死途中。

外戚有没有得到重用

武则天与唐高宗的权力大小，还可以从一批人的宦海沉浮中表现出来，那就是外戚。唐高宗在世时，武家子弟虽然有官职，但没有被重用，更别说提拔到六部尚书、宰相的高位。武则天的母亲杨氏曾建议女儿，以退让为名，将武元庆、武元爽、武惟良三人调到地方任职。为什么呢？因为武元庆、武元爽并非杨氏所生，他们的生母是相里氏，贞观年间武士彟病故，二人联合堂兄弟武惟良对杨夫人无礼。如今时来运转，武则天当了皇后，杨氏贵为荣国夫人，当然可以公报私仇了。

武则天认为母亲的想法很有道理，就报告给李治了，抑制外戚，从我们家做起，那几个姓武的，陛下想怎么弄就怎么弄。皇后如此大度，李治求之不得，当年长孙无忌这个大外戚给自己造成了多少麻烦呀，如今皇后没有为兄弟们谋取更高的官职，反而打压外戚，着实可敬。于是调武元庆为龙州刺史，武元爽为濠州刺史，武惟良为始州刺史。不久，元庆、元爽都在地方去世，武惟良、武怀运死于非命。

武则天有一个姐姐名叫武顺，因为妹妹的缘故，她经常出入皇宫，李治对她很感兴趣，两人发生了关系，封为韩国夫人。唐高宗要是"妻管严"，哪里敢和其他女人上床，更何况这个女人还是皇后的姐姐。不久，韩国夫人去世了，李治又看上了她的女儿贺兰氏，封魏国夫人，甚至还想纳入后宫。武则天是什么态度呢？"后恶之"，很讨厌魏国夫人，但也无法阻止丈夫的宠信。

封禅泰山后，武惟良、武怀运来京城向皇帝献食，魏国夫人吃了，中毒而死，武则天就把罪责归咎于武惟良、武怀运，说是他们俩下的毒，两人就被杀了。这样的记载疑点不少，史书说是武则天暗中下毒，做了手脚，嫁祸给武家兄弟，既然是秘密的，外人如何得知武则天干过？怎么能如此肯定？武惟良、武怀运身为地方官，向皇家献食，难道你献了，皇帝、皇后就直接吃了？中间没有人验毒？如果有人图谋不轨，有关部门不加验证就给皇帝吃，后果不堪设想。真相到底是什么？很难判断了。

那么武则天真的不想用外戚吗？当然不是了，她不想用自己讨厌的外戚，再加上高宗手握实权，对外戚有防范心理，武后纵想提拔也有心无力。等到高宗一死，局势大变，武太后马上在东都建武氏七庙，封武承嗣为礼部尚书，武三思为夏官尚书；武懿宗为洛州长史、左金吾卫大将军，其父在高宗时不过官至仓部郎中。一时之间诸武用事，个个升职加薪，迎娶白富美，登上人生巅峰，这与高宗时代的谨慎收敛大相径庭。

因此，武皇后的根基并不牢固，影响力远没有想象中的大，其荣辱沉浮依然牢牢掌握在皇帝手上。既然如此，李治自然不会"动为后所制"。

道士郭行真

对于本章开头提到的李治废后案的五位主角,世人最陌生的莫过于道士郭行真了。其实在麟德元年,唐高宗并非首次听说郭行真这号人物,几年前,郭行真就帮帝后二人在泰山立过鸳鸯碑。此外,他还参与过皇子的医疗,武则天的长子李弘自幼体弱多病,健康状况不佳,而李治本人对道教又比较认可,所以寄希望于神仙,让郭行真帮忙想想对策,还曾派他外出采药。

尽管和高层勾搭上了,但郭行真最终的结局并不好。据佛教典籍《法苑珠林》卷第五十五《破邪篇》记载,郭行真劣迹斑斑。

"上托天威,惑乱百姓。广取财物,奸谋极甚。并共京城道士,杂糅佛经,偷安道法。"李治看了他的道法觉得有问题,让司法机构审问、拷打以后,郭行真将自己的罪行和盘托出。知晓结果后,受到欺骗的皇帝决定处置郭行真,下诏:"论斯咎衅,宜从伏法,以其参迹道门,情所未忍。可除名长配流爱州,仍即发遣令长纲领送至彼。官司检校不得令出县境。其私畜奴婢、田宅、水碨、车、牛、马等,并宜没官。"本来想要他小命,可于心不忍,改为发配爱州,不法所得悉数充公。爱州之前我们提到过,就是褚遂良最终贬谪的地方,治所在今天的越南清化西北,那里的生存条件极为恶劣,基本上有去无回。

郭行真被流放爱州一事发生在龙朔三年(663),而唐高宗废后案发生在次年,麟德元年(664),时间上明显矛盾。既然郭行真被李治亲自下令流放,又怎么可能会在一年后跟武则天在宫廷中厌胜?所以这个废后的理由也是不成立的。《法苑珠林》一书由僧人道世所著,写于总章元年(668),其中对郭行真结局的叙述属于当代人写当代事,可信度应该比较高,像人物结局这种很明确的史实估计不会有错。

废后案给出的理由不符合事实，其记载的来源恐怕也有问题。这件事情《旧唐书》并没有记载，《新唐书》和《资治通鉴》记载了。《旧唐书》的前半部分依据的是唐朝官方修的国史、实录，李治废后案牵涉了废除皇后、诛杀宰相这样的国家大事，如果发生过，国史中不可能没有提及，《旧唐书》的作者在编书时更不可能置若罔闻。小事不提也就罢了，这么大的事，不写实在说不过去。但事实是，《旧唐书》中确实没有记载。

《新唐书》和《资治通鉴》之所以记载了，是源于中唐时期的一本笔记小说《大唐新语》，作者刘肃，唐宪宗元和时人，生活年代距离唐高宗在位时期已经有一百多年了。对比《大唐新语》和《新唐书》《资治通鉴》，可以发现后者对此事的记载基本上照搬了前者，没有什么改动。再从《大唐新语》的内容看，作者是个对武则天很有意见的人，特别反感女人干政。这本书的内容取材于朝野遗闻，其实历朝历代都是这样，老百姓对深宫中的内幕、斗争很有兴趣，觉得特神秘，但又苦于没有渠道获得，于是街头巷尾会有很多传言，正史野史都有，并不一定准确，真真假假。

上官仪到底因何而死

话虽如此，但在麟德元年十二月，上官仪的确被杀了，这又是怎么回事？要解答这个问题，就不得不提上官仪的往事了。上官仪的父亲上官弘在前朝曾经担任江都宫副监，虽然是个官，但并没有直接让上官仪成为官二代，享受优越的生活，在他很小的时候，父亲被将军陈棱所杀。家庭的悲剧并未让上官仪走向平庸，之后他发愤读书，涉猎经史，学有所成，文采出众。就连唐太宗都知晓了他的大名，召授弘文馆学士，并让他参与皇室的宴饮、集会，参与编撰《晋书》。

上官仪确实有文采，善属文，因此能通过科举考试，被上层看中，获得平步青云的机会。但朝廷之中，有文采的人大有人在，为什么李治不用其他人，偏偏任命上官仪为宰相？对此，一块墓志似乎可以回答这个疑问。2013年陕西咸阳机场附近发现了上官仪孙女上官婉儿的墓志铭，记载了上官仪生前的官职："祖仪，皇朝晋府参军、东阁祭酒、弘文馆学士、给事中、太子洗马、中书舍人、秘书少监、银青光禄大夫、行中书侍郎、同中书门下三品，赠中书令、秦州都督、上柱国、楚国公、食邑三千户。""皇朝晋府参军"一职颇为引人注目，因为李治成为太子前，爵位正是晋王，换句话说，上官仪在李治还是晋王时就已经在王府与之共事了，有同样经历的，还有我们之前提到的李义府。正因为是嫡系，又很有才能，李治打败托孤大臣后，将王府旧部予以提拔，这样一来，上官仪、李义府的飞黄腾达就是情理之中的。

上官仪被提拔为宰相时，正是李义府复职，较为嚣张的日子。为了不让李义府、许敬宗这一派势力做大，李治提拔许圉师和上官仪作为制衡的棋子，出乎意料的是，许圉师因为儿子犯事而倒台，眼见政敌被贬，李义府因此更为嚣张。面对他的种种劣迹，李治实在看不下去，就跟李义府谈心，好生劝勉，李义府拒不向朝廷承认错误，还把李治惹恼了。皇帝亲自下手，把李义府赶出了朝廷，并提拔审讯此案、与上官仪关系较好的刘祥道为右相。

李义府被贬后，史书记载上官仪"颇恃才任势"，仗着自己有才有地位，任意使用权势。看着他发达了，许多人纷纷效仿上官仪，"上官体"便应运而生。由于太高调，已经"为当代所嫉"，看他不爽的人多了去了,怀着羡慕嫉妒恨的心态。文人本来就清高,加上被君王重用,此时的上官仪可谓春风得意。

李治、武则天结婚十几年了,又处于权力中心,夫妻间出现矛盾很正常,但这个矛盾显然不是武则天大权独揽或者有诅咒皇帝的行为,而是其他的,有学者推测是由于魏国夫人,此说有一定道理,但也只是推测而已,具体是什么无法得知。当时上官仪正在高宗身边,想要打倒辅政的武则天,扩大自己的权势,就伺机劝皇帝废后,没有了武则天这个帮手,皇帝必然更加仰仗宰相。若李治的身体情况继续恶化,连路都走不了了。上官仪就可以独揽大权,权倾朝野。

正在气头上的李治决定废后,忽然,武则天赶到,晓之以理,动之以情,李治心软,很快放弃废后的念头。上官仪的举动,引起李治警觉。要是上官仪的势头进一步发展,许敬宗失势,武则天的后位动摇,那么太子李弘的地位就岌岌可危。综观上官仪的履历,有一段颇为刺眼:"先为陈王咨议,与王伏胜俱事故太子忠。"李忠是李治的长子,长孙无忌一派拥立的太子;武则天当上皇后,因为要立嫡长子,将李忠废掉,后来因为他在封地里不老实,又废为庶人,幽禁黔州。如今老部下上官仪得志了,表面上看权势还很大,那么他会不会谋立李忠呢?

想到此,李治不由得捏把汗,皇帝已经患心脑血管疾病好几年了,始终无法痊愈,动不动就发作,每当眼睛看不见东西时,感觉十分痛苦,尽管生在皇家,享受当时一流的医疗条件,却仍然可以切身体会到:在顽疾面前,生命到底有多脆弱。因此,李治想到了太子李弘,为了能让李弘成熟起来,早在去年十月,就已经让李弘监国了,"诏太子每五日于光顾门内视诸司奏事,其事之小者,皆委太子决之",

李弘不过十一岁就开始接受锻炼，学习怎样成为一个优秀的储君，可他毕竟还年幼，万一哪天皇帝病情失控，无法理政甚至驾崩了，太子真的能够顺利登基吗？朝中支持他的力量明显处于劣势呀！别有用心的上官仪会不会有什么动作？

为了确保政权稳定，李治决定除掉隐患，杀死李忠、上官仪，加上那个王伏胜。王伏胜是宦官，政敌天天就在皇宫里，怎能心安？于是授意许敬宗上奏章弹劾。老许心领神会，马上诬告他们谋反，他的命运跟皇后、太子是紧密相连的，要是太子、皇后被废了，他也难逃被清洗的命运，为了自己的政治利益，必须参上官仪一本，尽管上官仪与被囚禁黔州的废太子不大可能真的谋反。

政治清洗与垂帘听政

在这场政治事件中，被处置的远非上官仪一人。与他关系较好的刘祥道被解除宰相职务，改任司礼太常伯，刘祥道之前因为帮李治铲除了李义府而拜相，他尽管身居高位，似乎看透了官场，"性谨慎，既居宰相，深怀忧惧"，整日提心吊胆，生怕哪天就轮到自己倒霉了。为此，老刘多次要求赋闲，李治都不准，这回上官仪出事，皇帝考虑到他之前的态度，只是降职了事。上官仪之子上官庭芝一同被杀，其女上官婉儿后来成为李显的昭容。高季辅之子高正业与上官仪关系好，流放岭南，此外，跟小高一同流放的还有左肃机郑钦泰，司虞大夫魏玄同、张希乘，长安尉崔道默等一批朝士，简州刺史薛元超长流巂州，鄁国公郭广敬任隰州刺史，详行正卿尔朱义琛任沁州刺史，司宰正卿窦斌解职事，授银青光禄大夫，"以散官依前陇右检校，并坐与仪交游故也"。

为了打消部分大臣的非分之想，李治决定强化武则天的地位，皇后稳，太子李弘的位子就稳。在上朝时，允许武皇后垂帘听政，政事无论大小都让她知晓。许多人受明清遗留下来的观念影响，认为女人临朝参政，便是皇权受到了极大的挑战。其实隋唐时期受少数民族观念影响较深，女人参政并非不可，隋文帝时，独孤皇后便与杨坚合称二圣，夫妻俩经常一起讨论政事，"后每与上言及政事，往往意和，宫中称为二圣"。所以说武皇后参政、与皇帝合称二圣是有先例可循的，契合唐朝的时代背景。武皇后虽然可以垂帘听政，但并不意味着事事都由她来决定，原因开头已经说过了，李治的态度依然十分关键。

不知不觉，从显庆四年到麟德元年，短短五年间，三个宰相倒台，其中两个被杀，一个流放，被牵连的远远不止一两个，政治斗争之残酷，可见一斑。经过几次大清洗，朝廷安静了许多。上朝时，大臣们个个保持沉默，既不进谏，也不举贤，让李治深感不满。先前这么多大臣被杀，伴君如伴虎，大臣们好不容易混了个京官，谁敢拿前途开玩笑，去提什么意见。多磕头，少说话，才是最保险的。

三年后，李治又责备大臣们不推荐人才，面对领导指责，群臣还是一声不吭，不敢妄议。这时，一个叫李安期的官员打破了僵局，他对皇帝说："人才是有的，也不是我们不推荐，实在是怕被别有用心的人说我们结党啊，结果被推荐的人还没发挥作用，推荐的人就已经先获罪了。"又说："陛下果推至诚以待之，其谁不愿举所知！此在陛下，非在群臣也。"指出是皇帝的责任，不是大臣们的事，这锅得皇帝背。李治听后，觉得十分有道理，"深以为然"。是啊，为了维护自己的权威，杀戮太重，政治空气紧张，吓得大臣们都不敢说话了，看来呀，得改改咯……

在这个时期，李治的统治逐渐走向辉煌，苏定方先后平定三国，灭亡了百济，内部的政局也逐渐走向稳定，算得上唐朝比较好的时期了。

第七章　李治与许敬宗

假如你生活在大唐乾封元年，并且在长安城里混了个大官当。每次上朝，从禁门到内省的路上，你一定会看见两个骑马的老头。第一个老头武将出身，司空李勣；另一个老头文官出身，太子少师许敬宗。两位长者一文一武，年事已高，行走不便。李治为了表达朝廷对老同志的关怀，特批他们上朝时骑小马代步。当二人在夕阳的余晖下缓慢前行时，既是一种荣耀，也有一丝悲凉。光荣是他们七十多岁了，历经宦海沉浮，还身居高位，屹立不倒；凄凉是就剩他们俩了，以前共事的同僚、打击的对手，都已经化为黄土一抔，不复存在。

这样的日子不可能维持太久，几年后，总章二年年底，噩耗传出：英国公李勣病故。如此一来，骑马二人组就剩许敬宗一个人了。老许春秋七十有八，走不动路，下不了笔，时日无多，眼见李勣也去了，干脆就要求退休。李治心里明白，老宰相油尽灯枯了，没强留，准其所请，并保留待遇。给他加特进，俸禄如旧，可以光拿钱不干活。三年后的某一天，"大唐联播"发出头条：许敬宗过早离开了我们，享年八十一岁。李治听后为之举哀，废朝三日，诏令文武百官到府邸哭丧，并追赠开府仪同三司、扬州大都督，陪葬昭陵。生前官至宰辅，死后陪葬皇陵，寿命还很长，生荣死哀，官做到这份儿上，说实话，已经让百分之九十九点九的人羡慕嫉妒恨了。

看完上面这段话，肯定有人已经露出了鄙夷的目光，忍不住吐了口唾沫。因为在《新唐书》中，许敬宗与李义府、李林甫等人"光荣"地进入了《奸臣传》，在后世的声名相当狼藉。《奸臣传》最后的评语里，作者甚至说："呜呼，有国家者，可不戒哉？"身为统治者，可要提防这帮坏蛋呀！那么老许到底是个什么样的人？他究竟是怎么上位的？又靠什么成为政坛"不倒翁"？

许敬宗上位：真本事＋跟对人

许敬宗出身于官宦世家，爸爸叫许善心，隋朝礼部侍郎。许家祖上从高阳南渡后，便在江南世代为官，连许敬宗的籍贯都是杭州新城。因为家境良好，又有天赋，老许受父亲影响，从小擅长写文，考上过秀才，练就了一番真本事，在过去，这种人被称作天上的文曲星下凡。如果不出意外的话，他可以成为一个官二代，然后慢慢升迁，成为父亲那样的大官，延续家族荣耀。可是天有不测风云，人有旦夕祸福，隋末乱世来临了。江都之变中，许善心被宇文化及杀害，老许失去了倚仗，只能靠自己打拼。

经历过丧父之痛，许敬宗一路北上，先是投靠了李密，与魏征同为管记；后来李世民听说他的大名，召入秦王府，成为著名的"十八学士"之一。当时天下大乱，政治势力很多，大家都在争取人才，像许敬宗这样有文采的人，肯定不会没人要，秦王邀请他，只是提供了一条出路，要是他不看好秦王，完全可以选择不去，他的同事魏征不就加入了太子李建成的阵营嘛？但许敬宗同意了秦王的邀请，没有站错队，说明他是看好李世民的前景的，具备前瞻性。有了这层背景，日后的前途便有了保障。贞观八年，兼修国史，升迁为中书舍人。唐高宗后期曾有一位叫薛元超的宰相，他在晚年曾经总结过人生的三大憾事：

1. 没有进士及第。

2. 没有娶到五姓女。

3. 不能参与编修国史。

由此可见，编修国史是件非常荣耀的事情，一般人还轮不上，许敬宗能够参与进去，是领导对他能力的高度认可。老许此时四十来岁，正值仕途的上升期，但生活并非一帆风顺，打击很快就来了。两年后，长孙皇后病故，服丧期间，整体气氛非常肃穆，可是在许敬宗身上产生了不和谐现象，他看到率更令欧阳询相貌丑陋，非常有喜感，竟然在公开场合哈哈大笑，这一笑让他付出了代价。御史趁机上表弹劾，要求惩罚许敬宗在大丧期间的不检点行为，老许就被贬为洪州都督府司马。还好，这只是短暂的打击，没过几年，老许就被重新起用，毕竟人家实力摆在那里，国家缺人才。相继担任给事中等职务，其间还因为修成《武德实录》《贞观实录》，获得了高阳县男的爵位，赐物八百段。

转眼间就到了贞观后期，李世民一天天地衰老下去，经过一番波折，李治最终成为太子。对老许来说，他非常幸运，被任命为太子右庶子，又跟对了人。此时许敬宗已经年过半百了，李治不过十五岁，理论上来说，老许的后半生不用愁了，等到太子登基，还会重用东宫旧臣，许敬宗的前途应该更加光明。贞观十九年，李世民御驾亲征高句丽，皇太子在定州监国，而辅佐太子，帮助处理国家政务，"共知机要"的，高士廉是一个，许敬宗是一个，这样的安排充分显示了朝廷对老许的信任。战争期间，中书令岑文本病故，许敬宗便去了前线。

唐太宗在驻跸山大败高句丽，龙心大悦，准备发布诏书，这可是老许最擅长的，他站在马前草诏，写成后，文采斐然，太宗皇帝读罢连连称赞。由此可见，想要混得好，光靠嘴皮子、察言观色是远远不够的，必须得有取信于人的真本事才行。

史书中还记载许敬宗曾经为张玄素、赵弘智等人求情，张、赵等人原本是东宫官员，因为受到李承乾案的影响，有污点，当局弃之不用。许敬宗希望李世民能够宽恕他们，因为这些人没有与李承乾一起谋反，并且很有才能，不用的话浪费人才。此举可是要冒风险的，李承乾犯的是谋反罪，预谋颠覆李世民的统治，相当于唐太宗的政敌。要是疑心重的皇帝肯定会怀疑了：你许敬宗什么居心啊，替辅佐过敌对分子的人说好话，是不是有什么企图啊，虽然没有证据能说明他们是太子的同伙，可还是有嫌疑的，能留他们已经是天恩浩荡了，换个心狠的皇帝，宁可枉杀一千，不可放过一个。还好，李世民挺相信许敬宗的，同意了他的请求，但也有所保留。"由是玄素等稍得叙用。"提拔的幅度并不大，也许对他们来说，能略微起用已经是大恩大德了。

寻找与皇帝的共同利益

李治上台后，东宫属官张行成、高季辅、于志宁担任了宰相，同为东宫官员的许敬宗，非但没能迎来人生的春天，反而又遭遇了贬谪，这一回，是在女儿的婚事上栽了跟头，老许把女儿嫁给了少数民族酋长冯盎的儿子，收了许多彩礼，被有关部门弹劾，被贬为郑州刺史。直到永徽三年才回到中央，担任卫尉卿，弘文馆学士，同时兼修国史。为什么与他资历相同的人都上位了，许敬宗却不能被提拔为宰相？因为当时炙手可热的是皇帝的舅舅长孙无忌，宰相队伍中，除了李勣、于志宁,其余都是长孙无忌的人。许敬宗跟国舅不是一派的,当然得不到提拔了,人家肯定用自己人呀。此刻的许敬宗正处在一个临界点上,他离宰相之位只差一步之遥,只要搬开前面的绊脚石,就能够登顶。

机会很快就来了,顾命大臣们倚老卖老,排除异己,不把皇帝放在眼里。李治感觉皇权受到了阻碍,想要除掉老家伙们。许敬宗看准时机,审时度势,知道机会来了,果断与皇帝站在一边。在与长孙无忌一派的斗争中,李治起初想让舅舅主动让步,许敬宗得知后,就跑去游说国舅,结果被直接骂了出来。当李勣表态支持皇帝后,许敬宗又做舆论宣传,为皇帝造势,他在朝廷里放话:"田舍翁多收十斛麦,尚欲易妇;况天子欲立一后,何豫诸人事而妄生异议乎。"人家庄稼汉多收了点麦子,尚且想换个更好的老婆,现在富有四海的天子想换个皇后,某些人有什么好反对的!

进入决战阶段,许敬宗与李义府成为李治的左膀右臂,他们一起捏造罪名,诬陷韩瑗、来济、褚遂良等人,为李治铲除他们提供事实依据。两人如此卖力,又如此得力,李治投桃报李,不会亏待他们,很快,许敬宗被任命为侍中,终于实现了当宰相的梦想。显庆四年,长孙无忌的党羽已经贬的贬,死的死,清算他本人的时刻终于到来了。这时李义府被贬在外,收拾国舅的重任,许敬宗责无旁贷。在老许的安排下,长孙无忌被安上了谋反的大罪,但到李治这,年轻的皇帝还是有些顾虑,毕竟对舅舅动手,后人该怎么看他呀!见状,许敬宗引经据典,举出了汉文帝杀薄昭的例子,你看,汉文帝杀了舅舅,后人不照样说他是明君嘛,所以陛下收拾长孙无忌,真的一点问题都没有。解决了理论上的难题,李治彻底下定决心。为了消除后患、斩草除根,许敬宗又派袁公瑜到黔州,名义上是重新审理此案,实际上是逼国舅自尽。长孙无忌的死亡，凶手好像是许敬宗，实际上是李治，因为长孙无忌尽管倒台，至少是皇帝的亲舅舅，没有皇帝的命令，谁敢动手？要是哪天李治反悔了，肯定拿他出气呀！

老许通过给皇帝做打手，终于在暮年登顶，要是这个年纪还不能上位，恐怕得等下辈子了。显庆三年，"代李义府为中书令，任遇之重，当朝莫比"。许敬宗虽然成为宰相，但付出的代价也很大，因为他要遗臭万年了。那些命运惨淡的托孤大臣，实际上并没有真的谋反，李治和许敬宗为了整他们，罗织了罪名。在百年之后，人们出于对皇帝的尊重，对皇权的敬畏，对武则天的反感，不会对李治口诛笔伐，但会把许敬宗钉上耻辱柱，说他是陷害元老的奸臣，"罪魁祸首"。联想到秦桧与宋高宗的关系，又何尝不是如此？西子湖畔，岳飞墓前，最该跪的人没有出现，也不会出现，"从犯"被当成了"主犯"，遭后人唾弃。尽管如此，许敬宗应该不会在意，因为他知道，一个人永远都不可能让所有人满意，何况是在水很深的官场，自己虽然陷害过褚遂良等人，可褚遂良诬陷的人也不少呀，没几个人是问心无愧的。《贞观政要》中就记载过这样一段对话，体现出许敬宗的态度：

唐太宗问许敬宗曰："朕观群臣之中唯卿最贤，人有议卿非者，何哉？"

（许）敬宗对曰："春雨如膏，农夫喜其润泽，行人恶其泥泞；秋月如镜，佳人喜其玩赏，盗贼恶其光辉，天地之大尤憾，而况臣乎……人生七尺躯，谨防三寸舌，舌上有龙泉，杀人不见血。谁人面前不说人？谁人背后无人说？"

晚年的许敬宗资历深厚,地位稳固,又颇受皇帝信任,李治经常向老许咨询历史问题,毕竟人家有学问。有一次,李治跑到长安故城中游览,问侍臣说:"昆明池是汉武帝何年中开凿?"许敬宗答道:"武帝遣使通西南夷,而为昆明滇池所闭,欲伐昆明国,故因镐之旧泽,以穿此池,用习水战,元狩三年事也。"开凿的具体时间、前因后果解释得一清二楚,非常精确,要是读的书少,肯定就懵在那了。后来去封禅泰山,李治又问濮阳为什么被称为帝丘,许敬宗一听,表现的机会来得如此突然,立即骑马赶上,说颛顼以前住在这里,所以叫帝丘。类似的场景发生过很多次,就不一一列举了,每次回答相关问题,许敬宗都能对答如流,不费吹灰之力,俨然一副专家的模样,与之相对的,窦德玄就答不出来。你能帮皇帝解决难题,皇帝就把你当人才,离不开你。

在长孙无忌死后的十几年里,许敬宗能够屹立不倒,还与武皇后、太子李弘的位子稳定有关系,因为李治除了立武则天的儿子为太子,实在是没有更好的选择。李治总共八个儿子,长子李忠已死,次子、三子都是宫女所生,生母地位低下,四子是萧淑妃生的,萧淑妃当年的罪名是"谋行鸩毒",阴谋害死皇帝,要是立她的儿子为太子,简直就是打李治自己的脸。后面四个儿子都是武则天的儿子,因此,不立武则天的儿子又能立谁呢?况且李弘非常受李治的喜爱,年纪轻轻就让他学着监国,等到李弘英年早逝,李治还追封他为皇帝。那李治能不能再生几个呢?实际上相当困难了,尽管李治仅仅四十岁,但从显庆末年发病以来,身体一直不好,心脑血管疾病愈演愈烈。随着时间的推移,可以说是每况愈下,太平公主出生后,李治就再也没有孩子出世了。

许敬宗的命运，又和武则天、李弘紧紧联系在了一起。武则天刚刚登上后位，许敬宗就上表，请求废太子李忠，立武皇后的长子李弘为太子，李治看后立马准奏。这其实是权力倾轧的必然结果，因为李忠是王皇后的舅舅柳奭建议册封的，而柳奭又与长孙无忌是一伙的，如今王皇后被废，托孤大臣势微，太子之位更迭不可避免，可以说是胜利成果之一。既然李弘是许敬宗拥立的，那许敬宗就必须保住太子，要是皇后、太子被废，新势力上台，许敬宗八成也要被清洗。政坛这个地方，自古以来就是你方唱罢我登场，难道只准你搞别人，不准别人动你？所以麟德元年，上官仪不安分时，又是许敬宗出面弹劾他，最后李忠被赐死，上官仪被杀。此举不光是为了武皇后，更是为了自己，否则前功尽弃，晚节不保，身败名裂。

深受病痛折磨的李治也需要武则天帮忙辅政，避免大权旁落到其他男性手里。既然皇帝有意巩固皇后、太子的地位，自然需要老江湖许敬宗保驾护航，给他们撑场面了。而且许敬宗与李义府不同，小李出身寒门，好不容易混到了宰相的位置，一得意就容易忘形，不知进退。具体表现是全家上下搞贪腐，卖官鬻爵，门庭若市，连改葬个祖父都要弄得全世界都知道，送葬队伍长达七十里，很多达官显贵都去溜须拍马，动静很大。皇帝好心指出他的错误，他还敢跟领导顶嘴。果然用不了多久，小李就垮台了。

许敬宗就没李义府那么嚣张，他在官场混了三四十年，什么人没见过，什么事没听过。自幼成长在官宦世家，对高官厚禄已经淡然。他此时拥有的，相比于当年的父亲，不是天差地别，只是更上了一层楼。如今他年事已高，已经七十多岁了，都这么老，按当时的人均寿命看，没几天可活。既然对皇权没有太大威胁，名声又不好，还帮过皇帝的忙，且是长辈，对他予以优待能够体现朝廷对老臣的尊重，激励更多有志青年为朝廷效力。

许敬宗虽然去世了，但他是一个饱受争议的人物，对他的争论，从唐高宗时就开始了。有人说他治家无方，有人说他贪得无厌，还有人说他蓄意篡改历史，而且是给了钱就能青史留名，得罪了他就遗臭万年，事实真的是这样吗？《新唐书》为什么要把他写入《奸臣传》？

国舅历史被篡改：许敬宗的"大手笔"

有一只威震四方的凤凰，向着朝阳敛翅而息，每当晨光初现，它便在紫雾中飞翔，等到夕阳西下，它就饮玄霜止渴。因为风霜高洁，遗世独立，富有才华，不可避免地遭到小人的妒忌，更悲剧的是，这个小人还是自己的亲人。"同林之侣俱嫉，共干之侪并忤。无恒山之义情，有炎州之凶度。"因为饱受陷害，形势万分危急，生命岌岌可危，凤凰骑虎难下，心灰意懒，"期毕命于一死，本无情于再飞"。关键时刻，"幸赖君子，以依以恃，引此风云，濯斯尘滓"。幸好遇到了生命中的贵人，大家相互扶持，尽心竭力，风雨同舟，总算渡过难关。怀着感恩之心，凤凰决定和他们善始善终，携手走完生命最后的旅程。

这就是初唐作品《威凤赋》的大意，为我们讲述了一个美丽动人的故事。那么问题来了，作者是谁呢？这样吧，不要急着去看下面的答案，发挥你的聪明才智，猜一猜，看看你能不能猜中……能猜中，绝对是学霸中的学霸，我等学渣只能默默仰望。

答案一：有人会说苏轼、王安石、欧阳修等。可是他们不是唐朝人……

答案二：肯定有人会猜杜甫、白居易什么的，然而他们并不活跃在初唐……

答案三：还有人会猜王勃、骆宾王、卢照邻等，说王勃的话有点道理，他怀才不遇、人生坎坷，读他的《滕王阁序》，便可略知一二："勃，三尺微命，一介书生，无路请缨，等终军之弱冠；有怀投笔，慕宗悫之长风。"可惜王勃英年早逝，葬身波涛，并没有遇到生命中的贵人，引领他扶摇直上……

思来想去，你或许以为是哪个怀才不遇的文人，然而真相：他是个九五之尊的皇帝。《威凤赋》的作者，正是唐太宗李世民。在赋中，高冷的凤凰当然就是李世民的自喻了，顺理成章的，嫉贤妒能的"同林之侣"、不怀好意的恶鸟鸱鸮，必然指的是李建成、李元吉。在双方摊牌的最后时刻，李世民依赖长孙无忌、尉迟敬德等"君子"鼎力相助，得以涉险过关，赢得最后的胜利。作为回报，李世民决定善待他们，日后君臣互不伤害地相处下去，名垂青史。

据文献记载，李世民写这篇赋是用来送人的，根据内容看，送的肯定是位功臣。那么具体是送给哪位呢？史书上存在争议，唇枪舌剑开始了，有一种说法是唐太宗赐给了长孙无忌，结果许敬宗在编史书时做了手脚，硬生生地改成赐给尉迟敬德，因为他的儿子娶了尉迟家的女儿，想给亲家长长脸。咸亨四年，唐高宗李治翻阅国史，看出了许敬宗的错误，他说："至如先圣作《威凤赋》意属阿舅及士廉，敬宗乃移向尉迟敬德传内。"

如果光从赋的内容来看，还真不好说是给长孙无忌还是尉迟敬德，两人在玄武门之变中都立有功劳。贞观元年，长孙无忌"以功第一，进封齐国公，实封千三百户"。尉迟敬德则救过李世民一命，亲手射杀李元吉。并"擐甲持矛，直至高祖所"，逼迫李渊就范。但李治都说是长孙无忌，那就很重要了，因为李治是李世民从小带大的，一直跟在父皇身边，唐太宗对他十分偏爱，并将大唐的江山社稷托付给他，对于这个问题，李治的表述真实性很高。

在初唐时期，长孙无忌可不是一般人呀，他是唐太宗的发小，长孙皇后的哥哥，李治的舅舅，曾经担任过宰相，一位炙手可热的外戚。许敬宗真是吃了豹子胆，竟然敢篡改他的历史？简直是要逆天！其实之前我们已经说了，编纂国史事关重大，不是许敬宗想怎么写就怎么写的，除非他权倾朝野，连皇帝都不放在眼里。但实际上，他远远达不到，许敬宗是依靠皇帝的支持，整长孙无忌上位的。现在连长孙无忌这样的外戚、宰相、三朝元老都可以拿下，还有谁李治动不了？更何况是个不如国舅的许敬宗？所以许敬宗篡改历史，并不只是个人需要，更主要还是李治的授意。

站在时间的角度，许敬宗改编这件事，肯定是发生在显庆以后，因为在贞观年间和永徽年间，许敬宗混得还没国舅好呢，人家长孙无忌与皇家的关系特殊，贞观后期又再度被委以重任，深受太宗信任，借许敬宗一个脑袋，他都不敢篡改有关国舅的史实。但是在显庆元年以后，李治对长孙无忌一伙举起了屠刀，到显庆四年，国舅在黔州被袁公瑜逼死，罪名是谋反。谋反不管在哪朝都是大罪重罪，要昭告天下的，长孙无忌成为一个官方否定的人物，十恶不赦，全国人民都要以其为戒，避免走上同样的覆辙。这么一来，如何在史书中记载国舅成为一个相当头疼的问题。

想到贞观年间，长孙无忌和唐太宗的关系相当之好，"太宗以无忌佐命元勋，地兼外戚，礼遇犹重，常令出入卧内"。好到经常可以进出皇帝卧室,有人看不下去了,秘密上表,说长孙无忌"权宠过盛"。李世民为此解释道:"朕今有子皆幼,无忌于朕,实有大功。今者委之,犹如子也。疏间亲,新间旧,谓之不顺,朕所不取也。"都把长孙无忌看作自己儿子了。到显庆四年,突然来了个一百八十度大转弯,原先与先皇亲密无间的人竟然是个想谋反的人,你要是写到史书上,后人该怎么看待李世民?肯定得说他得了白内障,识人不明,混入了大叛徒,你李世民都看不出来。更糟糕的是,还把他任命为首席辅政大臣,继续辅助太子。如此一来,对先皇的名誉无疑是个巨大的打击。

李治的孝顺可是出了名的,他刚刚即位时,不忍心看《秦王破阵乐》,怕睹物思人,想念皇考。几十年后,太常少卿韦万石上奏:"久寝不作,惧成废缺。请自今大宴会复奏之",李治方才同意。一件事情,如果对先皇不利,他八成是不会做的。比如,褚遂良下台后,刘洎的儿子为父亲鸣冤,说当年刘洎被褚遂良陷害而死,如今坏人得到了应有的惩罚,请求皇上给家父平反。如果李治采纳,明显是有利于当时的政治斗争的,这样等于给褚遂良增加了一个罪名,当老百姓看到褚遂良谋害忠臣,必然会拥护朝廷的决定,认为李治贬谪他是明智之举。但事情最后还是夭折了,因为涉及先皇。

当年是李世民亲自下令杀刘洎,之所以杀,主要还是因为他是魏王党,褚遂良那几句谗言只不过是借口罢了。尽管如此,可老百姓不知道内情呀。现在为刘洎平反,人们就会说了,原来先皇并不如宣传中的那么英明,他还有听信谗言,妄杀大臣的"优秀事迹"。想到此,李治就此打住,绝口不提平反之事。

刘洎案的处理方法是不作为,那么关于长孙无忌的问题,就得作为了,具体的方法是改编历史,尽量消除他的正面影响。史书中,李世民优待国舅的事例，要不干脆不提，要不移花接木，改成对其他人好。比如，把原本赐给他的《威凤赋》改成送给尉迟敬德，这样后人就会觉得李世民更信任尉迟将军，而不会想到长孙无忌了。

既然是按照李治的授意改写的，怎么到咸亨四年，李治又反咬一口，说许敬宗篡改历史，让他不满意呢？这件事情，其实与当时的政治形势变化有关。到咸亨年间，长孙无忌已经死了十几年，经过十几年的风风雨雨，当初的怨恨被时间一点点冲淡，当初的不满一点点冰释雪融。李治已经人到中年，饱受病痛折磨，这时他又想起了舅舅的好，就在指出许敬宗的问题，让刘仁轨修改历史不久，上元元年，"有诏追复无忌官职，特令无忌孙延主齐献公之祀"，对长孙无忌进行了重新评价，追复官职，还允许他归葬昭陵，基本上算是平反了。此事过后，舅舅的官职、名誉已经恢复，许敬宗改编过的东西当然就失去价值了。

李治说的话是要上史书的，他想把篡改过的历史纠正回来，但总不能对宰相们说，是他要求许敬宗改的吧，这样后世肯定会指责他，所以他装作一副不知情的样子："啊！《威凤赋》明明是我爸送我舅的，咋变成给尉迟敬德啦！"把锅甩给许敬宗，说是老许干的好事，他借职务之便，以权谋私，给亲家长脸。反正老许生前已经是背锅大侠了，死后再多背一个应该也不会介意。在当时，修国史是件荣耀的事情，让老许背锅是看得起他，一般人还没资格呢。

其实李治选这个时间点也有点意思。许敬宗去世六个月以后，他才指出老许的问题，时间如此接近。李治想给舅舅平反的念头是什么时候有的？如果在许敬宗生前就有了，他不愿意做，那真是善待老臣。许敬宗已经八十岁，长孙无忌是他的死敌，李治很感激老许帮自己打击托孤大臣，给的待遇很高。如果在许敬宗耄耋之年时给国舅平反，让人家老宰相怎么想呀？他心里得受多大的打击！

要是许敬宗刚病故就翻案，那也不好，尸骨未寒就否定人家的成果，不光伤许家人的心，也让大臣觉得皇帝不仗义，坟土未干就急着过河拆桥，以后谁还愿意给朝廷卖命，给皇帝背锅。所以李治的时机把握得恰到好处。对于这件事，有政治觉悟的人会想了，是不是李治对当年杀长孙无忌、废王皇后、立武则天感到后悔了？其实并不是这样，李治长孙无忌平反了，只是因为跟他有血缘关系，如果真是对当年政治清洗的懊悔，肯定会把褚遂良、韩瑗、柳奭也予以平反，人家确确实实没有造反。可直到李治驾崩，才把他们的子孙放还本郡，仅此而已，连官爵都没有追复，恨得妥妥的，朕只要还有一口气在，你们的子孙休想翻身。

正史上对许敬宗篡改历史还有两项指控，一项是拔高了钱九陇，说他原先只是个地位卑微的皇家奴隶，后来因为许家与钱家有姻亲关系，许敬宗就刻意夸大钱九陇的功绩、出身，说他出身门阀，并把他和刘文静、长孙顺德放在同一卷中。关于钱九陇，许多人并不了解，不了解就得看书找资料呀。翻开《旧唐书》《新唐书》的相关传记，先不看内容，会发现一个很搞笑的事情，两唐书在《许敬宗传》中批评许敬宗，说他编修历史时让钱、刘二人同卷，结果《旧唐书》《新唐书》的作者自己编书时，也把刘文静和钱九陇写在同一卷，《旧唐书》是卷五十七，列传第七，《新唐书》是卷八十八，列传第十三。真是只许州官放火，不许百姓点灯，同样的事情，人家许敬宗做就是篡改历史，他们做就是合情合理，简直是打自己的脸。《旧唐书》编撰时过于仓促，把很多国史的材料搬上来，忘记通读全书，改掉前后矛盾之处。那《新唐书》不会吧，说明刘、钱同卷是合理的，被后代史家继承。

钱九陇虽然是奴隶出身，但人家有本事，骑射本领强，很得李渊欢心。平时有什么活动，李渊经常把钱九陇带在身边。太原起兵时，钱九陇随军作战，之后参加过攻打关中、平薛仁杲、刘武周、窦建德、王世充等战役，其中攻打刘黑闼时，"力战破贼，策勋为最"，武德年间，凭借军功与高祖的信任，已经被封为郧国公，得到朝廷认可。贞观年间就没打过什么仗了，因为他年龄大了，又是李渊的人，而李世民要用自己人。病故后，陪葬高祖献陵，谥曰勇，赠武卫大将军、潭州都督。生荣死哀，可以说是一位战功赫赫、履历充实的将军、功臣。

了解了钱九陇，再去看看长孙顺德，长孙顺德是个有背景的人，长孙皇后的族叔。他的功劳是协助诛杀王威、高君雅，跟随平定霍邑、临汾，与刘文静征战潼关，因功封薛国公、左骁卫大将军。从阅历上看，钱九陇并不逊色于长孙顺德，而且长孙顺德在贞观年间多有劣迹，令唐太宗颇为头疼。有一次他收受贿赂，接受了别人给他的绢，败露后，李世民知其有功，不愿加罪，竟然当着众大臣们的面赏赐十匹绢，使其颜面尽失。后来又多次犯事免官，太宗始终没有动杀心，但印象很不好。所以说把钱九陇和长孙顺德放在同一卷中，没有任何问题，完全配得上。

至于刘文静，知名度比较高，凡是说到大唐的建立，肯定少不了此人。李渊曾经派他出使突厥稳定后方。刘文静不辱使命，承诺："人众土地入唐公，财帛金宝入突厥"，此番言论让始毕可汗颇为赞赏，当即同意发兵援助，李渊得知后非常高兴，帮他免去了后顾之忧。后来他又与屈突通在潼关征战，一开始战局不利，苦战数日，死者几千，刘文静见士兵疲惫，料想对方也好不到哪里去，就偷偷派人从后方偷袭，果然大败敌军。

可功归功，过归过，刘文静也有失败之处，当军阀薛举进犯时，李渊命李世民迎敌，未承想李世民突然病倒，将部队委托给刘文静和殷开山，结果惨败。而且刘文静结局也不好。因为与裴寂、李渊的关系恶化，被加上了谋反的罪名，惨遭处决，籍没全家。总之，长孙顺德、刘文静确实是有功劳的开国功臣，但后期的表现不佳，无法令执政当局满意；钱九陇功劳很大，劣迹不见于正史，许敬宗说他是门阀之后固然不对，但与两人同卷应该没有问题。

况且尉迟敬德、钱九陇都是官方认可的重要将领，不像封德彝、李建成是被否定的人物，对于有功于朝廷的人，让史官把他们写得好点，剔除些劣迹，也是很正常的事情，谁叫这是官方修订的历史呢，反映既得利益者的意志。加之许敬宗与他们结为儿女亲家，无论于公还是于私，他都有理由做这些事情，并被同僚和皇帝接受。

关于许敬宗还有一个问题，他到底该不该进《奸臣传》？除了篡改历史的指控，其他的罪名是否合理？

许敬宗真的是第一奸臣吗？

对于这样的问题，恐怕仁者见仁、智者见智，莫衷一是。既然不知道，那就看看史书，恰好《新唐书》有《奸臣传》。翻开一看，发现作者也没说谁最奸诈，只是罗列了几位心目中的几位奸臣，如果从先后顺序的角度出发，第一个奸臣是许敬宗，因为此人出现时间最早。

就这样，老许幸运地中了大奖，为什么呢？因为《新唐书》之前的正史，像什么《汉书》《三国志》《晋书》……哪怕是同样写唐朝的《旧唐书》,都是没有《奸臣传》的。正史中出现《奸臣传》正是从北宋欧阳修、宋祁编撰的《新唐书》开始,而许敬宗,"光荣"地成为正史《奸臣传》中第一位奸臣,此刻应该有掌声。

那么许敬宗到底是不是奸臣呢?许多人肯定会斩钉截铁地说:"是!"因为《新唐书》是正史,想必错不了,许多人也持同样观点,在"权威"面前,不信也得信。但是,如果对书中罗列的许敬宗"罪状"仔细分析,很容易得出完全相反的结论:老许被冤枉了,他不仅不是奸臣,还是忠臣,一个给皇帝背黑锅的忠臣。

毋庸置疑,老许在高宗朝为相多年,是个有争议的人物。咸亨三年,他老人家刚刚去世,朝堂上就有人对他表示不屑。当时的情况是这样的,许敬宗生前当过宰相、正二品的特进,死后又陪葬太宗昭陵,如此高级别的官员去世,朝廷要给他选个谥号。这时,太常博士袁思古发话了,他说:"敬宗位以才升,历居清级,然弃长子于荒徼,嫁少女于夷落。闻《诗》学《礼》,事绝于趋庭;纳采问名,唯闻于黩货。白圭斯玷,有累清尘,易名之典,须凭实行。按谥法'名与实爽曰缪',请谥为'缪'。"此番言论一出,许敬宗的孙子许彦伯不干了,如果皇帝真采纳了袁思古的建议,许家哪还有脸出去见人,当场就和袁思古吵了起来,说袁思古因为和许家有恩怨,所以才这样,请朝廷改个谥号。

见状,另一位太常博士王福畤也力挺袁思古,认为他说得有道理。双方争执不下,户部尚书戴至德就问了:"高阳公任遇如此,何以定谥为'缪'?"王福畤回答说:"以前西晋的司空何曾去世,太常博士秦秀便请求追谥为'缪丑',论忠孝,何曾一点都不差,只是因为生活奢侈,就得到了这么个恶谥。如今许敬宗的忠孝比不上何曾,论生活的奢靡程度,却在其上,所以给这么个谥号,是完全对得起他的。"

有人主张给许敬宗上恶谥,李治是什么态度呢?他当然是不同意的,许敬宗是自己和父皇的功臣,朝廷表彰的人物,现在他刚刚驾鹤西去,葬入昭陵,你就给人家一个恶谥。消息传出,群臣、百姓会如何看待重用过他的皇帝呢?君明则臣直,主昏则臣庸,你否定许敬宗,不就相当于打皇帝脸吗?于是下诏让尚书省五品以上官员重议,讨论来讨论去,最后改谥为"恭"。

按照袁、王二人的意思,许敬宗主要有三宗罪:

1. 把长子抛弃在蛮荒之地,毫无父子之情。
2. 将女儿嫁给少数民族,贪图钱财。
3. 生活奢侈。

乍一看,许敬宗真的好坏,但如果了解前因后果,会发现根本就不是那么回事。许敬宗的长子叫许昂,"颇有才藻",曾任太子舍人,可以说有背景,有能力。既然如此,许敬宗为什么要上奏皇帝,把他流放到岭南呢?因为"敬宗好色无度",那到底有多色呢?史书是这么说的:许敬宗的原配妻子早亡,婢女裴氏有姿色,许敬宗就把她娶了,作为自己新一任夫人;可是万万没想到,许昂竟然也喜欢裴氏,面对许家父子的爱情攻势,和老腊肉许敬宗相比,裴氏更喜欢小鲜肉许昂,就这样,与许昂私通了。

当听说自己被戴了绿帽子,许敬宗勃然大怒,一不做,二不休,果断把裴氏休了,并以不孝的罪名上奏皇帝,请求把许昂发配岭南,李治得知后当然准奏。由此可见,许昂被流放并没有什么问题,纯属罪有应得,许敬宗的做法是正确的。至于他娶裴氏,老夫少妻,这样的事情也没什么好奇怪的，娶个貌美的，就是"好色无度"了？在那样的年代又是那样的身份，选择娶谁是人家的自由。

"嫁少女于夷落"又是怎么回事呢？史书说许敬宗把女儿嫁给了少数民族酋长冯盎的儿子，收了人家许多彩礼，做得不对。这样的理由同样苍白无力，古代婚姻本来就是由家长包办的，鲜少有自由恋爱，父亲把女儿嫁给谁，那是人家的家事，又不违法，收多少彩礼也无定额。再说男方虽然住得偏远，可家境不错呀，冯盎是冼夫人之孙，少有谋略，英勇善战，治理有方，曾因平定獠民叛乱，受到唐太宗嘉奖，贞观二十年病故时，李世民追封他为左骁卫大将军，荆州都督，可以说在岭南也是有头有脸的人物。而且许敬宗身为中央高官，愿意把女儿嫁到岭南，实属不易，冯家多给点彩礼钱也合情合理。婚后，许家女儿幸福与否，不得而知，这跟地域没关系，反正都是父母包办的，嫁给中原的官二代也未必幸福。

对于第三个问题，《新唐书》是这么交代的："敬宗营第舍华僭，至造连楼，使诸妓走马其上，纵酒奏乐自娱。"批评人家住豪宅、饮酒作乐，生活作风有问题。许敬宗做到了宰相级别的高官，又受到李治的重用，"朝廷重比事之，威宠炽灼，当时莫与比"，过奢侈的生活，倒也不难理解。像魏征、于志宁一样，能够在发达后依然保持清贫，不注重物质享受，在当时毕竟是少数人。

许敬宗很有钱，又很喜欢花钱，钱多钱少不是问题，关键看他是否取之有道，是不是贪污所得，如果来源于合法途径，又有什么好苛责的呢？那么许敬宗的财富来源于哪里？他挣了多少钱？史书中没有他贪污的记录，倒是有受赏的记录，两唐书多次记载许敬宗受赏，比如，贞观十七年，他按照李世民的要求编好了国史，皇帝看后非常满意,封高阳县男,赐物八百段。后来又帮朝廷修《晋书》《西域图志》《文思博要》等书籍,"前后赏赉,不可胜计",皇帝赏的钱数都数不过来,而且他还有自己的爵位、俸禄,以及嫁女儿等事情获得的彩礼,想要维持高水平的生活并非难事。

那么,许敬宗入《奸臣传》的真正原因是什么呢?

什么长子与老婆通奸,女儿嫁入岭南,生活奢侈,不过是些鸡毛蒜皮的私事,既不违反法律,也不祸国殃民,你要批判他,顶多是站在道德层面。真正让许敬宗成为奸臣的,还是武则天。众所周知,当初李治想立武则天为皇后,长孙无忌、褚遂良等人反对,许敬宗、李义府等人支持,最终皇帝一方取得了胜利。多年后,武则天登基称帝,许敬宗成为有功之臣,因此被《新唐书》编入《奸臣传》。

在这个过程中,实际上是有问题的,永徽末年许敬宗支持立武则天为皇后,当时他怎么可能预料到,三十多年后武则天会称帝?武则天只是个昭仪,从感业寺回宫前,她是个尼姑,再往前数,是个卑微的才人,与政界、军界皆无来往,朝中连个有影响力的外戚都没有,手上哪有什么权力呢?许敬宗支持她当皇后,并非因为此人是武则天,他的目的是通过废后一事,帮助高宗打倒长孙无忌等人,自己好晋升为宰相,他效忠的人是皇帝,不是皇后。至于新皇后的人选,对他来说根本就无所谓。

在太宗驾崩后的三十多年里,李治始终都握有大权,武则天并不能怎么样;显庆以后,让武则天参政,是因为唐高宗有心脑血管疾病,每当疾病发作的时候,就需要有人帮着代理朝政,处理一些不是很紧要的事情。这个活,与其让给朝臣、太子,还不如让皇后干,皇后是女人,唐朝之前没有任何一个女人当过统一政权的皇帝,理论上威胁最小。麟德二年杀上官仪，也是李治的意思，如果武则天被打倒，就没有人帮李治处理朝政，随着年龄渐渐增大，病情逐步加重，大权就有旁落的危险。许敬宗弹劾上官仪，不仅仅是为了皇帝、皇后，也是为了自己，因为当年他支持立武则天为皇后，一旦皇后被废，下一个被清洗的就是他。

所以说许敬宗促成武则天最终称帝，只是客观上有这样的作用，主观上不可能有这个目的。"废王立武"时，人们无法预料三十多年后会发生什么，看看长孙无忌、褚遂良反对立武后的原因——王皇后没有过错、武昭仪并非出自名家、她给先帝做过妾，影响不好，没有一条说武则天可能会篡夺李家江山，如果李治能够预测未来，肯定也不会立武则天。那有没有人预测到了呢？还真有，谁呀？一说你就知道了，就是袁天罡。史书记载，武则天尚在襁褓，袁天罡就预测："必若是女，实不可窥测，后当为天下之主矣。"故事的真实性令人怀疑，会不会是武则天称帝后找人杜撰的呢？若是假的也就罢了，假设它的确是真的，那也说明只有像袁天罡这样，有特殊能力的人，才可以预测武则天称帝，许敬宗一个凡夫俗子，预测不到很正常。

许敬宗不仅不是奸臣，相反，他还是李治的忠臣，"废王立武"期间，许敬宗散布舆论，为皇帝的政治行动造势，说农夫多收了几斤麦子都想着换妻纳妾，为什么九五之尊的皇帝反倒不行？处理长孙无忌前夕，李治怕杀舅舅名声不好，许敬宗旁征博引，举出汉文帝杀舅一事，排除李治的后顾之忧；后来要处理上官仪，也是许敬宗调查的罪状。老宰相干得如此卖力，李治自然不会亏待他，让他位极人臣，大富大贵。但与此同时，阴毒的手段也败坏了许敬宗的名声，比如，劝皇帝杀舅舅，挑拨离间，明显不是什么光彩的形象，容易为人诟病，可这又有什么办法呢？政治斗争，不是你死，就是我亡。长孙无忌也帮着李治陷害过吴王李恪、江夏王李道宗，都为自己的利益罢了。

四百多年后，《新唐书》的作者以李唐为正统，反对女人称帝，为了警示后代的统治者，防止第二个武则天出现。他们对相关人物进行了丑化，武则天被刻画为强势的毒妇，皇帝下旨诛杀的大臣，全变成她和许敬宗杀的，李治则成为懦弱不堪的"昏童"，当初作秀流下的泪水，竟然成为软弱的铁证。明明李治是主谋，武则天、许敬宗是从犯，可在《新唐书》中，李治活生生变成了一位受害者，杀人之事通通都是武后、许敬宗干的。如此一来，许敬宗进《奸臣传》便显得顺理成章。

封建史书出于政治需要给历史人物下的结论，自然是不可取的。说到这里，我们可以做个简单的总结了，许敬宗到底是个什么样的人？首先，他是个老于世故的宰相，兢兢业业为皇帝办事，使用各种手段，斗死了政敌，保障了荣华富贵。其次，他是个文采斐然、博古通今的文豪，生前参与编撰过多本史书，许多知名人物的墓碑碑文也是他写的，比如，《程知节碑》《周护碑》，今天依然可以看到不少存世作品。最后，他当然不可能是个完人，也有缺点，具体表现是生活过于铺张，日食万钱，贪恋财物，道德水准不高，因此被袁思古等人瞧不起。尽管他有不对的地方，但无论如何，也担不起"奸臣"二字。

最后，我们欣赏一下许敬宗的《奉和登陕州城楼应制》。

挹河澄绿宇，御沟映朱宫。
辰旆翻丽景，星盖曳雕虹。

学嗍齐柳嫩，妍笑发春丛。

锦鳞文碧浪，绣羽绚青空。

眷念三阶静，遥想二南风。

送走了老许，李治突然发现，他也过了不惑之年，并且身体状况不容乐观；武皇后也徐娘半老，没有年轻时那么美丽动人了。流光容易把人抛，红了樱桃，绿了芭蕉。回想起过往的那些人，那些事，总会产生颇多感触。也许，这就是生活吧。

第八章　李治与大唐名人的恩恩怨怨

李治与玄奘

大唐麟德年间,寿张城中有个叫张公艺的人,他们家已经九代同居,未曾分离。由于家庭和睦,远近闻名,北齐、隋、唐三朝政府都予以旌表,甚至连当朝皇帝李治都知道了。为了一探究竟,李治决定亲自到张家考察参观,学习学习。当被问及九世同居的秘诀时,张公艺二话不说,写了个大大的"忍"字,令皇帝颇为满意。千言万语,尽在一字之中,信息量真是大。同样地,要是你去问同时代的另一位名人,《西游记》中唐僧的原型:玄奘法师。问问他:在人生的最后五年里,最最最关键的是哪个字,他肯定会毫不犹豫地说:"藏"。

麟德元年春天,一条消息从北方传来:玄奘法师圆寂了。李治听闻噩耗,表现得特别悲伤:"朕失国宝矣。"又说:"朕国内失奘法师一人,可谓释众梁摧矣,四生无导矣。"民间的反应更大,"京城道俗哭泣,日数百千",老百姓都情不自禁地为法师的圆寂流下眼泪。送葬时,"京邑及诸州五百里内送者百万余人",百万人显然夸张了点,但人很多应该没有问题。与民间的积极踊跃相比,官方的表示却是寥寥。李治尽管神情哀伤,真正给出的待遇却不高,具体有这些:

报销丧葬经费:"葬事所需并令官给。"

允许僧尼吊丧:"宜听京城僧尼造幢盖送至墓所。"

妥善保护经书:"玉华寺玄奘法师既亡,其翻经之事且停。已翻成者,准书例官为抄写;自余未翻者,总付慈恩寺守掌,勿令损失。"

主要是以上三条,仅此而已。相比之前去世的其他高僧,没有追赠,没有追谥,更没有一个官员参加葬礼。如果唐高宗真的很认可玄奘,前面提到的荣誉应该一项不少,而且李显也应该去参加葬礼,因为他是玄奘的弟子,至少是名义上的。九年前,显庆元年十一月,武皇后即将临盆。之前皇后已经生下了三个孩子,其中长子李弘、长女安定公主明确是其亲生,次子李贤是不是还有争议。至少经历过两次,但这一回似乎有些不妙,因为担心难产,帝后二人寄希望于玄奘,希望得到佛祖保佑。这可是增强佛教影响力的大好机会,玄奘开出了条件:"圣体必安和无苦,然所怀者是男,平安之后顾听出家。"就是说可以保佑皇后顺利生产,但如果生的是皇子,希望能让他出家,李治当即允诺,毕竟人命关天。

数日后,皇后果然诞下龙子,李治认为是玄奘发挥了作用,高兴之余,同意李显名义上出家,"号为佛光王"。可在他圆寂后,别说李显这个皇室成员了,就连个官员都没来。死后的落寞与归国前十年的荣耀比,完全不在一个档次。虽然明知如此,但后来玄奘的弟子在写《大慈恩寺三藏法师传》时,还得加上一句:"故于亡后重叠降恩,求之古人无比此也。"他们不敢对李治抱怨什么,只能默默"拥护"朝廷的决定。

玄奘作为一个出家人、得道高僧,又是有"海归"背景的专家学者,取经归来后,曾经得到唐太宗的优待与支持,李世民甚至两次请求玄奘还俗,帮他分忧朝政,最后都被婉言谢绝。李治当时还是皇太

181

子,他曾经为玄奘写过《述圣记》,等到贞观二十二年,纪念母亲文德皇后的慈恩寺落成,便以玄奘为上座。迎接佛像入寺当天,李治亲自率领文武百官前往,礼仪非常庄重。在说明建造慈恩寺的原委时,李治想到亡故的长孙皇后,不禁痛哭流涕,场面十分感人。既然对玄奘如此礼遇,为什么玄奘死后却是这番态度?究其原因,是玄奘和一群人关系太好,触犯了李治的忌讳。以下是过去的一些片段:

贞观十九年(645)洛阳仪鸾殿

玄奘与李世民平生第一次见面,"面基"之后,相见恨晚。一番交谈完毕,李世民力挺玄奘,点赞道:"词论典雅,风节贞峻,非惟不愧古人,亦乃出之更远。"长江后浪推前浪,大师您已经远远超过了许多古代名僧。听了皇帝表扬,长孙无忌颇感认同,附和道:"诚如圣旨。臣尝读《三十国春秋》,见叙安事,实是高行博物之僧。但彼时佛法来近,经、论未多,虽有钻研,盖其条叶,非如法师躬窥净域,讨众妙之源,究泥洹之迹者矣。"长孙大人紧跟皇帝脚步,实力推崇玄奘,表达了对玄奘法师的高度认可。

贞观二十二年(648)

长孙无忌、褚遂良上奏有言:"臣闻佛教冲玄,天人莫测……伏惟陛下,至道昭明,飞光昱日,泽沾遐界,化溢中区,拥护五乘,建立三宝,故得法师,当叔叶而秀质,间千载而挺生……臣等亿劫希逢,不胜幸甚。"

瞧瞧人家这马屁拍的,长孙无忌、褚遂良对唐太宗说:佛教的道理都很高深,一般人都难以理解。就在人们困惑、苦思冥想的时候,圣明的陛下出现了,正因为有您的领导,才能得到玄奘法师这样的高僧,为我们求取真经,答疑解惑。能够跟您生活在一个时代,真是我们三生有幸呀。李世民心里喜洋洋的,忙说不敢当不敢当,不仅仅是他一个人的功劳,也是大伙的功劳:"此是法师大悲愿力,又公等宿福所逢,非朕独所致也。"

永徽三年(652)三月

玄奘为安置从天竺带回的佛经、舍利、佛像,奏请朝廷建造佛塔,李治准奏,宝塔落成后,就是长安城有名的大雁塔。塔南有两块碑,碑文内容都是出自实力派人物,分别为李世民的《三藏圣教序》与李治的《述圣记》,而提笔书丹的,正是顾命大臣之一的褚遂良。

永徽五年(654)五月

尚药奉御吕才著书立说,攻击玄奘及其弟子,事件炒得沸沸扬扬,持续达半年之久。此事给予玄奘很大压力,他的弟子慧立明确师父的处境后,致书宰相于志宁,渴望得到帮助。于志宁知道事情的原委后,决定出手相助,在他的影响下,吕才收敛了很多,不敢再大肆渲染。直到后来与玄奘辩论失败,事情方彻底结束。

唐太宗晚年身体不好,自知阳寿将尽;佛教又很强调因果报应,故颇为笃信。玄奘的归国正好迎合了唐太宗的需要,因此常常被请入宫廷当面求教。长孙无忌、褚遂良一派看中了这点,经常在一定场合力挺玄奘,一来是表达对法师的敬佩之情,二来是为了迎合皇帝的喜好,只要在李世民驾崩前把他伺候得舒舒服服,自己未来辅政大臣的位置就稳了。跟这些达官显贵走得近，玄奘倒也喜闻乐见，中国没有像欧洲中世纪那样的教权，要扩大佛教的影响力，世俗权力便是可以借助的对象。要知道李唐皇室出于统治的需要，往往更加推崇道教。

跟长孙无忌等人来往过多，在回国前十年倒是好事，可在后十年就相反了，随着皇权与相权的斗争日趋白热化，李治决定剪除国舅一党，而玄奘，理所当然地被划入顾命大臣一边。

从李治下定决心清洗老臣们那一刻开始，就没有停止对玄奘的监视、打压。显庆元年，李治移驾东都，特意命玄奘同往，居住于宫中。名义上是优待法师，实际上形同软禁，玄奘根本就没有什么自由，只好在屋内翻译佛经。可就连这件事，也很难做好，因为只准随行"翻译僧五人、弟子各一人"，人手不够，效率难以保证。更难受的是，医疗条件也满足不了，有一次玄奘在积翠宫生了病，没有医生救治，甚至还要私自出宫就医，李治闻讯后安排太医救治，心里却很不高兴。

玄奘的高声望也是唐高宗忌惮他的原因之一。显庆年间，玄奘曾经得到皇帝的允许，回到家乡探望亲朋好友。这趟返乡之旅喜忧参半：喜的是他找到了多年未见的姐姐，姐姐嫁给了一户姓张的人家，许久未见，感慨颇多；忧的是给父母扫墓时，发现坟茔年久失修，破败不堪。为了报答父母，玄奘上表请求为二老改葬，并希望皇帝能够多给点资助，李治准奏。

改葬父母一事不胫而走，惊动了周边地区，"时洛下道俗赴者万余人"，有上万人特意跑过来，只为一睹大师的风范，玄奘的影响力可见一斑。记得在十几年前，玄奘刚刚回长安时，也是人头攒动，"数十里间，都人士子、内外官僚列道两旁，瞻仰而立"。有关部门害怕人流量过大，发生踩踏事故，特意要求老百姓在原地烧香礼拜，不得移动。一个与反对派走得很近的人,声望还这么高,这么得人心,李治岂能无动于衷?

自永徽六年以来,随着上层政治血案频发,关系较好的重臣贬的贬,死的死,玄奘的心越来越累。当初萧何被刘邦猜忌,就有人劝他去强买田地、收受财物,把名声搞臭,萧何听从了。等到刘邦回来,看到百姓拦路告状,丞相民怨沸腾,心里那叫一个高兴呀,看吧!丞相就这点追求,放心了。可玄奘不能,他无权无势,还得坚守佛门戒律,不能乱来。为了让李治放心,玄奘主动要求前往少林寺,惹不起总躲得起吧,他就想好好翻译佛经,结果被李治悍然驳回,并要求他:"勿复陈请",以后都不要再提这个要求了!想走,没门!此时正是清洗顾命大臣的关键时刻,在这么敏感的时间点,玄奘请入少林显然是犯了忌讳的,李治所要的,就是把所有与反对派有关的人牢牢握在手心里,不留下一点产生祸患的可能性。玄奘收到回复后,意识到铸成了大错,"不敢更言"入少林一事,连忙上表坚决服从朝廷安排。

尽管碰了钉子,但玄奘并没有放弃避祸的想法。直到显庆四年十月,一个凄凉的冬日,玄奘法师终于成行了:求往玉华寺翻译佛经,李治准奏。玉华寺原为行宫,是唐太宗避暑、疗养的地方,永徽元年废为佛寺,位于今天陕西省铜川市。既然是皇家营造,寺内建筑自然不会差,缺点是地势高,位置偏僻。地势高意味着不适合一年四季居住,海拔越高,温度越低,夏天凉爽,冬日寒冷。这样的环境尤其不适合玄奘,玄奘西行时,翻越的高山雪岭太多,患上了冷病,一直无法痊愈,随着年老,身体越来越差,疾病折磨得越来越严重。跑到玉华寺这么冬冷夏凉的地方,是不利于养病的。位置偏僻则意味着交通不便,服务设施差,要是有个三长两短,医生难以及时赶到。生活质量低下，肯定比不上京城，但没有办法，形势所迫。

也许你要问了，之前唐高宗不同意玄奘入少林寺，怎么现在去玉华寺就批准了呢？因为在三个月前，长孙无忌本人已经被逼死在黔州；至于褚遂良，两年前就已贬死于爱州。曾经帮过玄奘的于志宁，也因在"废王立武"时保持中立而被贬。看看朋友圈里的好友，基本被赶尽杀绝。玄奘一个僧人，掀不起什么大浪，没必要一定在京城，此番"识相"，主动要求去偏僻的玉华宫，身边又有卫士"保卫"，僧侣也换成了朝廷的人，应该相当放心。

玄奘对自己的处境心知肚明，为了能在有生之年发挥余热，迫切希望有个清静的环境翻译佛经，玉华寺虽然条件欠佳，但政治形势已经由不得他挑三拣四了。在翻译《般若》前，玄奘曾经对弟子说："然《般若》部大，京师多务，又人命无常，恐难得了。"世事无常，京城是非之地，不宜再留。故玄奘此番北行，名为译经，实有避祸之意，好比蜀汉末年姜维屯田沓中一般。四年后《般若》翻译成功，玄奘还对弟子说："向在京师，诸缘牵乱，岂有了时。"隐晦地说出长安城里纷乱的政治形势，要不是来了玉华宫，少了许多尔虞我诈、党派纷争，不知道哪年才能把经书翻译出来呢！

《般若》梵文本有二十多万颂，翻译起来"压力山大"。刚开始，弟子们请求退而求其次，删节局部内容，玄奘同意了。可在半夜时分，怪异的事情出现了，玄奘经常做噩梦，时而梦到有人在翻越万仞高崖，时而又梦到与野兽搏斗，每次梦醒时分，玄奘都吓得汗流浃背。这到底是怎么回事？玄奘思索再三，认为此事必有蹊跷，肯定与翻译佛经有关，看来呀，还得老老实实翻译完整版的《般若》。于是将此决定向众僧讲明，请大家多多谅解。没想到做出改变后，还真能奏效，等玄奘再次做梦时，剧情发生一百八十度转变，只见梦中诸佛菩萨眉间放光，神采照人，心情特别舒畅。因此，玄奘坚定了之前的想法。虽然干得热火朝天，但有一点要注意，就是繁重的工作让玄奘身心俱疲，他隐隐约约感觉到，留给自己的时间不多了，有一天，他突然对僧人托付起了后事："吾来玉华，本缘《般若》，今经事既终，吾生涯亦尽，若无常后，汝等遭我宜从俭省……"

"一言不合"就说后事，众僧都很惊讶，一边拭泪一边说："和尚气力尚可，尊颜不殊于旧，何因忽出此言？"感觉法师气色跟平时没什么区别呀，怎么突然就说自己要圆寂了呢？玄奘回答道："吾自知之，汝何由得解。"自己的身体自己最清楚，你们不懂。转眼就到了麟德元年，正月八日，有一个来自高昌的弟子，法号玄觉，慌慌张张找到师傅，说自己刚刚做了一个噩梦，吓死了："见有一浮图端严高大，忽然崩倒。"玄奘听后并不吃惊，安慰道："非汝身事，此是吾灭谢之征。"大意是别害怕，与你无关，这是我即将死亡的征兆呀。到九日晚，玄奘不小心在屋后绊倒，破了些皮，之后身体越发不好，病情加重，卧病在床。摔倒应该不是主因，考虑到玄奘已经频频预感时日不多，当是体内顽疾发作所致。二月五日后半夜，慈恩寺僧人明慧在佛堂诵经，他抬头时，发现有白虹四道从北向南横亘，到慈恩寺方止，皎洁分明。天象预示着什么呢？突然，他联想到如来涅槃时，有白虹十二道从西方直贯太微，明慧大胆猜测，难道是玉华寺的玄奘法师要出事？天亮后，他向众僧说起此事，大家都很纳闷，直到玄奘死讯传来，人们都佩服他的预感。

朝廷方面并非没有作为，玄奘发病后，检校翻经使人许玄备上奏朝廷："法师因损足得病。"唐高宗看到奏疏，派医生前往救治，因为玉华寺离长安有一段距离，又比较偏僻，等医生赶到时，玄奘已经圆寂。要是在长安，不说能救回玄奘的生命，至少能及时治疗。

后人如果想了解法师的生平事迹，《大慈恩寺三藏法师传》是一本重要的参考资料，该书系玄奘弟子慧立撰写、彦悰补作。但在慧立生前，他根本不敢把这本书公之于众，只是藏之于地穴，直到圆寂前，方命弟子将初稿取出。其中的原因，是书中内容涉及很多宫廷政治、皇室秘闻，较为敏感。再联系玄奘晚年的艰难处境，实在是不方便将书稿公布，否则会有政治风险。

李治与亲妹妹新城公主

"生居苏杭，死葬北邙"，这是许多古人梦寐以求的理想。一千三百多年前，初唐时期的中国人，最想安葬的地方应该是九嵕山。贞观十年，李世民发布《九嵕山卜陵诏》，其中有言："佐命功臣，义深舟楫……自今以后，功臣密戚及德业尤著，如有薨亡，变赐茔地一所，及以秘器，使窀穸之时，丧事无阙。"九嵕山位于陕西省礼泉县，是唐太宗昭陵所在地。有资格陪葬皇陵的，主要是功臣、与李家关系密切的亲戚以及德行功劳显著者。

既然是功臣宿将、皇亲国戚的墓地，自然不允许老百姓随便涉足，就连动了一草一木都要被严惩。仪凤元年，大理寺奏右威卫大将军权善才误砍昭陵柏树，请将其除名；李治接到消息，认为除名太轻，特命斩首！狄仁杰一看，怎么能严打呢？该怎么罚就怎么罚呀，否则规章制度还有谁去遵守？引用张释之的典故，坚持劝谏，"固执不已"，经过一段时间，李治方醒悟过来，免其一死，改流放岭南。砍一棵柏树，还不是有意的，处罚尚且如此严厉，要是被抓到发掘昭陵，千刀万剐估计都不够吧。官府不想让人们知道皇陵的情况，越是隐瞒，老百姓的好奇心反而越强。在神秘的昭陵陪葬墓中，究竟埋藏着哪些秘密呢？

昭陵陪葬墓大约有二百座，主要分布在陵山前的丘陵坡地上，一般来说，墓址离唐太宗本人的玄宫越近，生前的地位往往越高，至于随葬品，那当然更加更丰富了。在距离昭陵陵山一点五公里的地方，有一座被当地村民称之为"八抬轿墓"的墓葬，此墓封土呈覆斗形，有石虎、石人、石羊护卫，墓碑在封土南约四十米处，已经断成两截，这是谁的墓呢？仔细一看，上面没有任何字迹，仅在碑身侧面隐约可见线刻花纹。这不是无字碑，它原本是有字的，只是经历千年，文字早已湮灭在历史的长河中。

经考古调查，墓道口距离地表零点二至零点三米，走进去以后，感觉墙上似乎有什么东西，咦？这是什么？好像东西两侧墙壁上画着青龙、白虎？这就对了，青龙是东方之神，白虎是西方之神，把它们画在这里，既有标识方向的作用，也有护佑墓主人出行的意思，为什么画的是青龙白虎，不是朱雀玄武呢？看看墓道走向便一清二楚了，如果陪葬墓是东西走向，那么墓道口的北壁、南壁上自然就会出现玄武、朱雀了。

顺着墓道往下走，先看到墙上绘有朱红大门，门朝北开，大门南部站有两个持剑门吏，他们穿着黑靴，挂剑，应该是看门的，因为壁画有残缺，无法看出身上完整的衣着，似乎是长袍。出了大门，又看到好多人物，他们个个浓眉大眼，长须髯，红唇，身穿圆领淡绿、浅褐或白色紧袖长袍，腰束黑带，脚蹬黑靴，腰斜挎剑，围绕在马匹、轿子、牛车旁边。这是还原墓主人生前出行的场景，在他或她活着的时候，就坐着轿子或者牛车，同时接受前后仪仗的保护。在一般人心目中，好像古代的达官显贵出门都是坐轿子，然而，在初唐时期，牛车是士人普遍的交通工具，至于轿子，则是年老有病的重臣方有资格使用，所以级别相对较低的大臣墓中，只能见到牛车图，却看不到轿子图。比如李勣的儿子李震，生前仅官至梓州刺史，要不是有个好爸爸，还没资格陪葬昭陵。因为官阶不高，他的墓中只有牛车图。

离入口越来越远的墓道尽头有一个过洞，洞口上方画着阙楼，因为年代久远，壁画大部分已经脱落，在洞口东侧壁画上，一位宫女立于卷帘栏杆中，面东而坐，头梳单髻；西侧残存壁画则绘有窗棂、卷帘，通过洞口，就可以看到天井。唐人事死如生，在他们看来，人其实并没有真正死去，只是永远地睡着了，整座墓葬就是死者的阴宅，既然是住宅，当然就得有大门、有天井、有厅堂了。现代人大都住楼房，许多人不知道天井是什么了，其实天井就是房与房围成的露天空地，一个墓葬，天井越多，意味着房子越多，墓主人生前的地位越高、待遇越好。长乐公主墓有五个天井，李勣墓少一点，四个，天井数量能够反映出等级差别。

在第一个天井的两壁，好像画着兵器，只见两壁上各有红色戟架，隐隐约约放置有六根黑色戟杆，杆子上部，还有彩色飘带迎风飘扬。门列棨戟被唐人视为地位高贵的象征，属三品以上专享福利。初唐时路过某个大户人家，如果看到门口摆了戟，不用多说，那绝对是有权势的。例如《旧唐书·张俭传》云："俭兄弟三院，门皆立戟，时人荣之，号为'三戟张家'。"张氏兄弟三人混得不错，门前都立了戟，人们干脆给他们家取了个绰号："三戟张家"，认为是很荣耀的事情。王勃的《滕王阁序》中也提到了戟："都督阎公之雅望，棨戟遥临"，高官出行也用戟来做引导的仪仗。当然，门前有没有戟是一回事，有几根戟又是另一回事，一般昭陵的墓葬都是十二根戟，这座墓也是如此。

剩下的天井、过洞同样绘有壁画，主要以执物侍女为主，这些女子拿着各式各样的东西，为墓主人的亡魂服务。有的手持方盒，那是装首饰用的；有的拿团扇，随时供死者赏玩；还有侍女拿着卷轴，可能墓主生前爱好阅读，有成为学霸的远大理想。进入甬道前，还可以看到一群侍女在烛光的掩映下，拿着果盘、胡瓶、敞口盆等物件，她们在做什么呢？她们在伺候主人就寝呢，按照墓主生前习惯，他/她要在睡前洗漱、吃果品、更衣，走完这些程序，再进入甜美的梦乡。如今主人去世了，甬道后面停放棺材的墓室，便相当于生前就寝的房间。

通过之前的壁画内容，我们可以知道墓主人身份高贵，而且很有可能是女性，因为壁画上以侍女为主，反映宫廷贵妇的生活。像薛仁贵曾经的上级郑仁泰，他墓葬的壁画就有很多武士图，毕竟人家生前是武将。那么墓主人究竟是谁呢？对于这个问题，墓志铭能够做出权威的回答，志文共三十五行，满行三十五字，楷书，虽然志石表面有损毁现象，但通读残存文字，依然可以判断出墓主人的信息……

"公主讳字，陇西狄道人。高祖太武皇帝之孙，太宗文皇帝之女，皇帝之□母妹"，原来她是唐太宗李世民的女儿，"之"和"母"中间残缺一字，应该是"同"字，因为后文中有"以永徽三年五月二十三日改封新城长公主，增邑三千户"字样，据《新唐书》记载，新城公主确实是唐高宗李治的亲妹妹，李世民最小的女儿，与李治同父同母。此外，还需要注意的是，"新城公主"并非最初封号，从贞观十六年到永徽三年,她的封号是衡山公主。

贞观七年,公主在皇宫降生,这一年李世民三十四岁,大唐帝国蒸蒸日上。生于帝王家,公主确实过着富足的生活,不论是出行还是饮食,都有一大帮人伺候,这从之前的壁画也可以看出。可随着年龄增长,不幸的事情很快便发生了,三岁那年,长孙皇后病逝,看着哥哥李治痛哭失声,三岁的她还太小,不明白发生了什么。十岁那年,父皇带着她奔赴魏宅,看望病重的宰相魏征,为了安抚魏大人,李世民当场指婚,宣布公主成年时,将嫁给魏家长子,并对魏征说:"公强视新妇。"魏征病得很重,无法下床谢恩。不出意外的话,五年之后,公主就要和一个叫魏叔玉的男人相伴一生了,不知道她有没有过思想准备,毕竟当时的婚姻都是父母之命,特别是在皇家,政治色彩非常浓厚。

结果说变卦就变卦,几个月后,由于魏征有结党嫌疑,李世民突然宣布取消婚约,此举对魏家影响很大,因为没能娶到公主,"顾其家渐衰矣"。又过了六年,公主十六岁,确确实实到了出嫁年龄,李世民再次做主,决定把女儿嫁给长孙无忌从父长孙操的儿子长孙诠,亲上加亲。平心而论,这段婚姻的政治色彩也很鲜明,贞观二十三年时,李世民的风疾越发严重,活不了多久了;而太子李治的辅政大臣,正是长孙无忌,把女儿嫁入长孙家有笼络的意思,向外人展现李家、长孙家的亲密关系。

婚姻是终身大事,自然要选良辰吉日,正准备办喜事,意外又发生了,贞观二十三四月,李世民驾崩于翠微宫,国丧期间,举国同悲,在这个时间点结婚显然说不过去,既然事已至此,那只好推迟了。翌年,永徽元年正月,有关部门建议公主驸马当年秋天成婚,但于志宁不同意，他觉得应该"俟三年丧毕成昏"。为表孝道，李治最终同意了于志宁的意见，先为父皇守孝三年。

二十岁，人生美好的年华，公主与长孙诠总算成婚了，婚后二人琴瑟和谐、夫妻恩爱，过着令人羡慕的生活，此时的长孙家深受朝廷器重，可谓春风得意、炙手可热。然而，美好的日子总是短暂的，正如杜甫所写："世情恶衰歇，万事随转烛。"李治与元老重臣的矛盾日益激化，双方从暗斗变成了明斗，围绕着"废王立武"，两方最终摊牌，在政治斗争中，长孙无忌失败了。驸马长孙诠身份特殊，与宰相韩瑗、长孙无忌关系密切，自然会受到冲击。显庆四年五月，整人的决定下达了，长孙诠因涉嫌与长孙无忌"谋反"，被贬往穷山恶水的巂州，处分下达后，李治仍不收手，他要做的，是把核心政敌赶尽杀绝。等长孙诠到达巂州，县令二话不说，将其乱棍打死。

丈夫在政治斗争中被迫害，公主是什么态度呢？墓志上说："虽外遵大义，不登叛人之党；而内怀专一，无亏字□之□。"表面上跟着哥哥走，心里却站在丈夫一边，政治倾向与长孙家一致。"兰泽靡加，尘弥□□之镜。"所以在丈夫死后，公主受到沉重打击，连梳妆都没有心情了，镜子上布满了灰尘。

李治亲手毁了妹妹的幸福，但也无可奈何，谁让你生在权力高于一切的帝王家呢。为了让小妹的生活重归正轨，李治又安排了一门亲事，公主的第二任丈夫，是奉冕大夫韦正矩。不知是爱屋及乌，还是为了补偿小妹，在很短的时间里，新驸马连续升官，速度堪比火箭，要是放现在，可以写本《韦正矩升职记》了。然而，新城公主并不买账，她与长孙诠关系很好，内心对韦正矩是排斥的。夫妻关系闹得很僵，坊间甚至有驸马对公主无礼的传言。

就这样，又过了几年，公主患了病，身体大不如前，"而汉浦销光，无复仙娥之影；洛川沉步，空余神女之词"。龙朔三年二月，在没有征兆的情况下，公主突然病发身亡，年仅三十岁。李治闻讯，忧伤过度。本来就对妹妹有愧疚之情，难以接受噩耗，忧伤之余，迁怒于驸马，下令司法机关严查，在审讯过程中，韦正矩百口莫辩，难以自明，最终被处死，酿成了冤案。韦正矩的官职都是靠公主获得的，皇帝又这么在乎公主，借他一颗脑袋，他也不敢杀人，但是为了平息李治失去妹妹的无名迁怒和愧疚，也只能借他脑袋一用了。为了表达哀思，李治"废朝不举，有越常伦，赗往饰终，用超恒制"，特意提高丧葬规格，以皇后之礼安葬了妹妹。

墓志读完，唏嘘不已，公主虽生于皇家，享一世荣华，却有两段悲剧的婚姻，一个糟糕的结局，人生在三十岁戛然而止，真心不长。记得冰心曾说："假如生命是乏味的，我怕有来生。假如生命是有趣的，今生已经足够了。"若新城公主泉下有知，恐怕会倾向于前者。

过了甬道，便是墓葬的尽头——墓室了。墓室的石棺床上清理出若干腐朽棺木和棺钉，木棺早就被破坏了，形制不明。仰视顶部，有一幅天象图，从东北角至西南角，有一条宽三十厘米的白带，象征着银河。东侧檐椽上方有黑褐色的太阳，里面有一只三足乌；至于月亮，则在西北处。绘这么一幅图是在告诉人们：李家的皇权、墓主的亡魂，必能与天地同辉。

然而千年后，当人们再来审视这幅天象图，感受到的却是满满的讽刺。说好的与日月同辉呢？怎么才一千多年（甚至更短）就坚持不住了？是呀，靠封建专制维系的特权怎么可能与日月同辉？权力丧失的那一天，就是任人宰割的时刻。

李治与程咬金

在李治权力交接的斗争中,一位武将的调离也是唐高宗的关键手笔,他就是人们熟悉的程咬金。那么史实中,程咬金是个什么样的人?李治为什么要调走他?他的结局究竟如何呢?

中国章回小说中的程咬金是下面这种形象的:双眉剔竖,两目晶莹。疙瘩脸横生怪肉,邋遢嘴露出獠牙。腮边卷结淡红颜,耳边蓬松长短发。粗豪气质,浑如生铁团成;狡悍身材,却似顽铜铸就。真个一条刚直汉,须知不是等闲人。

程咬金在大唐这出历史大戏中出场时,地位非常卑微。比如,在《说唐》中,作者交代,他的父亲叫程有德,早逝;母亲程太太,"与人做些生活,苦守着",明确告诉你,他出生在一个不幸的家庭,没有任何背景。程咬金本人,虽然跟秦叔宝一起读过书,但只是个学渣,一个字都不认得。长大以后也不学好,跟着几个无赖一起贩卖私盐,因为动不动跟人打架,大家都怕他,给他取了个外号叫"程老虎"。按照法律规定,卖私盐是犯法的,程咬金免不了和官府发生冲突,很快,祸从天降,在一场冲突中,打死了巡盐捕快。

官府获悉消息,差人捉拿,为了不连累兄弟,程咬金主动跑到衙门自首。主审官敬他是条汉子,没让他立即偿命,一直拖着。没过多久,转机来临了,杨广登基,大赦天下,程咬金顺利出狱。出来后,母亲向他诉苦:"说也可怜,自从你入牢之后,做娘的指头上做来,每日只吃三顿粥。"那以后的日子怎么过呢,为保险起见,程太太建议儿子做个良民:"我有一条旧布裙子,你拿去当几十个铜钱吧。不要贩私盐,买些竹子回来,待我做几个柴扒,拿去卖卖,也可将就度日。""吃三顿粥""将就度日",从这些字眼可以看出,程家生活的困难，糊口艰辛。

程咬金敢于直言，和欺压百姓的官府作对，并揭露专制统治者的虚伪面孔。比如，他和尤俊达做生意，光天化日之下，劫靠山王杨林进贡皇帝的一十六万两饷银，要是一般人，哪里敢做这样的事情。后来罗成被万箭穿心，程咬金吐槽道："你太平时节，将我们打发回家，自耕自种，反乱之际，又来寻我们，今日不管你唐家事了。"这句话读起来感觉没什么文化，但话糙理不糙，战火纷飞，有利用价值的时候，朝廷把你当回事，千方百计地请你，等天下平定了，便赶你走人，真是"有情有义"。所以程咬金虽然做的都是些违法乱纪的事情，但老百姓依然喜欢他，因为在当时的现实中，官民是严重对立的，在强权面前，百姓想反抗，但又不敢反抗，程咬金的所作所为，正好反映了人们的心声，既然做不到，臆想下总可以吧。

程咬金还是员福将，运气特别好。《说唐》第二十七回，众好汉入城，正在帅府摆筵席，突然听到震天响声，原来是教军场演武厅后震开一个大地穴。大家看了，不知里面有什么，就想派个人一探究竟。抓阄后，程咬金极不情愿地下去了，没想到竟然获得了杏黄龙袍、碧玉带、无忧履，还有一个宝匣，匣中有一张纸，上面写着："程咬金举义聚兵，为三年混世魔王，扰乱天下。"四十六回，程咬金被徐茂公赶出军营，重新落草，本是件忧伤的事情，孰料在打劫时，意外截获了尉迟恭押运的粮草，如此一来，他不光能够重回唐营，还立了大功；五十五回，军师李靖命令程咬金取盖世雄首级，可程咬金不知对方下落，又觉得凭自己的能力打不过对手，于是跑到土地庙中休息，万万没想到，盖世雄也跑到土地庙睡觉，鼾声如雷，把躲在神厨底下的程咬金吵醒了，就这样，程咬金擒住了睡梦中的盖世雄……

这就是民间流传的程咬金形象，但如果看了两唐书，以及昭陵留存的墓志、墓碑，会有一个很深的感触：史实与小说差距极大，看完后，心目中的程咬金形象被彻底颠覆了。

历史上确实有这个人物，他先名咬金，后改名知节，根据出土的墓志，还有他的墓碑来看，程咬金非但不是底层庶民出身，相反，他生于世家大族、官宦人家。他的曾祖程兴，北齐兖州司马；祖父程哲，北齐晋州司马，虽然只是中层官员、地方官，不是什么宰相级别的显贵，但在任职的州县，也是有头有脸的人物；父亲程娄，济州大中正，稍微学过历史的人都知道，魏晋南北朝实行九品中正制，程咬金的父亲，就是他们州的中正，能担任中正这样官职的人，一般都出身于当地的世家大族，寒门的可能性微乎其微。

除了从祖辈的官职进行判断，我们还可以通过程咬金擅长的武器进行分析，程将军用什么武器呢？十有八九的人会说是板斧，在小说中，全名叫"八卦宣花斧"，重六十四斤，系尤俊达所赠，但在史实中，程咬金用的是马槊，《新唐书》说他"善马槊"，这马槊有什么门道吗？还真有。在古代，打造一根马槊需要经过复杂的工序，耗时三年，成功率仅为四成，可以说是费时、费力、费钱，绝非底层武将有机会使用，程咬金可以娴熟地使用马槊，家境自然差不了。建安末年，曹操南征，"酾酒临江，横槊赋诗"，手中拿的就是槊，真是贵族兵器，人生赢家。

在史料中，程咬金的出身跟小说截然不同，作者把他写成一个卖私盐的、卖柴扒的，实际上是有意为之。因为看小说、听评书的，主要是贩夫走卒、劳苦大众，如果照实写，说他出身于世家大族，从小衣食无忧，读者就会想了："官后代"的世界我们不懂。要是把程咬金也写成底层百姓，早年丧父，母亲守寡，手上没什么文凭，为了混口饭吃天天跟官府玩捉迷藏，读者便会发现：原来当朝国公，曾经也过着和我们一样的苦日子呀。改编过后，不知不觉，拉近了作品与读者的距离，使人物形象更容易被接受。而且，从底层的贫贱到上层的富贵，契合了老百姓想要飞黄腾达的梦想，尽管对大部分人来说，这真的只是梦，一个遥不可及的梦。

程咬金的正妻又是谁呢？是不是裴翠云？当然不是了。那是谁呢？估计说出来，你听都没听说过。据墓志记载，程咬金先后有两位妻子，第一任妻子孙氏，小程知节大约十岁，父亲是个县令，"降年不永，先归厚夜"。贞观二年，英年早逝，只活了三十一岁。第二任妻子出身于名门望族——清河崔氏，"贞淑之姿，婉顺之德，作嫔君子，琴瑟斯和"。夫妻二人关系良好，显庆三年十二月病故，享年六十七岁，根据卒年推算，她只比程咬金小三四岁。至于程咬金和她们是怎么认识的，秀过多少次恩爱，有多少妾，因为资料有限，我们无从知晓。

隋炀帝统治末年，天下大乱，烽烟四起，面对动荡的局势，程咬金利用掌握的资源，"聚徒数百，共保乡里，以备他盗"，他最初率领的部下只有几百人，目的仅是捍卫家园，保证自己亲人、财产安全。生逢乱世，自幼习武，骁勇善战，时代给了程咬金超越父祖的机会，"公慨然长愤，有切瞻乌；鸠集雄豪，思树名绩"。他第一个投靠的是李密，李密对程咬金还是很器重的，把自己一部分最精锐的部队交给他指挥。与王世充交战时，程咬金统领内马军，和李密一起驻扎在北邙山上，单雄信统率外马军。王世充袭击单雄信部，李密派程咬金、裴行俨支援。战场上，裴将军一马当先，被流箭射中坠马，程咬金见状，连杀数人，带着裴行俨撤退，敌军紧追不舍，用槊刺伤程咬金，咬金回过头，竟然把对方的槊活生生折断，力气大得惊人。

李密败亡后，程咬金效力于王世充，同样，王世充很善待他，"接遇甚厚"，但程咬金很有眼光，看出王世充不是明主，他对秦叔宝说："王世充这个人，器度浅狭，又非常迷信，哪里是能够平定天下的君主呢？"在唐军攻打洛阳的战役中，程咬金和秦叔宝等人投奔大唐，王世充知道他们的武功，没有派人追赶。李世民听说程咬金向来骁勇，引入幕府，任命他为左三统军，在平定宋金刚、窦建德、王世充的过程中，作战勇敢，"每陈先登"，因功封宿国公。

玄武门事变前夕，李渊、李建成决定剪除秦王羽翼，下诏外放程咬金为康州刺史，如果计划成功，顺利将李世民手下猛将悉数调走，秦王府的实力必然大大削弱。随着形势日益严峻，程咬金向李世民表忠心，并催促他赶紧发动政变："大王手臂今并剪除，身必不久。知节以死不去，愿速自全。"李世民以为然，事成之后，给予程咬金重赏："赏绢六千匹、骏马二匹、并金装鞍辔及金胡瓶、金刀、金碗等物，加上柱国，授东宫左卫率。"

进入贞观年间，除了平定铁山獠的叛乱外，程咬金基本上没有再出征过。他在地方、中央都担任过职务，在地方，曾任泸州刺史、幽州刺史，在中央，当过右武卫大将军、左领军大将军。为了笼络功臣，李世民赐程咬金实封七百户，"令子孙代代承袭"，封其第二子程处亮为东阿县公，迎娶清河公主，程李两家实现了政治联姻。在这里顺便提一句：程咬金的儿子，处默、处亮、处弼、处嗣、处寸，都是"处"字辈的，继承他爵位的是长子程处默，并没有什么程铁牛，那只是小说虚构的人物。而且贞观十一年，程咬金由宿国公改封卢国公，不是鲁国公，可能因为读音相近，所以产生了错误。

贞观后期，君臣二人皆垂垂老矣，可李世民对程咬金越发信任，"其后，追授左屯卫大将军，于北门检校屯兵"，任命程咬金为左屯卫大将军，掌管北门外的屯营兵。对于玄武门的防守，李世民看得很重，毕竟关系到他的身家性命，让出身秦王府的程咬金负责，充分体现了对老将军的认可。贞观二十三年，李世民驾崩于翠微宫，皇帝死在首都之外的行宫，太子也不在京城，这是一个非常危险的时刻，长孙无忌和李治商量后，决定秘不发丧，等太子先回到长安城，再发布李世民的死讯，在这个过程中，率领飞骑士兵护送太子回城的将领，正是程咬金。新帝继位，人心不稳，年过六旬的程老将军又在左延明门外宿卫百日，震慑有非分之想的人。

时间静静流逝，程将军越发苍老，生活却不是一帆风顺。永徽末显庆初，随着与长孙无忌等人冲突越来越激烈，李治已经下定决心铲除他们，但想要拿下这帮仕宦多载的元老重臣，并不是一件容易的事情，要想成功，必须确保军方的绝对支持，在朝堂上，军方代表人物李勣站在皇帝一边，说"废王立武"是皇帝家事，不应干涉，这样的表态非常好；但程咬金呢？他掌握了玄武门的屯营，如果这位老将不愿意合作，甚至倒向了长孙无忌一边，必将给这场政治斗争增添许多不确定性。想到这里，二十多岁的皇帝感受到了压力，他现在要做的，是把程咬金撤换掉，而且是越快越好，时间长了，夜长梦多，万一局势又发生了转变呢？可问题是：程咬金有资历，有能力，是先帝信任的老臣，平时没有什么过错，虽然一把年纪了，身体又特好，实在是找不到撤换他的理由，如之奈何？突然，一个边关的情报传来，李治眼前一亮。

显庆二年，程咬金突然接到诏书，朝廷决定任命他为葱山道行军大总管,讨伐西突厥。这时,程将军已经六十八岁,年近古稀之年,在当时,这个年龄绝对是高寿,而且在此之前,将近三十年的时间里,程咬金没有上过战场。久疏战阵,年龄又偏大,怎么还让他这样的老将出马?军中条件不比京城,要是有个闪失,也不好收场呀。李治的想法是派他出征,迫使其离开京城,如此一来,自然无法掌握玄武门的屯营。既然是皇帝的旨意,程咬金不能抗旨,领军出征。

八月,大军与葛逻禄、处月两部落在榆慕谷交战,唐军"大破之,斩首千余级",与此同时,副总管周智度也在咽城取胜,斩首三万级。等到十二月,进军至鹰娑川,和敌军四万骑兵相遇,前军总管苏定方率五百骑兵横冲直撞,追奔二十里,西突厥大败,缴获的军马器械,"绵亘山野,不可胜计"。

眼看战役就要大获全胜,身为行军总管,程咬金不仅可以凯旋,还能获得封赏,回京之后,就要回到玄武门的工作岗位了。但李治铲除长孙集团的任务依然没有完成,这该怎么办?就在唐军准备乘胜追击,消灭敌人时,副大总管王文度对程咬金说:"今兹虽云破贼,官军亦有死伤,乘危轻脱,乃成败之法耳,何急而为此!自今当结方阵,置辎重在内,遇贼则战,此万全之策也。"劝程咬金坚守,不要再主动出击。随后,王文度又假传圣旨,说皇帝认为程咬金恃勇轻敌,不能再统率全军,军队的指挥权交给王文度。因为唐军只知固守,不能速战速决,士兵们疲惫不堪,马多瘦死。

苏定方见情况不对,认为此事必有蹊跷。他对程咬金说:"且主上以公为大将,岂可遣军副专其号令,事必不然。请囚文度,非表以闻。"苏将军的意见是先把王文度抓起来,再派人回去核实,查明皇帝到底有没有下过这道诏书。从军事的角度看,苏定方的想法明显是正确的，唐军确实需要出击，不应该采用王文度的策略；但程咬金拒绝听从苏定方的建议，因为他心里清楚，这个事不仅仅要从军事角度考虑，更要站在政治角度，王文度这个副手，就是李治安插的。你要真派人回去核实，把皇帝的计谋戳破，以后还能安享晚年吗？

班师后，朝廷追究责任，做出如下处理：王文度矫诏，按律当死，特除名；程咬金逗留多日，未及时追杀敌军，减死免官，没过多久，起用为岐州刺史。程咬金见自己被贬，又一把年纪了，岐州刺史有什么好当的，主动要求退休，李治准奏。王文度假传圣旨，贻误战机，致使大军蒙受损失，竟然没被斩首。是呀，他完成了皇帝交代的任务，为程咬金顺利制造罪名，拉其下马，李治谢他都来不及，又怎么好意思过河拆桥呢？五年后，苏定方平定百济，王文度以左卫中郎将的身份出任熊津都督，没错，李治没有让他赋闲太久，再次委以重任。至于程咬金，只能在家安享晚年，聊度残生。

麟德二年，程咬金去世，享年七十七岁，朝廷追赠骠骑大将军、益州大都督，赐绢布一千匹、米粟一千石，陪葬昭陵，仪仗鼓吹，送至墓所往还，"丧葬所须，随由官备，仍务从优厚"。

程老将军生涯最后一战，是其晚年落寞的开始，也是苏定方辉煌的开端，自平定颉利以来，苏定方闲置二十余年，此战过后，李治多次派他出征，"前后灭三国，皆生擒其主，赏赐珍宝，不可胜计"，迎来了人生的春天。经历同一场战役，同为老将，两人一上一下，令人唏嘘。

无论如何，程咬金的沉浮荣辱早已埋葬在历史中，千百年后，他在民间的形象已经天翻地覆，若其泉下有知，看了《隋唐演义》，肯定也会大吃一惊：天哪！贩私盐，卖柴扒，三板斧，混世魔王，这真的是我？

李治与李义府

龙朔三年的长安城,几位闲人正在交换对时局的看法:

闲人甲:各位仁兄,据小道消息透露,最近右相李义府请术士杜元纪到府里望气,没想到杜大师看后连连摇摇,说李府聚集着冤狱产生的怨气。想化解的话,必须在里面放两千万钱。

闲人乙:怪不得李府最近异常火爆,卖了很多官呢!感情是要敛财消灾啊!

闲人丙:这样说就对了,我还听我的一个朋友讲呀,有人凌晨的时候看到李义府跟杜元纪出东门,跑到古墓那边望什么,可能是占卜吉凶、图谋不轨呢!

闲人丁:看来呀,今上要有大动作,"李猫"朝不保夕咯!算了算了,肉食者的事,我们这些小百姓操哪门子心,洗洗睡吧!

"李猫"是官场中人给李义府取的外号,自从李治提拔他当了中书令,"李猫"便进化成了"李老虎",四处咬人,弄得怨声载道。可是政治舞台从来都是你方唱罢我登场,哪有永远的辉煌?如今"李老虎"可能要落马的消息在长安城已经人尽皆知。至于他本人,当然也是很清楚的,否则大清早去看什么风水。不过除了李府人士,朝野上下对他的落马可都是喜闻乐见,之前李义府已经两起两落,人们不希望还有第三次,毕竟来一次,伤一次,吓怕了。

果然,没让大家等太久,朝廷就宣布了对李义府的处理意见,认为他涉嫌泄露国家机密、买官卖官,造成社会影响极其恶劣,现免除公职,流放巂州。他的儿子、女婿协同作案,流放庭州。重大官员的任免当然是要皇帝点头的，李治做出这番决定，体现了朝廷的决心。官民纷纷拍手称快，有人甚至写了篇《河间道行军元帅刘祥道破铜山大贼李义府露布》，张贴在交通要道上，表达内心的喜悦之情。

说起"李猫"的发迹史，那可真是一个励志的故事。小李祖籍瀛洲饶阳，出生在一个寒门家庭，因为爷爷在梓州射洪县当县丞，举家迁往巴蜀永泰。县丞是县长的副手，一个芝麻官，有职无权，史书上没有说小李的父亲当过什么，估计是没有进入过仕途。隋末的巴蜀是块好地方，犹如世外桃源，远离中原王朝更替的硝烟与战火，为李义府提供了一个相对稳定的成长环境。以致后来出兵高句丽，就有人提议让益州造战船，因为当地人民没经历什么战乱，太舒服了。

如果李义府认命的话，也许一辈子就是个底层，后世不会有什么人知道他。可在二十岁那年，命运发生了转机。因为文章写得好，小李被剑南道巡察大使李大亮表荐为门下省典仪，后来又被刘洎、马周这些有头有脸的省部级高官推荐，得以担任监察御史。从这段经历看，李义府青年时期必然是夜以继日地学习，天天三省吾身：高否，富否，帅否。怀才就像怀孕，时间越久越明显，这份才华甚至得到了朝廷大员，乃至唐太宗的认可。唐太宗曾经以鸟为题，让大家写诗，年轻的李义府便写了一首《咏乌》，表达心中的怀才不遇，令皇帝刮目相看：

日里飏朝彩，琴中伴夜啼。上林如许树，不借一枝栖。

文采就跟文凭一样，是块敲门砖，没它不行。但在官场混，如果上面无人提携，恐怕永远没有出头之日。小李是被刘洎、马周赏识推荐的，短期来看是件好事，但从长远看，就是件赤裸裸的坏事了。刘洎在政治上支持魏王李泰，而李泰在太子之位的争夺中落败了，因为站错队，刘洎被政敌褚遂良诬陷，最终人头落地。刘洎死于政治立场，那么被他推荐的李义府呢？实在是前景堪忧。可小李再次获得了命运的转机："又敕义府以本官兼侍晋王。及升春宫，除太子舍人。"当李治还是晋王时，李义府就已经被李世民派去侍奉他了，之后还成为太子舍人。李治和李义府的关系应该不错，他曾经把小李写的文章呈上去，给李世民看，李世民看后非常满意，奖励帛四十匹，以资鼓励。侍奉太子这层背景是日后唐高宗信任并重用他的基础，毕竟是嫡系部队。

李治继位后，李义府升为中书舍人，加弘文馆学士。官是升了，但从横向比较，小李混得并不咋地。当初来济跟他齐名，两人并称"来李"，现在人家都已经官居宰相了。其中的原因，是百官之首长孙无忌对李义府不满意，可能是他曾经被刘洎推荐过，有污点，而来济一直跟长孙无忌站在同一战线，特别是"废王立武"的问题上。渐渐地，长孙无忌对李义府越发厌恶，决定把他贬为壁州司马。这时李义府刚刚四十出头，诏书已经拟好还没下发，但他通过其他渠道提前知晓了。要是真的被贬，二十年的努力毁于一旦，还不知道哪年能回到长安。

为了自己的仕途，他求教于同事王德俭，王德俭给小李指了条明路："上欲立武昭仪为后，犹豫未决者，直恐宰臣异议耳。君能建策立之，能转祸为福矣。"现在皇帝想立武昭仪为皇后，托孤大臣都反对，群臣慑于他们的淫威，都装聋作哑，如果你挺身而出，那就是大大的忠臣，皇帝不会亏待你的。李义府听后以为然，实在是没有更好的办法了。

于是连夜向皇帝上书，李治看后非常满意，当即召见本人，不仅赏赐珍珠一斗，还让他留任旧职。宝押对了，李治当然不会亏待他，小李迅速时来运转、官运亨通，不久升为中书侍郎、同中书门下三品。显庆二年，接替崔敦礼担任中书令，进封河间郡公；显庆三年，就连他死去的父亲也沾了光，追赠其父李德晟为魏州刺史，什么财宝、豪宅自然是不在话下。

当小李炙手可热的时候，他的缺点逐渐暴露出来。因为之前长期不被人看好，压抑得太久，积累的怨念极多；如今身居高位，尝到了权力的甜头，便非常患得患失，不愿退回之前的落寞，生怕来之不易的权力被其他人夺走，只要别人稍微违背他的意思，他都要暗地里陷害人家，成了一个笑里藏刀的人物。因此，大家干脆给他取了个外号，叫"李猫"，猫这种动物白天看起来很温顺可爱，但在晚上抓老鼠的时候面目狰狞，明着一套，暗着一套，跟李义府的所作所为极其吻合。不光喜欢排除异己，小李还干点其他违法乱纪的事情，特别高调，比如，卖官鬻爵，卖的时候门庭若市、热闹非凡，不光自己"做生意"，他的母亲、老婆、儿子、女婿一齐上阵，全家都搞贪腐。那些掏钱的人不光当了官，同时也成为李义府的党羽。

尽管劣迹频出，一副小人得志的模样，但出于政治需要，李治还是愿意保他。洛州有个姓淳于的女子犯事入狱，李义府听说她颜值很高，顿时色迷心窍，竟然指示大理丞毕正义将其释放，然后接到自己的府里。后来事情败露，李义府为毁人证，直接逼迫毕正义自杀，死无对证。侍御史王义方看不惯，心里憋着一股劲，非要弹劾李义府，结果小李什么事都没有，王义方反倒被外放莱州刺史。小王的性格不适合在官场混，太耿直、太不懂事了，在电视剧里恐怕都活不过三集。

此时正是皇帝打击托孤大臣的关键时刻，用得着小李，你这时参劾李义府，不是给李治拖后腿嘛。许敬宗与李义府在皇帝的授意下，罗织罪名打击褚遂良等人，帮李治清洗反对派，干遭骂的活，以致《新唐书》把他们俩都列入了《奸臣传》。其实这里面也无所谓善恶，褚遂良、长孙无忌等人的谋反固然是子虚乌有，但当年他们借房遗爱谋反案牵连吴王李恪、江夏王李道宗，就是合情合理的了？李恪和李道宗又犯了什么罪？所以都是为了自己集团的政治利益罢了，你不整其他人，其他人可能就会整你。《新唐书》的基本立场是反武，许、李二人都是支持"废王立武"的，因此被打成奸臣。

后来李义府又与新提拔上来的宰相杜正伦产生矛盾。杜正伦是老同志了，当年名臣魏征推荐过的。以前他当中书侍郎时，小李只是个典仪，现在二人同为中书令，杜正伦便排资论辈，一副老干部的做派，看不上小李。小李就不乐意了，同为中书令，你老杜哪来的自信，敢看不上我！双方都想整倒对方，最后闹到皇帝面前，这时中央的反对派只剩下长孙无忌一人，孤掌难鸣，皇帝已经胜券在握了，所以李义府也没必要非待在长安不可，给他点教训，堵堵百官的嘴，也是应该的。李治以宰相不和为由，各打五十大板，将他们双双贬谪，李义府贬普州刺史，杜正伦贬横州刺史。可没过多久，小李又被召回，担任吏部尚书、同中书门下三品，杜正伦则死于贬所。李治还是舍不得李义府，纵使有错，很快便予以谅解，重新起用，谁叫人家是嫡系，队伍也没站错。

李义府这时家庭事业两不顺，仕途上遭遇贬谪，复职没多久，母亲又去世了，丁忧了一段时间。挫折过后，小李也该知道收敛了吧，错！他仗着皇帝的信任，依然我行我素。由于生在寒族，出身不好，李义府总感觉抬不起头来，特别是面对那些豪门背景的同事时。现在当大官了，李义府就说自己其实来源于赵郡李氏，并要求给事中李崇德把自己写进相关的家谱，镀层金。李崇德迫于宰相的压力，只好从了他，但心里极不情愿；等到李义府被贬普州，李崇德以为这辈子再也见不到他了，索性将小李的名字从谱中删去。孰料李义府还有再度复职的一天，知道此事后，进行打击报复，迫使李崇德在狱中自杀。

龙朔二年，小李奏请将祖父改葬在永康陵附近，李治准奏。听说当朝宰相、皇帝的大红人要来辖区修坟，三原令李孝节怎么能放过讨好高级干部的机会，私自征调民夫、牛车，昼夜不停地为李家施工，李孝节这么做了，附近七县迫不得已，也只好跟着做，个个如临大敌。高陵令张敬业因为压力太大，活活累死在工地上，相当于把一个县委书记给累死了。王公以下争着抢着送奢华礼品，拍李义府马屁，送葬的时候，队伍竟然绵延七十里，盛况空前，"自武德已来，王公送葬之盛，未始有也"。唐朝开国四十多年，要问葬礼哪家强，李义府说第一，没人敢说第二。那么问题来了，这些达官显贵与李义府的爷爷非亲非故，他们为什么要放下身段，凑这个热闹？

孔子曰："非其鬼而祭之，谄也。见义不为，无勇也。"不是你该祭祀的鬼，你却祭了，这是心存谄媚。要不是李义府大红大紫，权势正盛，又喜欢算计人，谁会平白无故跑去给他爷爷送葬。他爷爷生前只不过是个县丞，又没有多大贡献，何德何能？其实还是"官本位"思想的体现，人在官场，身不由己，他们希望通过送葬一事，得到李义府的认可，至少不被他厌恶。只是大家都想到一块去了，你去我也去，队伍长达七十余里，这得有多少人置身其中呀，不知道小李能不能把每个捧场的官员逐一记住。"别忘了跟宰相说一声"，很多送葬者肯定会这样叮嘱李家亲戚的。

这时宰相队伍发生变化,侍中辛茂将病故,卢承庆因工作失误免官,东北高句丽战事正酣,任雅相被派往前线,宰相中只有李勣、许敬宗、李义府了,李勣一如既往地低调,身为武将、功劳极大的他不主动参与政治斗争,许敬宗与李义府又是一伙的,在这样的情况下,李义府就显得特别嚣张。李治觉得不行,尽管爱护他,也必须得找人制衡下,搞搞平衡。要是朝廷里有哪一派做大了,必然危及皇权。于是,高宗提拔了许圉师为左相。

可仅仅过了五个月,许圉师的宰相生涯就到头了。一天,许宰相的儿子许自然外出打猎,侵犯别人家的田地,激怒田主。仗着自己有个好爸爸,许公子脑子一热,干脆射箭杀人。许圉师知道后,竟然只是关起门,把儿子杖责一百,而没有移送法办,想要蒙混过关。西台舍人袁公瑜知道此事后,派人上书告发,袁公瑜就是之前被许敬宗派往黔州逼迫长孙无忌自尽的人。这回看到政敌许圉师摊上事了,当然得利用一下。果然,李治看后龙颜大怒,说:"许圉师为宰相,侵陵百姓,匿而不言,岂非作威作福!"许圉师连忙辩解说自己不敢,都是那些别有用心的人想害他,他一个文官,手头又没兵、没地盘,哪敢作威作福。李治听了仍不买账:"汝恨无兵邪!"看到袁公瑜的告发起作用了,许敬宗添把火:"人臣如此,罪不容诛。"许圉师因此免官,次年三月贬为虔州刺史。

走了许圉师,还有后来人,李治又提拔了上官仪。随着李义府的劣迹越来越多,名声越来越臭,李治都有些看不下去,因此特地找小李谈心:"卿子及婿颇不谨,多为非法,我尚为卿掩覆,卿宜戒之。"大意是小李呀,听说你儿子和女婿做了很多违法乱纪的事情,影响特别坏，为了罩着你，我都替你掩盖，今后可得多多注意啊！李义府听后非常惊讶，脸色都变了，像是狐狸尾巴露了出来，他觉得应该没有人胆敢把他的事告诉皇帝，便问："谁告陛下？"哪个多事的打我小报告！李治有点不耐烦了，说："但我言如是，何必就我索其所从得耶。"叫你改，你就改，你管我从哪里知道的！最后李义府始终没有承认错误，缓步而去，让皇帝尴尬地坐在那里。一个大臣，生杀荣辱都掌握在皇帝手中，怎么敢这么嚣张，真以为不敢动你？反正托孤大臣都已经被清洗干净了，善意的提醒也说过了，敬酒不吃吃罚酒。李义府声名狼藉，已无太多利用价值，形同累赘，是时候卸磨杀驴，以平民愤。

龙朔三年夏天，右金吾仓曹参军杨行颖告发李义府，说他收了罪臣长孙无忌孙子长孙延的七百缗，准备把司津监一职卖给他。李义府真是饥不择食，什么生意都做，什么钱都敢挣，可能做得太多习惯了，毫无顾忌。李治这回手下不留情了，命令跟上官仪关系好的刘祥道审问此事，经查，案情属实。诏李义府除名，流放嶲州；儿子女婿流放庭州，朝野上下拍手称快。为害数年的李老虎终于落马了，但人们悬着的心并未放下，李义府曾经被贬过一次，这回再贬，会不会跟上次一样，重新起用呢？

不用多说，李义府也日日夜夜思忖这个问题：皇上什么时候把我召回去，重新起用啊。"持节云中，何日遣冯唐？"功夫不负有心人，三年后，李义府貌似等到了一个百年难遇的良机：李治要封禅泰山了！这真是难得的机会呀，纵观中国古代史，总共只进行过六次泰山封禅，上一次封禅，还是六百多年前，汉光武帝在位时。如今李治封禅泰山，普天同庆，朝廷肯定得大赦天下，泽及万民。都过三年了，皇帝应该饶恕自己了吧，自己以前也立过功，看来被赦免只是时间问题。然而让小李绝望的是，他不在赦免之列。封禅的时候尚不赦免，以后就更没有出头之日了，李义府变得郁郁寡欢，俗话说哀莫大于心死，没多久便忧愤而亡。

上元年间，李义府的家人得到赦免，获准回到洛阳。李治真"坏"，都不把李家成员流放在同一个地方，至少生活上相互有个照应。像李义府这样的人，历史上有很多，他不是第一个，也绝不是最后一个。李治提拔他主要是作为打手，帮助清洗长孙无忌等反对派，作为回报，给了高官厚禄，等到他劣迹满满、不容于世，丧失利用价值了，便可以一脚踢开，赢得人心。李义府所做的诸多不当行为，如果没有李治在背后的默许与纵容，是绝对做不出来的，他这几年的劣迹，李治不可能不知道。但奇怪的是，当他落马时，人们反倒歌颂李治果断出击，而不是思考他在用人上的责任。

李治与贺兰敏之

从麟德元年到上元二年，武则天与唐高宗又过了十年，他们没有分手，却经历了很多。除了魏国夫人，武则天的母亲杨氏，姐姐韩国夫人之子贺兰敏之，都相继去世了。杨氏病故，没有什么好惊讶的，毕竟年纪大了，史书记载享年九十多岁，属于高寿。但有的人就不寻常，年纪轻轻就没了，真是黄泉路上无老少呀！

景龙三年八月十八日，长安城近郊的洪滨原又添了一座新坟。

听老乡说：墓主人生前来头不小，似乎有官方背景，还是位高富帅。可惜二十九岁便客死他乡。过了几十年，棺椁才从千里之外的蛮荒之地运回关中，长眠在这洪滨原上。他会是谁呢？

又过了一千两百多年，人们从墓穴里挖出了一块石头，上面竟然有字，写着"大唐故贺兰都督墓志铭"。贺兰？好奇葩的姓啊！他祖先的户口肯定在贺兰山吧！再看正文，第一句说："公讳敏之，字常住，河南洛阳人。"贺兰敏之？好熟悉的名字，没错，就是他！

七世纪中期，大唐政坛突然出现了一位年轻人的身影。把他的条件说出来，保证大部分人都会羡慕。

第一个条件，他颜值爆表，是位公认的大帅哥。铭文说他："至矣周公，克明克聪，风情外朗，神彩内融。"史书说他："貌美""年少色美""韶秀自喜"。墓志铭为了吹捧死者，往往会夸大其词，但史书都众口一词了，基本上就错不了。贺兰公子的确风度翩翩，引得女粉丝尖叫连连，就是那种平时发一张自拍，都会上热搜的节奏。他本人也非常自恋，为颜值沾沾自喜。其实，贺兰公子颜值高，一点都不让人意外。

为什么呢？这要说到他的第二个条件了：有背景。他的外公是开国功臣，李渊的好友武士彟，两人关系铁到什么地步？贞观九年，听说李渊驾崩，武士彟竟然忧伤过度，追随好友奔赴黄泉了，真可谓生死之交。武士彟与贺兰敏之外婆杨氏的婚姻，也是李渊一手促成的。过门后，杨夫人为武家生下了三个女儿。排行老二的，就是大名鼎鼎的武则天。武则天最初入宫，和颜值就有很大关系，唐太宗听说武氏年轻漂亮，遂纳入后宫，封为才人。后来武则天又结识了太子李治，两人渐渐喜欢上了对方，颜值，也是武则天吸引太子的原因之一。

贺兰敏之的母亲叫武顺，是武则天的姐姐，早年嫁给贺兰安石，生下贺兰敏之与一个女儿。只是天有不测风云，人有旦夕祸福，贺兰安石很早就去世了，武顺随之成了寡妇。后来因为妹妹的关系，武顺常常出入后宫，没想到，唐高宗也看上了她，以致坊间多有传闻：皇子李贤的亲生母亲不是武皇后，而是武顺。而且贺兰敏之的妹妹也和唐高宗有染。姨娘、母亲、妹妹，颜值都高，贺兰敏之长得帅也很正常了，基因优势。

第三个条件：领导看重。乾封年间，贺兰敏之二十四岁左右，一块巨大的馅饼突然从天而降，狠狠砸在这位小伙子头上。朝廷宣布由贺兰敏之继承武士彟周国公的爵位。这项人事任命，反映出皇后深深的期望，姐姐的儿子，关系再亲，也不姓武，是贺兰家的人。武士彟的爵位，按理来说应该由武家人继承。如今一反常态，贺兰敏之继承周国公，说明武则天有意培养他。

从二十岁起，贺兰敏之的仕途一路绿灯，短短几年时间，从尚衣奉御、左庶子、太子宾客一直当到兰台太史秘书监、弘文馆学士，二十多岁，已经是从三品的官员了，虽然没有多少实权，但级别摆在那里。如果没有姨娘这座大靠山，仅凭个人努力，怎么可能爬到这么高的位置。

然而，好日子没有持续太久，贺兰敏之当了五年周国公，就狠狠地摔了下来，而且摔得特别惨，连命都没了。他的罪状有好几条，第一条最奇葩："烝于荣国夫人"，与自己外婆荣国夫人发生了不正当关系！要知道，荣国夫人出生的时候，隋朝还没有建立；贺兰敏之出生的时候，已经是贞观年间了。年龄相差六十三岁，等贺兰敏之长大，杨氏已经八十多。一个耄耋之年的老太太，怎么会和二十多岁的小伙子走到一起？究竟是荣国夫人喜欢小鲜肉？还是贺兰公子太重口？真是匪夷所思。

后面几条罪状还算正常。第二条，咸亨元年，荣国夫人杨氏寿终正寝，享年九十一岁。外婆去世了，贺兰敏之毫无忧伤之情，朝廷正治丧呢，他照常举办娱乐活动，天天"唱歌""打牌"，实在是太不孝顺了。第三条，武皇后给贺兰敏之一笔钱，要求他建造佛像，可贺兰敏之把这笔钱贪污了，根本没有完成姨娘的指示。第四条，太子李弘即将结婚，太子妃的人选都确定了，卫尉少卿杨思俭的女儿，没想到贺兰敏之对杨小姐也有意思，把小姑娘糟蹋了。第五条，还是和两性关系有关，贺兰敏之不光喜欢上了准太子妃，还对太平公主的侍女动手动脚，简直无法无天。

太子对他不满，公主对他不满，皇后对他不满，皇帝呢，早就对他不满了。《大唐新语》记载：乾封二年，唐高宗封禅完泰山，跑到曲阜祭奠孔子，皇帝亲自来了，要写祝文，贺兰敏之等人不是文职人员嘛，就让他们写，结果写得并不好，令唐高宗非常生气。见龙颜大怒，贺兰敏之等人战战兢兢、狼狈不堪。随后让一个叫李嗣真的官员写，质量就特别好。在这个过程中，李嗣真认为贺兰敏之的末日不远了。"时敏之恃宠骄盈，嗣真审其必败"，但是，两人的关系又比较近，哪天贺兰敏之真落马了，李嗣真会不会受到牵连？于是他上书朝廷，请求到外地做官，实际上是为了避祸。皇帝倒是没看出他的心思，批准了，任命他为义乌令。几年后，贺兰公子果然出事，而李嗣真得以幸免。

综观贺兰敏之的五条罪状，第一条可能性不大。荣国夫人身为耄耋之年的人，身体机能严重老化，早已没有相应的生理条件。四十多岁前，杨氏一直没有嫁人，直到李渊介绍了，才嫁给武士彟，有点半逼迫的成分在里面，皇帝让你嫁你不嫁，敬酒不吃吃罚酒？谁敢呀！可见她对异性并没有多么强烈的需求，否则也不会单身那么多年了。

再说贺兰敏之,他年轻,帅气,有钱,想要几个美女还不简单,根本没必要和外祖母扯上关系。

像后面几条,对杨小姐、对太平公主侍女做点出格的事情,还是有一些可能性的。现在的太子妃,那就是未来的皇后呀,姿色、气质想必差不到哪里去。贺兰敏之的种种行为,与李嗣真的判断非常吻合:恃宠而骄。贺兰公子少年得志,又有全大唐最好的背景,容易飘飘然,不把朝廷的规章制度放在眼里,以为有了皇后当靠山,就能够为所欲为了,殊不知把核心圈层得罪了遍。武则天对他不满意,还与他妹妹贺兰氏有关,贺兰氏年轻貌美,得到李治宠幸,甚至还想给她名分。武则天并不希望这样,后来贺兰氏死于非命,贺兰敏之怀疑是武则天所为,双方因此产生了矛盾。

直到咸亨二年,也就是外婆死后,他的丑闻接二连三地曝光出来,瞬间像占据了各大报纸的头版头条一般热闹。吃瓜群众看得有滋有味:原来皇家内部这么乱,故事这么狗血。于是数罪并罚,褫夺官职,流放岭南。走到韶州驿站时,贺兰敏之结束了短暂的一生,有人说是自杀,还有人说是他杀,被马缰活活勒死的。

谁能想到,将近四十年后,朝廷竟然厚着脸皮给贺兰敏之平反,还派他的儿子贺兰琬、太子仆王先进跑到岭南,把尸体挖出来重新入殓,安葬在长安城附近的洪渎原上,同时追赠秦州都督、太子少傅。贺兰敏之干了这么多丑事,还能平反,也真是有意思了。墓志铭这样解释:"暨乎圣皇再造区宇,重悬日明。于是恩谕扣玉,礼晟镕金。文物振其威。□明畅其气。"也就是说,贺兰敏之的平反是拨乱反正的举措之一。当时唐中宗恢复了大唐,被武则天处置的政治犯就恢复了名誉。他们的人品无关紧要,关键是政治立场,只要和武则天对着干,那就是正确的;与武则天联手过,那就是错误的。处置贺兰敏之的奏表是武则天呈给唐高宗的,所以他是武则天的政敌,是应该被平反的"好人"。

从贺兰敏之的人生经历看,出身豪门,成为大唐最有背景的高富帅,也未必是件好事。年纪轻轻,没有经历过任何挫折就身居高位,容易迷失自己,走向堕落的深渊。而且上层的权力斗争太频繁、太残酷,一家人有时候因为利益会分成好几派,稍不小心站错了队,就有生命危险。几十年后,贺兰敏之平反了,对他本人来说并没有多大意义,命都没了,吹捧得再好能挽回什么呢?其生前的所作所为,也不会因为平反而一笔勾销。

第九章　李治的最后时光

上元二年，唐高宗召集群臣议政，提出一个让大家目瞪口呆的建议：自己暂居幕后，由皇后武则天处理朝政。得知皇帝有这个惊人的念头，中书侍郎郝处俊说："天子理外，后理内，天之道也。昔魏文帝著令，虽有幼主，不许皇后临朝，所以杜祸之萌也。陛下奈何以高祖、太宗之天下，不传之子孙而委之天后乎！"郝处俊主要提出了两个反对理由，一是皇后临朝不符合政治规律，会给江山社稷带来祸患；二是不能把李渊、李世民辛辛苦苦打下的江山交到异姓人手里。另一位中书侍郎李义琰也赞同郝侍郎的意见，认为是忠言，应予采用。"处俊之言至忠，陛下宜听之。"得知大臣的态度后，唐高宗打消了这个念头。

既然不能够让皇后摄政，为什么不直接传位于太子呢？这时的太子是李弘，李治与武则天的长子，当初他的诞生成为武则天夺取皇后宝座的一大优势，因为竞争对手王皇后没有子女。子以母贵，李弘四岁即立为太子，史书记载他："仁孝谦谨，上甚爱之；礼接士大夫，中外属心。"可见李治对嫡长子非常满意，寄予厚望。然而这并没有什么用，唐高宗此时只说了要让天后摄政，没说让太子提前接班。如果太子上位，李治只能当太上皇，病治不好也就罢了，要是哪天能治好了，实权恐怕也要不回来。权力这东西，一旦拥有了就不愿失去。

届时大权在握的李弘必然会对父亲严加防范，维护自己的既得利益，就好像李世民对待李渊一样。估计完可能发生的结局，李治又怎能心甘情愿传位太子？换一种选择，要是让位给皇后，说不定哪天病愈了还能复位，在李治之前，从来没有哪个女人做过皇帝，充其量垂帘听政，更何况最高权力还被高宗紧紧攥在手里。

李弘之死

巧合的是，李治三月提出要逊位，四月太子李弘便去世了。时人、后人纷纷猜测死因，到底是官方公布的肺病还是母后的鸩毒。对于此事，《资治通鉴》还有点良心，知之为知之，不知为不知，写了个"时人以为天后鸩之"，司马光也拿不准。至于《新唐书》，当然就说是武则天毒死的，这样的表述也不令人意外。那武则天为什么要杀李弘呢？史书给了两个理由，第一个理由，李弘同情义阳、宣城两位公主，触怒了武后。两位公主是萧淑妃的女儿，母妃因为政治斗争而死，她们就住在冷宫，无人在意。将近三十岁了，依然没有出嫁，成了剩女，还有的书说四十多岁没有出嫁。咸亨二年，李弘遇见了两位姐姐，得知她们悲催的身世，动了怜悯之心，于是上奏父皇，请求让两位姐姐嫁人，李治准奏。武则天是什么反应呢？《旧唐书》没说，《新唐书》《资治通鉴》说她大怒，因此对李弘怀恨在心，必欲除之而后快。

儿子的行为，武则天到底介不介意呢？不介意的可能性更大。当初的宫廷斗争已经过去了二十年，这么长的时间，经历这么多事，武则天的怨念还剩多少？这两个公主又没有参与当年的斗争，是无辜的。从武则天给她们选的驸马来看，也都不错，宣城公主嫁王勖，后来的颍州刺史。据出土墓志介绍，他是"右监门将军平舒公之孙，歙州司马之子"。义阳公主嫁权毅，后来的袁州刺史，此人背景也不一般，爷爷权洪寿曾任秦王府长史、天水郡开国公、兵部尚书、户部尚书，一位跟李世民干过的高官；父亲权知节，虽然混得差了点，可人家也当过沁、亳、润三州刺史，使持节桂州都督。

所以别看权毅、王勖娶公主的时候，只是个侍卫，一般人想保护皇帝，连资格都没有呢，当上驸马后，他们还升官了。十几年后，因为忠于李唐政权，两位驸马死于非命，但武则天没有加害公主，按理说，她完全可以这样做的。唐中宗复辟后，宣城公主被封为长公主，一直活到玄宗时期，开元二年病故，陪葬乾陵。

通过出嫁的对象、人生结局，我们可以看出，武则天并没有多少恨意，她连仇敌的女儿都不杀，更不会因此杀害自己的儿子了。再说了，让她们嫁人又不对自己产生什么威胁，一点点小事，就到了杀儿子的地步？李弘死于上元二年，公主嫁人是在咸亨二年，中间隔了四年，《资治通鉴》为了让读者认为李弘是武则天杀的，刻意把两件事写在一起，好像刚为公主说完情，打击报复就来了，将四年前的一桩小事，强行称为杀人原因，也是煞费苦心。为了凸显武则天的罪恶，《新唐书》还把公主的年龄调整到四十多岁，"义阳、宣城二公主以母故幽掖庭，四十不嫁"，看！四十多岁都不允许嫁人！武则天简直禽兽！其实咸亨年间，李治也就四十出头而已，他女儿怎么可能也有四十多岁？两三岁就能生孩子了？这么简单的数学题都能算错，简直无法理解。

此外，还有一个杀人理由，说高宗病得很厉害，想要传位给太子，武后见太子能力强，深受父皇、群臣认可，就不愿让儿子登基，想抢班夺权，于是痛下杀手。这也是说不过去的，高宗之前有让武后摄政的打算，但没有让太子接班的想法。皇后暂时摄政，自己病好了，权力还能拿回来；若太子登基，他就是太上皇，权力便丧失了。而且武后就算杀了李弘，也轮不到她当皇帝，后面还有李贤、李显、李旦。李治之所以在悼念儿子的文章中提到传位，目的是提高李弘的丧葬规格，你不说想传位给他，怎么册封他为皇帝。

李弘真正的死因是什么呢？身为父皇，唐高宗说得很清楚："自琰圭在手，沉瘵婴身，顾惟耀掌之珍，特切钟心之念，庶其痊复。""瘵"就是肺痨、肺结核，当时是绝症。李弘自从当了太子就患病，可以说自幼身体不好，监国期间，较为操劳，使病情加重。咸亨二年，高宗驾临洛阳，"太子多疾病，庶政皆决于（戴）至德等"。病得已经无法理政，完全依靠手下大臣。四年后，病情加重，不幸去世，也在情理之中。

那为什么"时人以为天后鸩之"？可能弥留之际，李弘咳嗽不止，吐了不少血，跟中毒有些像，故以讹传讹，被别有用心的人利用。太子的病情，李治做父亲的，再清楚不过了，他明白，李弘活不了多久，也没有子嗣，把大唐的未来交给他，对谁都不好，白发人送黑发人，不过是可以预料到的时间问题。为了表达对儿子的思念，李治追封李弘为孝敬皇帝，并为他建造了恭陵，《孝敬皇帝睿德纪》更是御制御书，字字滴血，展现出中年父亲的丧子之痛。"其葬事威仪，及山陵制度，皆准天子之礼"，以天子礼仪安葬又能如何？逝去的人、经历过的事，再也回不来了。

废黜李贤

李弘死后，李治虽然心中难过，但储君之位不可久虚，他必须要尽快做出打算。唐高宗会立谁为太子呢？新太子又能否顺利登基？

1970—1971年，在乾陵东南约三公里的高地上，考古队员发掘了一座唐代墓葬。和许多唐墓的情况类似，此墓很早就被盗墓贼光顾过了，因为在第三天井东南角发现了大大的盗洞，后甬道石门、门框也被人砸坏。既然如此，应该没有太多文物了吧，果然，在石椁里，考古人员没有发现随葬品，木棺早已朽坏，葬式不明。据墓志铭记载，墓主为唐高宗和武则天的儿子儿媳——章怀太子李贤及太子妃房氏。那太子夫妇的尸骨呢？清理后，在过洞、甬道、前后室等处找到三块腿骨，一片肩胛骨，还有零碎的肋骨、脊椎骨、头骨，推测应该是两位墓主人的。他们生前地位何等荣耀，现在连骨架都无法凑齐，真是沧桑巨变、造化弄人。

李贤的母亲是谁？对于这个问题，人们有不同的答案。官方资料说是武则天，但永隆年间，宫里盛传一条小道消息，说武则天的姐姐韩国夫人（武顺）才是李贤的生母。相信后者的人有三个理由。第一，据记载，李贤生于永徽五年十二月前往昭陵的路上，时间、地点非常可疑，试想：隆冬腊月，天气寒冷，一个身怀六甲、即将临盆的宠妃，怎么不在宫里好好待产，却要和皇帝跑去谒陵呢？此事必然大有蹊跷。第二，武则天在两年时间里相继生下了李弘、安定公主、李贤三个孩子，违背了生育规律。第三，武则天对待其他子女较为友好，至少没痛下杀手，但是在清算李贤时，她手中"四十米的大刀"早已饥渴难耐，相比之下，一看就知道谁不是亲生的。

如果仔细思考，会发现这三条理由并不成立。怀胎十月还跑去昭陵祭祀，确实不合常理，但也是迫不得已，王皇后和萧淑妃日渐失宠，李治和长孙无忌摊牌的日子越来越近，无论后宫还是前朝，斗争一触即发,这个时候李治拜祭昭陵,把武昭仪留在皇宫是一件危险的事情。古代医疗条件不佳,生孩子的风险很大,武昭仪就算顺产,也是身体虚弱,没有什么防备能力,在这个时候,如果政敌们趁机下手,后果不堪设想,为了防备可能的风险,李治只好将武则天带在身边,实属无奈之举。而且当时王皇后还没有被废,皇帝祭祀先帝,不带皇后,却带武昭仪,也是在向外界传递政治信号,武则天顺便也可以显摆显摆。

对于第二个问题,实际上并不是两年生三个孩子,而是三年生三个孩子,我们可以从李弘、李贤的生卒年进行判断。李贤墓志上写得很清楚,他于文明元年(684)遇害,享年三十有一,换算过来,他生于永徽五年(654),《资治通鉴》又记载当年的谒陵活动是在年底十二月,具体的公元纪年是655年1月,距离654年不远。李弘死于上元二年(675),享年二十四岁,他应该生于永徽三年(652),具体月份不明,两兄弟中间,还有一位暴卒的公主,看上去好像是654−652=2,两年生了三个,实际上是652、653、654三年,漏算了一年。还有,李弘虽生于652年,武则天在651年就已经怀上他也是有可能的。虽说是频繁生育,但生活中不乏这样的事例,为了争宠而强行生子的妃子历史上不在少数,且武则天身体素质如此出色,最终活到了八十多岁,所以倒也说得过去。那武则天为什么就杀李贤呢?这个我们下面会说。

李贤能够生在帝王之家,投胎能力了得。作为父亲,唐高宗非常重视对儿子的教育。他曾经对李勣说:"我这个儿子,已经读过《尚书》《礼记》《论语》,还有诗赋几十篇,过目不忘,特别有天分。有一次我让他读《论语》给我听,读到'贤贤易色'时,他又反复读了好几遍，我就问他了，宝贝！你为什么要这样呀？他说：'父皇，我就是喜欢这句话。'"除了聪明、会读书，李贤的行为举止都十分得体，很讨父皇的喜欢，据出土的两块墓志记载，成为太子前，李贤的地位不断提升。

永徽六年：封潞王。

显庆元年：加雍州牧。

龙朔元年：徙封沛王，雍州牧如故。加授使持节都督扬、和、滁、润、常、宣、歙七州诸军事，扬州刺史兼左武侯大将军。

麟德二年：加左卫大将军，摄兖州都督。

咸亨二年：徙封雍王，食实封一千户。

除了让孩子具备丰富的文化知识，李治还吸取李世民的教训，特别关注儿子们的人际关系。《滕王阁序》是高中的一篇课文，上课时，语文老师肯定会介绍王勃的生平，其中《檄英王鸡》这篇文章肯定会被提到。当时王勃在沛王府任职，沛王李贤非常喜欢斗鸡，和弟弟英王李显是一对"鸡友"。见状，王勃就投其所好，给英王的斗鸡下战书。没想到李治看后龙颜大怒，认为王勃用心不良，是在挑拨皇子间的关系，遂将其驱逐。几年后，有一天唐高宗想让两位皇子比赛，争争胜负，郝处俊劝谏后，他连忙打消这个念头，是啊，儿子们都小，要教他们学习孔融让梨。

日子一天一天很快地过去了，李贤也在不断成长，若一切正常，他可能会当一辈子王爷，享尽人间的荣华富贵。然而，上元二年，一个天大的馅饼砸在李贤头上，大哥李弘久患肺痨，终于挺不住了，按照继承制度，李贤顺利上位，成为大唐的新任太子。可谁承想，这竟是悲剧的开始。众所周知，李贤的结局非常糟糕，先是被废，后又逼令自杀。关于其中的缘由，很多书籍是这样说的：在担任太子期间，李贤表现出了高超的才能，大臣们纷纷"路转粉"，以为大唐有希望了。众人都很开心，唯独武皇后很生气，她认为李贤能力太强，太得人心，日后会成为自己的障碍。经过一番谋划，武则天诬陷李贤造反，并将其废为庶人，懦弱的唐高宗屡屡哀求，却被晾在一边；等高宗一驾崩，武后就派人把李贤干掉了。

李贤真的如此完美吗？当然不是了！他自幼聪颖，博览群书，有一定的文化知识，当太子初期，"处事明审，为时论所称"，确实有一定能力，高宗也曾夸奖。可随着时间的推移，他的缺点暴露出来了：好声色犬马，喜欢纵欲，自制力极差，这点像他的大伯李承乾。比如，李承乾搞同性恋，李贤也好这口："太子颇好声色，与户奴赵道生等狎昵，多赐之金帛。"太子司仪郎韦承庆劝谏过李贤："伏承北门之内，造作不常，玩好所营，或有烦费。倡优杂伎，不息于前，鼓吹繁声，亟闻于外，既喧听览，且黩宫闱。兼之仆隶小人，缘此得亲左右。"锣鼓喧天，亲近小人，玩得不亦乐乎。章怀太子墓室的壁画，也可以体现出李贤生前的快乐生活，打猎、马球、斗鸡、侏儒、女人、男色……

关键是你玩就玩了吧，偏偏还在国难当头的时候玩："自顷年以来，频有水旱，菽粟不能丰稔，黎庶自致煎穷。今夏亢阳，米价腾踊，贫窭之室，无以自资，朝夕遑遑，唯忧馁馑"；"今关、陇之外，凶寇频凌，西土编氓，凋丧将近，干戈日用，烽柝荐兴，千里有劳于馈粮，三农不遑于稼穑。"内部灾害频频，百姓食不果腹，外部吐蕃为患，军民疲于应付，国难当头之际，太子却兴致正浓，实在不是一个储君该有的样子。如果你是李治，会把江山传给这样的人吗？

此外，李贤还有一件事情比较出格，那就是搞团伙，形成了一股围绕太子的势力集团。李贤曾经召集文人，为《后汉书》作注，由于参考价值很高，后世称"章怀注"。他为什么要找人给《后汉书》作注呢？除了兴趣爱好、方便读者外，还有一个重要的原因，他想借机招兵买马，网罗人才。政治舞台上，一个人势单力孤，决策时难以周全，身边要是有文人出谋划策，效率自然高很多。当初李世民有秦府十八学士，魏王李泰倚仗父皇恩宠，编撰过《括地志》，他们都是有野心的人。在出土的墓志铭里，对李贤为《后汉书》作注一事只字不提，按理说，书编得这么好，应该大书特书才对，怎么保持缄默呢？可能作者意识到此事动机不纯，涉及政治斗争，不提也罢。

这回太子借编书之机，网罗了张公瑾之子张大安、刘纳言、许叔牙等人。这些文人也乐于效力，因为除张大安是官二代、宰相，其他人的职务都不高，对他们而言，帮太子编书好比政治投资，以后太子登基了，肯定加官晋爵、封妻荫子。除了文人，李贤还和地方任职的宗室走在了一起，比如，曹王李明、蒋王李炜，渐渐地，有了自己的小班底，对皇权形成了潜在威胁。李治身体再不好，也不能坐视不理。

"岂谓祸构江充，衅生伊戾，愍怀贻谤，竟不自明，申生遇谗，宁期取雪。"墓志铭的作者将李贤比作申生、刘据，他们本是晋献公、汉武帝的太子，由于他人的诋毁而蒙冤，最终死于非命，这样的表述可以侧面说一个问题：被废之前，父皇、母后与李贤的关系已经恶化，稍微有人挑拨离间，双方就会兵戎相见。如果父子关系优良，彼此相信，任凭小人怎样离间，都到不了撕破脸的地步。通晓音律的李嗣真听过李贤的《宝庆乐》，他也说："宫不召商，君臣乖也；角也徵戾，父子疑也。"皇帝疑心太子呢。这个时候的高宗已经五十岁了，病痛久治不愈，身体越来越差，更需要倚仗武后。而李贤身体健康，有了自己的一套人马，监国期间，免不了和父母产生权力方面的冲突。

老婆和儿子争权，李治支持谁呢？当然是支持老婆，世界上没了李贤，还可以立李显、李旦，没了武后，上哪里去找她这样的人呢？如果没有皇后帮助高宗处理政务，高宗的身体又差成这样，太子是男人，是未来的皇帝，他要是趁机收买人心，拉帮结派，扩充实力，权势会越来越大，甚至盖过自己；武后是门第不高的一介女流，朝中没有显赫的外戚相助，宰相也不认同她，让她帮着处理些朝政，危害明显小于太子，加之李贤不合时宜地嬉戏玩乐，自然招致不满。

为了让太子安分守己、不要沉迷声色，武则天要求北门学士编写《少阳正范》《孝子传》送给李贤，"少阳"是东宫的意思，东宫又为太子所居，所以这两本书，一本教育李贤怎么当太子，一本教他怎么当儿子。有一个叫明崇俨的人，士族出身，能治病，也能谈论为政得失，深受高宗、武后信赖，他曾对武则天说："太子不堪承继，英王貌类太宗"、"相王最贵"。明显是在挑拨离间，但武后没有对明崇俨施以任何惩罚，高宗也保持沉默，如果他们的矛盾没有激化到一定程度，明崇俨岂敢这样说。一段时间后，明崇俨突然被盗贼杀害，朝廷追查凶手却无功而返，一些老百姓议论时事，认为是李贤下的手，毕竟明崇俨是帝后的座上宾，一般人哪敢动手，加之破案又这么艰难，估计背后的水很深。史书虽然没有记载高宗对太子的不满，但太子被废，必须由他点头的，之前我们说过，实权始终掌握在高宗手上。

李贤与父皇、母后关系紧张，特别是后者。这时，宫里谣言满天飞：你知道吗？那个太子啊，不是皇后生的，他的妈妈是皇后的姐姐韩国夫人。消息传到李贤耳朵里，他更怕了，如果传闻属实，"后妈"会怎样对待自己呢？谣言早不传，晚不传，偏偏这个时候传，说明在宫里，太子与皇后之间的矛盾已是公开的秘密。李贤越想越害怕，越想越没安全感，他悄悄派人收集了数百副铠甲，藏在东宫的马坊。至于动机，可能是自卫，也可能是叛乱，反正太子是当不久了，自古以来，废太子就没什么好下场，李承乾、李忠就是前车之鉴，李贤不愿坐以待毙。终于，李治和武则天下手了，命令薛元超、裴炎、高智周捉拿太子，查抄东宫，果然，发现了数百具铠甲，赵道生也承认是李贤杀死了明崇俨。于是废李贤为庶人，捉拿其党羽。

在东宫，有关部门还搜出洗马刘纳言为太子撰写的《俳优集》，俳优指古代以乐舞谐戏为业的艺人，跟相声演员有一定相似之处。李治看后十分震怒，将刘纳言流放振州，并说："以《六经》教人，犹恐不化，乃进俳谐鄙说，岂辅导之义邪！"高政，申国公高士廉之孙，左卫将军高真行之子，亦属李贤一党，对于舅舅的舅舅的孙子，李治把高真行叫过来：你把儿子领回家，好好教育吧。回府后，高家人露出狰狞面孔：高真行用刀刺高政的喉咙，高审行拿刀捅其腹部，高睿再砍下首级，扔在路边。高家用极端的方式向皇帝表忠心，与高政划清界限，他投靠废太子，不是我们高家所有人的态度。李治听后心里很不舒服，你们做得也太过了吧！传出去，不得说是朕要你们骨肉相残！朕就是个暴君啊！于是李治下旨贬高真行为睦州刺史，高审行为渝州刺史。曹王李明也参与了李贤一党，降为郡王；蒋王李炜直接废为庶人，安置道州。宰相有多人在东宫兼职，李治只把张大安贬为普州刺史，其他一律不问。打击面不宜过大，否则无人可用了。

李贤落马后，右监门中郎将令狐智通等人将其押回长安囚禁，又迁往巴州安置。按理说，李贤谋逆，罪不容诛，从后来的表现看，武后是想杀他的，但李贤多活了几年，应该是李治发挥了作用，好比当年唐太宗优待李承乾一样。史书还说唐高宗本想念在父子之情，宽宥李贤，可武后不肯："大义灭亲，何可赦也！"于是不再坚持。这其实是李治的老套路了，永徽年间杀李恪、李元景，显庆年间构陷长孙无忌，李治都装出一副悲伤的样子，嘴上说着不要。等到许敬宗派人逼死长孙无忌，之前忧伤的李治又一声不吭，也不追究凶手了，因为本来就是他授意的。逢场作戏，把责任推给别人，自己不愿承担后世骂名。李治以前很喜欢李贤，他犯谋逆大罪而不死，已经是很大的宽宥了；再说东宫搜出铠甲，百口莫辩，被武后抓住了把柄，不可能逃避责罚。

三年后，李治驾崩，武则天临朝，太后对遥远的李贤很不放心，命令左金吾卫大将军丘神勣奔赴巴州，好生看管，没多久，李贤死于非命。对于死因，文献莫衷一是。有的说丘神勣奉武则天命令，亲手杀了李贤；有的说丘神勣奉旨，逼迫李贤自杀；还有的说丘神勣自作主张，逼死了李贤，想趁机邀功。反正李贤死了，不管武则天有没有下过必杀令，这样的结果是她喜闻乐见的。她先把丘神勣贬为叠州都督，举哀于显福门，装装样子，然后起用为左金吾将军。李贤毕竟反对过武则天，还是以谋反的罪名被废的，武则天为了权力，对他下狠手也正常，太宗、高宗又不是没杀过儿子。

过了一段时间，徐敬业谋反于扬州，他提出找一个和李贤很像的人，作为政治旗帜。所以李贤不死，容易被反对派利用，武则天必须斩草除根。李显、李旦和武则天没有什么重大冲突，是武则天想拿下他们，自己当皇帝，因此没有杀他们的必要。二十多年后，中宗恢复李唐，李贤灵柩迁回乾陵安葬，身份为雍王；景云二年，追封为章怀太子，与房氏合葬。所以墓室中有两块墓志，一块是"大唐故雍王墓志之铭",另一块是"大唐故章怀太子并妃房氏墓志铭"。

李贤死于巴州别馆,享年三十一岁,总算解脱了;儿子们继续受虐,苟全性命。唐玄宗时,岐王李范上奏李隆基,说李贤的儿子李守礼有预测天气的特异功能,对此,李守礼解释说:"臣没有什么特殊的,当年章怀太子获罪,臣也被牵连,囚禁宫中十几载,每年都要被杖责数次。挨打多了,每当要下雨,我的脊背就会沉闷,要是天晴,就会觉得轻健。"玄宗听后,一声叹息。

望着李贤渐渐远去的背影,李治明白,他就像大哥李承乾一样,此生再也不会回来了。这一世,父子间的缘分,也在此刻基本画上了句号。作为称孤道寡的君王,他总是要接受这样的命运。时日不多的他,该怎样度过生命中最后几个年头呢?

曲终人散

李贤被废,李治已经五十二岁了。从显庆五年风疾恶化算起,过了二十年。随着年龄增长,他的身体越来越差。此时唐帝国的局势并不稳定,就像高宗皇帝的身体一样,饱受折磨,难以平复。李治晚年多次想封禅嵩山,却由于种种原因而拖延,直到他去世都没能实现。

永淳元年,高宗下令在嵩山南部建造奉天宫,诏书下达,监察御史李善感劝谏说:"陛下封泰山,告太平,致群瑞,与三皇、五帝比隆矣。数年已来,菽粟不稔,饿殍相望,四夷交侵,兵车岁驾;陛下宜恭默思道以禳灾谴,乃更广营宫室,劳役不休,天下莫不失望。臣忝备国家耳目,窃以为忧!"老大!你已经封禅过泰山,够了吧!几年来,田里收成不好,老百姓忍饥挨饿,边关也不太平。你不好好反省,却建造宫殿,老百姓没有不失望的。李治虽然没有接受,但也清楚，李御史的担心不无道理。

四月，关中饥荒，一斗米值三百钱。没饭吃了，李治效法隋文帝逃荒，起驾前往东都，留太子李显和宰相裴炎等人守长安。因为走得过于仓促，竟然有人饿死在半道上。连皇帝的随从人员都缺少粮食，灾情有多大就可以想象了。李治担心路上有很多强盗，不安全，让监察御史魏元忠想想办法，魏元忠心生一计，马上跑到长安监狱找人，见某位仁兄神态语言和其他盗贼不大一样，好！就你了！肯定是盗贼的头头。马上解开刑具，两人同吃同住，请这位"老大"帮帮忙，保护皇帝安危。"老大"听后都笑死了，堂堂官府，竟然找我这个强盗头子护驾，真是没用。他答应下来。一路上，小弟们看到"老大"走在队伍中间，不敢妄动。从长安至洛阳，整个队伍没有损失一文钱。

五月，东都下大雨，洛水暴涨，殃及民房千余间。关中地区连遭水旱灾害，不久又发生蝗灾、传染病，导致物价飞涨，一斗米卖到了四百钱。灾害面前，人是脆弱的，特别是普通老百姓。"死者相枕于路，人相食"。走在路上，可以看见横七竖八的尸体，人吃人的惨剧天天都在发生，触目惊心。

边境的战火也使唐王朝感受到压力。自薛仁贵大非川惨败后，吐蕃屡屡犯境，仪凤三年，唐高宗派李敬玄率领十八万大军与吐蕃决战，之前我们讲过，李敬玄并不是一个合适人选，他自己也很清楚，但刘仁轨和他有矛盾，故意向皇帝推荐。李治十分认可刘仁轨，接受了他的建议。战斗开始，左卫大将军刘审礼率前军进攻，双方激战正酣，可李敬玄为人怯懦，按兵不动，导致刘审礼战败。听闻败报，李敬玄屯兵承风岭，据险而守，幸亏左领军员外将军黑齿常之率敢死队五百人袭营，扰乱吐蕃军；娄师德也收集散兵，李敬玄才得以退守鄯州。

战争结束后,朝廷派娄师德出使吐蕃,娄师德果然不辱使命,他向吐蕃赞普说明了李治的意思,并"谕以祸福",赞普非常高兴,之后几年没有兴兵犯境。连立两功,当然得升官,李治任命娄师德为殿中侍御史、河源军司马。黑齿常之也有功,升左武卫将军。八年时间,两次惨败,李治不知道该如何是好,吐蕃兵力强大,又位于青藏高原,易守难攻。李治召集大臣们商量对策,有的说应该和亲,有的说继续征讨,还有的说按兵不动。吵来吵去,也没有形成统一的意见,只好各回各家,各找各妈。

永隆元年秋,吐蕃入侵河源,黑齿常之建造烽火台七十多座,开垦农田五千余顷,每年收获粮食五百万石。预警设施、粮草都很齐备,能够抵御吐蕃进犯。当时吐蕃势力强大,东接凉州,北抵突厥,南邻天竺,地盘万余里,实为心腹大患。但黑齿常之镇守边关,吐蕃人也知道他的厉害,没能打进内地。永淳元年,吐蕃再度进犯河源,娄师德在白水涧八战八捷。李治高兴地封他为左骁卫郎将、河源军经略副使。娄师德、黑齿常之成为唐军西部的"万里长城",虽然不能彻底解决问题,至少能够守住,确保长安无虞。指望唐军浩浩荡荡杀入逻娑,生擒吐蕃赞普,实在是有点天方夜谭,仅高原反应一项就够唐军受的了。

调露元年,后突厥汗国兴起,二十四州酋长背叛大唐,响应叛军,人数多达数十万。李治派鸿胪卿单于大都护府长史萧嗣业讨伐。萧嗣业起初屡屡获胜,便放松了警惕,恰好遇上大雪,突厥发动夜袭,唐军大乱,"死者不可胜数"。年底,李治决定放大招,任命裴行俭为定襄道行军大总管,统兵三十万讨伐突厥。裴行俭总结萧嗣业的经验教训,认为突厥之前袭击了萧嗣业的粮道,这回八成会故技重演。准备三百乘粮车，每车藏士兵五人，派五百老弱士卒护送，精壮士兵埋伏在险要之处以逸待劳。突厥看到粮车，还真上当了，押运士兵见敌人来攻，吓得拔腿就跑。突厥人驱车前往水草茂盛的地方放马，准备取粮。没想到车内士兵忽然跳出。突厥人受了惊吓，连忙逃跑，被伏兵所杀。

唐军来到单于府北，安营扎寨。裴行俭下令，全军转移至附近山岗。大家都很纳闷，将军什么意思啊。结果晚上暴雨如注，山下的营寨都被水淹了，士兵们连连称绝。不知道裴行俭用了什么方法判断天气，他自己也不肯言明，只说："自今但听我命，不必问其所由知也。"有裴将军这样英明的统帅，唐军当然获胜了。生擒突厥酋长奉职，部下杀死可汗，拿着首级投降唐军。

裴行俭班师，突厥阿史那伏念自立为可汗，再度犯境。李治又命裴行俭为定襄道大总管，右武卫大将军曹怀舜、幽州都督李文暕为副手。曹怀舜和裨将窦义昭统领前军，突然有人报告："阿史那伏念在黑沙北，身边只有二十多个骑兵。"曹怀舜相信了，这可是擒贼擒王的大好时机，气喘吁吁跑到黑沙，连个影子都没看见，人困马乏，只好回来。

双方不在黑沙相遇，那在哪里决战呢？在横水，伏念利用有利的风向攻打唐军，军中骚动，曹怀舜等人舍弃士卒逃跑，唐军大败。为了活命，曹将军用金帛贿赂伏念，两人杀牛盟誓，撤军后，李治没有杀曹怀舜，只是流放岭南。伏念率军返回，到金牙山，丢失了妻儿和辎重，手下士兵也多患病，便一路向北。裴行俭派刘敬同、程务挺追击。伏念以为路远，唐军肯定不会"自讨苦吃"，不设防备。等刘敬同他们到了，伏念大吃一惊，狼狈请罪。

第二年，突厥余党阿史那骨笃禄、阿史德元珍召集败兵，再度造反，入侵并州以及单于府以北，杀岚州刺史王德茂。此时裴行俭已经病逝，李治派老将薛仁贵出征，薛仁贵率军与阿史德元珍对峙，突厥人问："唐军大将是谁？"答："薛仁贵。"突厥人不相信，说："薛仁贵流放象州，已经死了很久了，我虽然读书少，你们别骗我！"薛仁贵把面具摘下，果然是他，突厥人面面相觑，纷纷下马跪拜，稍稍退去。薛仁贵奋力拼杀，斩一万，俘两万，这也是他的最后一战。之后突厥问题一直没有解决。弘道元年正月，突厥入侵定州，五月，攻蔚州，六月，劫掠岚州。唐高宗只能把希望寄托在李显身上了。

弘道元年八月，李治来到奉天宫，本来是说明年封嵩山，可病情急剧恶化，势将不起，只好下旨停封嵩山。在风疾的折磨下，唐高宗感觉头重脚轻，眼睛也看不见东西，非常痛苦，召医生秦鸣鹤诊疗。秦鸣鹤看了看，请求用针刺头部放血，降低颅压。武则天不懂医术，听说要在头上放血，以为秦鸣鹤别有用心，愤怒地说："此可斩也，乃欲于天子头刺血！"高宗虽然痛苦，还算清醒，无奈地说："让他试试吧，未必不好。"最后刺了百会、脑户两个穴位，果然有效果。李治激动地说："我能看见了！"武皇后举起手，放在额头上，高兴坏了，说："天赐也！"一顿小跑，亲自拿着布匹赏赐秦鸣鹤。

虽然李治的眼睛复明了，但他已经病入膏肓，秦鸣鹤的方法只能起到缓解作用。预感时日无多，唐高宗命令太子监国。十二月，宣布改年号，大赦天下。李治本想亲自登上则天楼宣布好消息，可惜身体不允许。为了满足皇帝的最后心愿，政府召集百姓来殿前听宣。李治问："老百姓高兴吗？"身边人告诉他："百姓得知大赦，没有一个不感到喜悦。"李治听后，长叹一口气："天下苍生虽然高兴，我却命不久矣。如果天地神祇能够延长我一两个月的寿命，让我回到长安，就算死了，也没有什么遗憾。"当晚，诏宰相裴炎入殿接受遗诏。没过多久，李治离开了人世，享年五十六岁。他万万没想到，自己确定的托孤大臣很快就被打败，自己的皇后成为留名千古的女皇。

死后余音

唐高宗驾崩后，留下遗诏一份：

朕闻皇极者天下之至公，神器者域中之大宝，自非乾坤幽赞，历数在躬，则凤邸不易而临，龙图难可辄御。所以荣河绿错，彰得一之符；温洛丹书，著通三之表。缅稽前古，斯道同归。朕之圣祖神宗，降星虹而禀枢电；乘时抚运，逢海沸而属山鸣。濡足横流，拯苍生之已溺；援手四岳，救赤县之将焚。重称九寰，止麟斗而清日月；再安八极，息龙战而荡风波。自彼迄今，六十六载。黎元无烽柝之警，区宇恣耕凿之欢。育子长孙，击壤鼓腹，遐迩交泰，谁之力欤？朕以眇身，嗣膺鸿绪，钦若穹昊，肃雍清庙，顾谡明命，载迪彝伦。嘉与贤士大夫，励精为政，勖已想蛟冰之惧，为善慕鸡鸣之勤。幸戎夏乂安，中外提福，亘月窥以覃正朔，匝日域而混车书。端拱无虞，垂衣有截，其天意也，岂人事乎？每导俗匡时，既弘之以礼让；恤刑薄罚，复跻之于仁寿。闻九农之或爽，则亏膳以共其忧；见一物之有违，则撤乐以同其戚。斯亦备诸耳目，非假一二言也。忧勤之至，庶有感于明灵；亭育之怀，谓无负于黔庶。就言薄德，遘疾弥留。往属先圣初崩，遂以哀毁染疾，久婴风瘵，疾与年侵。近者以来，忽焉大渐，翌日之瘳难冀，赐年之福罕期。但存亡者人之晦明，生死者物之朝夕。常情所滞，唯圣能通，脱屣万方，无足多恨。皇太子（李显）哲，握哀履已，敦敏徇齐，早著天人之范，凤表皇帝之器。凡百王公卿佐，各竭乃诚，敬保元子，克隆大业，光我七百之基，副兹亿兆之愿。既终之后，七日便殡。天下至大，宗社至重，执契承祧，不可暂旷。皇太子可于枢前即皇帝位，其服纪轻重，宜依汉制。以日易月，于事为宜。园陵制度，务从节俭。军国大事有不决者，兼取天后（武后）进止。诸王各加封一百户，公主加五十户。内外文武，九品已上各加一阶，三品已下赐爵一级。永徽以来入军年五十者，并放出军。天下百姓年五十者，皆免课役，废万全、芳桂等宫。

从诏书的内容看，我们可以得出几条信息。

第一，李治死于多年不愈的风疾，而且至少在贞观二十三年，他就已经染上此病。三十多年来，他饱受折磨，最终丢掉了性命，不过，换种角度想想，也是一种解脱吧。

第二，要求建造陵寝时务必节俭。围绕陵寝的选址，朝廷内部发生过争论。陈子昂建议将高宗葬在洛阳附近，理由是关中受灾严重，百姓流离失所，再大兴土木，恐怕难以承受，况且天子以四海为家，古代的贤王舜、禹不就葬在苍梧、会稽吗？但武则天没有听从，因为李渊、李世民都葬在长安附近，丈夫临终前最后的愿望也是魂归长安。高宗的陵寝就是赫赫有名的乾陵，位于陕西省乾县，是唐代十八座帝陵中唯一没有被盗的，从规模看，武则天没有丧事从简，反而建造得非常壮观、宏大。

第三，李治对武则天依然信任，希望她运用好多年的辅政经验，帮助太子李显。"军国大事有不决者，兼取天后进止"，不是说什么事情都要太后拿主意,军国大事有不确定的咨询太后。容易决策的,或者日常小事,就没必要找武则天了。

按照制度,李显登上了皇位,成为大唐第四任君主。他当太子的时间并不长,也就是三年左右,太子生涯,李显实习过几次,也就是监国,主要原因是父皇病重,处理不了政务;太子又缺乏执政经验,有锻炼的需要。李显干得怎么样,史书没有评价,但有两件事情被记载了。

第一件:右卫率蒋俨责备太子洗马田游岩。为什么呢?因为蒋俨认为,田游岩光拿工资不干活,未能用心规劝太子:"皇太子春秋鼎盛,圣道未周,仆以不才,犹参庭诤,足下受调护之寄,是可言之秋,唯唯而无一谈,悠悠以卒年岁。"皇太子年轻,需要我们这些长辈劝谏,你倒好,优哉游哉,一句话都不说,当老好人。第二件:永淳元年,高宗驾临东都,留李显守长安;眼看父皇走了,没人管,天赐良机!李显就疯狂打猎,被薛元超上疏劝诫,李治听说此事,派使者慰问薛元超。从两件事看,李显这个太子当得不是很好,贪玩,还有其他出格的事情,如果都做得好,蒋俨怎么还会责备田游岩?李治又怎会认可薛元超?

登基后,李显环顾朝堂,发现没有一个自己人。托孤大臣裴炎,那是父皇给自己安排的,李显不满意,他想要提拔自己人,否则皇帝当了还有什么意思。提拔谁呢?岳父韦玄贞,还有乳母的儿子,连官职都给他们想好了:前者任命为侍中,门下省长官,宰相;后者差一点,升为五品官。裴炎一看,皇帝明显是冲着自己来的,要是韦玄贞当了宰相,那自己的权力不就受影响了?坚决不同意,和李显争了起来。李显确实理亏,稍微有点常识的人都看得出来,他任人唯亲,而且韦玄贞也没有立过什么大的功劳,前不久刚刚看到大臣任职公示,擢升老丈人为豫州刺史，现在又火速提拔，实在是说不过去。见计划无法成功，李显情绪失控，恼羞成怒，骂道："我就算把天下让给韦玄贞又有什么不可？还在乎一个侍中？"

听到这句话，裴炎非常害怕，跟皇帝闹僵了，以后怎么混呀？干脆，把他废掉算了，立武太后第四子李旦为天子，李旦连太子都没当过，在朝中也没什么势力。裴炎立他，就有拥立之功，皇帝对他肯定感恩戴德，如此一来，地位就稳固了。说干就干，裴炎就去找武则天商量，武则天也想夺权呀，当即同意了。次月，武则天召集百官于乾元殿，裴炎带着他的党羽程务挺、张虔勖等人率兵入宫，宣布太后懿旨：废李显为庐陵王。李显说："我有什么罪？"武则天回答："你想把天下让给韦玄贞，怎么不是罪！"明眼人心里都清楚，皇帝只是说了句气话，罪不至此，真正有权的是武则天和裴炎。

登基才一个月，屁股都没坐热，李显就被赶下台降为庐陵王，三个月后，他被迁出长安幽禁。豫王李旦登上皇位，没有任何势力。悲催的他住在别殿，朝政都归母亲武则天决策。武则天参政二十多年辅佐高宗皇帝，几十年来，大唐经济发展，户口增加，虽然也有灾害、边患，但总体上还是往好的方面走。天下承平日久，人们也习惯了安逸，上层是姓李还是姓武，对老百姓来说，没有多大关系。只要施以善政，推动经济继续发展，生活质量能有改善，就可以了。

官员们是李治任命的，现在他去世了，最核心的军权、官吏任命权都被武则天掌控。其实在高宗统治后期，武则天已经有了一定权势，许多朝政都是她处理的，或者与丈夫共同决策。《建言十二事》中减免徭役，提升士兵待遇，给部分官员升职等举措，为她积累了人望，泰山封禅等行为提高了她曝光度。尚书左丞冯元曾向高宗反映："中宫威权太重，宜稍抑损。"皇后权势过大了，陛下应该想想办法抑制抑制。高宗认为有道理，但实在是没有什么办法，太子能力不行，大臣是外人，自己病重，除了皇后，还能用谁呢？

没过多久，武则天听从武承嗣建议，追封祖先，立武氏七庙，想要篡位的心思越来越明显。见状，裴炎不乐意了，他废李显是为了自己的权力，结果换了皇帝，又来了太后，他希望武则天好好养老，大权由自己控制。裴炎对武则天说："太后母临天下，当示至公，不可私于所亲。独不见吕氏之败乎！"用西汉吕后的事例敲打武则天，你看当年吕太后多牛呀，最后还不是被灭族，太后，您想要重蹈覆辙吗？武则天回答说："我跟她不一样，吕后是封活着的外戚，我是追封死者，有什么不可以的？"不久，武承嗣劝说武则天杀死高祖、太宗健在的皇子，比如，汉王李元嘉、鲁王李灵夔，为武家将来夺取最高权力铺路，可裴宰相坚决不同意。

李显被废，武则天、裴炎失去了合作基础，为了争夺权力，他们的矛盾日渐深化。光宅元年年底，李敬业、唐之奇、骆宾王、杜求仁在扬州起事，他们打着拥护李唐王朝的旗号，反对武则天。李敬业的祖父可是我们的老熟人了：英国公李勣；骆宾王的名声更是如雷贯耳，小时候大家都背过他的《咏鹅》："鹅鹅鹅，曲项向天歌，白毛浮绿水，红掌拨清波。"为了给李敬业造势，骆大才子专门写了篇《为李敬业传檄天下文》，文中痛批武则天，说她秽乱宫廷，弑君毒母。武则天读完檄文，反倒夸奖骆宾王：宰相的过错呀！这样的人才，竟然没有被朝廷所用。

东南发生叛乱，裴炎是宰相，武则天问他怎么应对。裴炎说："皇帝已经长大了，却不能亲政，导致别有用心的人以此为借口，如果太后可以归政，李敬业出师无名，不战自溃。"武则天听后很是不爽，她还想当皇帝呢，怎么能归政；要是放弃权力，朝廷不就你裴炎说了算。不行，裴炎不能再留了，双方的矛盾根本无法调和。监察御史崔察对武则天说："裴炎是先帝的托孤大臣，有权，如果没有谋逆的心思，为什么让太后归政呢？"对哦！谋反这个罪名是万金油，除了皇帝，谁都可以用，于是她命令左肃政大夫骞味道、侍御史鱼承晔以谋反为名捉拿裴炎。文武大臣有人为裴炎说话，认为裴炎不可能谋反，比如，刘景先、胡元范，武则天当然不会听他们的。很快，斩裴炎于都亭，刘景先贬普州，胡元范流放。

高宗留下的托孤大臣被杀了，李孝逸的平叛大军也早已出发……

六年后，武则天终于当上了女皇。

不知不觉，年轮又多了十五圈。神龙政变，李显再度上台，奄奄一息的武则天留下遗嘱：去帝号，称则天皇后，入葬乾陵。乾陵墓道口已经封闭了二十多年，武则天去帝号，身份就是皇后，为了入葬皇后，要把玄宫打开，惊扰先帝，是不是不太妥当？而且玄宫用石门封闭，为了加固，门缝还浇灌了铁水，想要撬开十分费劲……但面对这些质疑，李显力排众议，坚决遵守母亲遗嘱。

一场盛大的葬礼过后，李治、武则天再度相逢，从此永不分离。他们曾经的故事，一直在神州大地上流传。

参考文献

[1] 刘昫,等.旧唐书[M].北京:中华书局,1975.

[2] 欧阳修,宋祁.新唐书[M].北京:中华书局,1975.

[3] 司马光.资治通鉴[M].北京:中华书局,1956.

[4] 宋敏求.唐大诏令集[M].上海:学林出版社,1992.

[5] 王溥.唐会要[M].北京:中华书局,1955.

[6] 杜佑.通典[M].长沙:岳麓书社,1995.

[7] 王钦若,等.册府元龟[M].北京:中华书局,2020.

[8] 董诰.全唐文[M].北京:中华书局,2013.

[9] 司马迁.史记[M].北京:中华书局,2014.

[10] 刘肃.大唐新语[M].北京:中国书店,2018.

[11] 慧立.大慈恩寺三藏法师传[M].北京:中华书局,2018.

[12] 释道世.法苑珠林[M].北京:中华书局,2003.

[13] 无名氏.说唐传[M].湖南:岳麓书社,2019.

[14] 李林甫.唐六典[M].北京:中华书局,2014.

[15] 昭陵博物馆.唐昭陵李勣墓清理简报[J].考古与文物,2000(3).

[16] 宁琰.陕西西安南郊发现唐长孙无傲及夫人窦胡娘墓[N].中国文物报,2014.8(15):8.

[17] 陕西省考古研究所．唐昭陵新城长公主墓发掘简报［J］．考古与文物，1997（3）．

[18] 张维慎．试论唐高宗的"风疾"及其治疗［J］．陕西师范大学学报，2013．